消费者
移动口碑传播
机理研究

张中科 著

知识产权出版社
全国百佳图书出版单位

图书在版编目（CIP）数据

消费者移动口碑传播机理研究/张中科著. —北京：知识产权出版社，2019.5

ISBN 978-7-5130-6245-9

Ⅰ.①消… Ⅱ.①张… Ⅲ.①网络营销—顾客满意度—研究 Ⅳ.①F713.365.2

中国版本图书馆 CIP 数据核字（2019）第 084693 号

内容简介

本书在当前社会和技术快速发展的背景下，深入研究移动互联网下消费者为什么和怎样借助智能手机进行口碑传播。从消费者视角对移动口碑传播机理及其影响因素进行研究，既是企业经营现实的需要，也是营销理论创新发展的必然要求。

责任编辑：王玉茂　　　　　　　　　责任校对：谷　洋

执行编辑：周　也　　　　　　　　　责任印制：刘译文

消费者移动口碑传播机理研究

张中科　著

出版发行：知识产权出版社 有限责任公司		网　址：http://www.ipph.cn	
社　　址：北京市海淀区气象路 50 号院		邮　编：100081	
责编电话：010 - 82000860 转 8541		责编邮箱：wangyumao@cnipr.com	
发行电话：010 - 82000860 转 8101/8102		发行传真：010 - 82000893/82005070/82000270	
印　　刷：北京嘉恒彩色印刷有限责任公司		经　销：各大网上书店、新华书店及相关专业书店	
开　　本：720mm×1000mm　1/16		印　张：13	
版　　次：2019 年 5 月第 1 版		印　次：2019 年 5 月第 1 次印刷	
字　　数：230 千字		定　价：55.00 元	
ISBN 978 - 7 - 5130 - 6245 - 9			

前　　言

随着移动互联网和 4G 通信技术的迅速发展，移动化、社交化是当今社会发展的重要趋势，人们的生活方式正在从"桌面生活时代"过渡到"掌上生活时代"。作为技术进步的结果，移动媒介装置（包括智能手机和平板电脑等）已经成为消费者日常生活的重要工具，将人们从"封闭的空间"中解放出来，打破了时空的限制。移动媒介让我们的生活发生了革命性的变化，不仅增强了消费者之间的社会联系，也彻底改变了消费者搜寻与传播产品或服务信息的方式。

移动口碑是指在移动互联网下，消费者通过移动终端（智能手机）向其社交范围内的其他消费者传递产品或服务信息的一种沟通形式。移动口碑传播中的人际影响不同于传统口碑和基于 PC 固定互联网的网络口碑，已有的口碑理论不能有效解释消费者在移动互联网下的口碑传播行为，无法有效解决当前企业在移动互联网下面临的口碑营销问题。因此，深入研究移动互联网下消费者为什么和怎样借助移动终端进行口碑传播，对于理解消费者移动口碑传播机理和影响因素、树立企业品牌形象、发展成功的口碑营销策略、促进产品销售均有重要的理论和实践意义。

笔者将站在经济、社会和技术发展的前沿，针对我国移动互联网发展和企业经营的现实，从消费者视角研究移动口碑传播。笔者在已有的传统口碑和网络口碑研究的基础上，借鉴传播学、营销学和心理学等多种学科的理论，结合移动互联网本身的特性，按照移动口碑产生和发展的动态过程，把消费者移动口碑传播分为接收、接受和传播三个阶段并构建了消费者移动口碑传播系统模型。在此模型的基础上，采用多层线性回归、结构方程以及实验设计等多种方法，对影响消费者的心理和行为的口碑信息来源、信息本身以及接收者自身等多种心理变量在各个阶段的不同影响进行了深入的系统性研究，以期对消费者移动口碑传播过程进行系统、科学的解释。

首先，笔者在对消费者移动口碑接收进行了系统的理论分析后，应用信任、态度和媒介依赖等理论进行了实证研究。结果发现，消费者信任对态度的认知和情感成分均有显著正向影响，同时对移动口碑接收意愿也具有显著的直接影响。消费者的情感态度对移动口碑接收意愿具有显著的正向影响，而对认知态度的影响不显著。移动终端依赖对认知态度和接收意愿没有显著的影响，而对情感态度具有显著的正向影响。这表明移动终端依赖虽然对消费者移动口碑接收意愿没有直接影响，但能够通过情感态度的中介效应对接收意愿产生间接影响。

其次，笔者应用社会资本理论和社会临场感理论对消费者移动口碑接受进行了实证研究。结果发现，微信用户社会资本的三个维度，即结构资本、关系资本和认知资本，对微信口碑影响力具有显著正向影响。其中，结构资本对微信口碑影响力的影响最大。微信用户的社会临场感对微信口碑影响力没有直接影响，但是在社会资本影响微信口碑影响力的过程中具有反向的调节作用。

再次，在研究消费者移动口碑传播时，笔者应用推荐奖励计划来分析在特定条件下，消费者选择向谁传播移动口碑信息。研究发现在奖励信息公开的时候，发送者倾向于向强关系的接收者发送推荐奖励口碑信息，而在奖励信息不公开的时候，则倾向于向关系较弱的接收者发送推荐奖励口碑信息。奖励条件和奖励分配不是发送者选择推荐奖励对象时的考虑因素。无论奖励有无条件以及如何分配，发送者均倾向于向强关系的接收者发送口碑信息。奖励公开在奖励分配影响发送者选择不同关系强度的微信朋友作为接收对象的过程中具有调节效应。

最后，根据上述研究结论，提出了企业移动口碑营销策略。笔者认为，在移动互联网环境中，通过智能手机等移动终端，企业和消费者都可以获得自己的价值，而且这些价值融合在一起为企业开展移动口碑营销提供了很好的机会。企业可以通过充分利用移动媒介、获得消费者许可、建立与消费者的信任关系、强化与消费者的交流互动、提供良好的消费者体验、提高移动口碑内容价值、提升移动口碑传播效果、扩大移动口碑信息传播范围、促进移动口碑传播的更新和循环等措施，进一步提高企业移动口碑营销实践的效果。

在当前社会和技术快速发展的背景下，笔者从消费者视角对移动口碑传播机理及其影响因素进行研究，既是企业经营现实的需要，也是营销理论创新发展的必然要求。在理论方面，该研究的成果可以弥补现有传统口碑和网络口碑传播理论在移动互联网下不能有效解释消费者口碑传播行为的不足，进一步促进消费者行为、移动口碑传播和移动营销理论研究的创新与发展，同时也扩展了相关理论和方法的应用范围。在企业实践方面，探讨移动口碑传播过程中对消费者心理和行为产生影响的因素及其影响机理，有助于引导企业全面监控消费者移动口碑传播的全过程，并以此做出个性化回应，实现即时、互动、精准、个性等传统营销和 PC 网络营销无法达到的目标。

目　　录

第1章 绪 论

随着移动互联网和4G通信技术的迅速发展，移动化、社交化是当今社会发展的重要趋势，人们的生活方式正在从"桌面生活时代"过渡到"掌上生活时代"。作为技术进步的结果，移动媒介装置，包括智能手机和平板电脑等，已经成为消费者日常生活中的重要工具。移动终端将人们从"封闭的空间"中解放出来，让我们的生活发生了革命性的变化。这种变革不仅增强了消费者之间的社会联系，也彻底改变了消费者搜寻与传播产品或服务信息的方式（Moran 和Muzellec，2017）。

越来越多的消费者选择借助智能手机以及各种社交媒体，如 Twitter、Face-book、LinkedIn、微信、移动 QQ、微博等来获取信息、娱乐、学习、工作和购物等。智能手机以及微信等社交媒体能够使消费者很容易地对产品或服务进行抱怨和赞美，因此，消费者的口碑传播出现了新的变化，社交媒体成为口碑传播的一个理想工具（Chu 和 Kim，2011）。相对于传统口碑传播以及基于 PC 的网络口碑等口碑传播方式，借助于智能手机等移动终端的口碑传播能够给消费者带来更好的体验和效用，对消费者具有更重要的影响。

移动互联网和4G通信技术的发展改变了企业与消费者的沟通方式与途径（Obeidat 等，2016），这在实质上改变了已经存在和正在出现的商业世界的景观，给消费者、市场和营销带来了巨大的变化。因此，移动互联网无处不在的本质正在改变营销的范式，颠覆传统营销的桎梏，实现即时、互动、精准、个性等传统营销无法达到的目标，给企业的营销活动带来了新的机遇和挑战。

移动互联网的高速发展以及移动智能终端的巨大潜力，为企业的发展提供了新的机会。但是，消费者通过智能手机进行的人际传播还没有被营销者充分认识（Andrews 等，2012），已有的文献对移动互联网以及社交媒体如何影响消费者口碑传播的心理和行为并进而影响企业的营销活动还缺乏研究。因此，笔者主要研究在移动互联网环境中，消费者如何使用智能手机和社交媒体进行口碑传播，探讨影响消费者移动口碑传播的内部和外部影响因素，并提出相应的改进策略，以期为我国企业的口碑营销实践提供理论指导。

1.1　研究背景

口碑（word of mouth，WOM）是人类最古老和最原始的传播方式，几十年来一直受到学者和业者的广泛关注。由于口碑信息是基于非商业目的，以随机方式，通过口头相传在不同顾客之间加以传播，所以其可信度要远远高于企业所提供的信息——如广告等（Dichter，1966），因而口碑传播具有较高的影响力和说服力（Bristor，1990）。

在当今社会，消费者搜寻产品和服务信息的方式和途径已经发生了巨大的改变。消费者可以使用智能手机或者平板电脑等，在任何可以接收信号的地点，随时随地接收到关于企业的口碑信息，实现更多的口碑信息价值。因此，口碑传播的内容和方式出现了许多新变化，对企业的口碑营销实践产生了极大的影响，使企业面临日益激烈的市场竞争。

1.1.1　消费者移动互联网使用状况

移动互联网是以移动通信工具（智能手机）为网络终端的互联网技术应用，是指互联网的技术、平台、商业模式和应用与移动通信技术结合并实践的活动总称。移动互联网正迅速崛起，它集合了移动和互联网的共同优势，有着方便、快捷以及私密性强的特点。通过移动互联网的信息交流具有开放性、双向性、广泛性以及低门槛等特点。

随着 4G 时代的到来，智能手机逐渐成为继电视、广播、报刊、互联网之后的全新媒介形式，俗称"第五媒体"（朱海松，2006）。智能手机是目前为止所有媒体形式中最具普及性、最快捷、最为方便并具有一定强制性的媒体平台，拥有随时接触、传播、反馈、一对一到多点互动等特点，其信息传播具有个性化、定向沟通、成本低廉等优势。智能手机开启了消费者和零售商之间关系的一扇大门，开拓了一种和消费者沟通的新渠道，为营销的发展提供了有意义的潜在能力（Holmes 等，2014）。随着更多的消费者日益依靠智能手机与同事进行沟通、收发信息、保持信息通畅并做出商业决策，人们和其他人沟通、发现信息、娱乐和管理日常生活的方式已经改变（Park 等，2013）。

根据中国互联网络信息中心（China Internet Network Information Center，CNNIC）2017 年 7 月发布的《第 40 次中国互联网络发展状况统计报告》的数据显示，截至 2017 年 6 月，中国网民规模达 7.51 亿人次，手机网民规模达 7.24 亿人次。网民使用手机上网的比例由 2016 年底的 95.1% 提升至 96.3%❶，移动终端成为网民最主要的上网渠道，如图 1–1 所示。

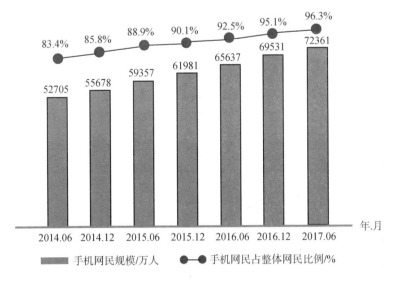

图 1–1 中国手机网民规模及其占网民比例

资料来源：CNNIC，第 40 次中国互联网络发展状况统计报告。

这一历史上从来没有过的移动终端网民的高速增长现象反映了随着时代与技术的进步，人们对移动性和信息的需求急剧上升。随着移动网络的大范围的覆盖（Wi-Fi，无线热点）、沟通协议的改进（WAP 和全球定位系统）、智能手机的升级（强大的处理能力和大而宽的触摸屏），现代社会已经变成了"无处不在的社会"（ubiquitous society）。移动互联网与线下经济联系日益紧密并推动消费模式向资源共享化、设备智能化和场景多元化发展。移动互联网时代的到来使得人们的生活方式产生了极大的改变，越来越多地关注自我、追求个性化，成为当今人们日常生活中的常态。

在我国，网民以 10~39 岁群体为主。截至 2017 年 6 月，10~39 岁群体占网民数量的 72.1%，其中，20~29 岁年龄段的网民占比最高，达 29.7%；10~19 岁、30~39 岁群体占比分别为 19.4% 和 23.0%❷。如图 1–2 所示，对这些

❶❷ 第 40 次中国互联网络发展状况统计报告［EB/OL］．［2018–10–20］．http：//www.cal.gov.cn/ 2017–08/04/c_ 1121427728.htm．

"80后""90后""00后"的年轻人来说，他们是嵌入移动沟通的几代人，移动沟通是他们年轻生活的日常特色。他们也是伴随着随处可及的网络和 Web 2.0 应用长大的。他们生于一个数字技术始终存在的时代，成长在一个高度社交化的世界里，因此，他们也被称为数字原住民。

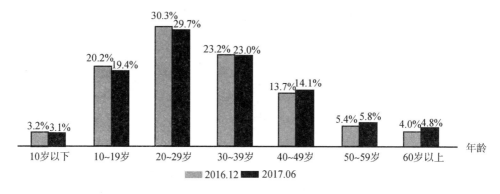

图1-2　中国网民的年龄结构

资料来源：CNNIC，第 40 次中国互联网络发展状况统计报告。

网民在智能手机端最经常使用的应用是即时通信。调查显示，79.6% 的网民最常使用的 APP 是微信；其次为 QQ，占比为 60.0%。微信朋友圈、QQ 空间作为即时通信工具所衍生出来的社交服务，用户使用率分别为 84.5% 和 65.8%。截至 2017 年 6 月，网民中即时通信用户规模达到 6.92 亿人次，占网民总体的 92.1%，其中，手机即时通信用户 6.68 亿人次，占手机网民的 92.3%，手机搜索用户数达 5.93 亿人次，使用率为 81.9%。❶ 作为基础互联网应用，个人即时通信的差异化更加显著。各类社交应用持续稳定发展，互联网平台实现泛社交化。借助社交媒体，消费者能够通过语音电话、电子邮件、互动信息服务等多种多样的方式发送、收集和转发产品信息，他们不再需要 PC 端来做这些事情。

由以上调查数据可以看出：第一，越来越多的消费者开始依靠智能手机和自己社交范围内的人进行沟通、收发信息并做出商业决策。移动互联网增强了消费者的社会联系，为消费者提供了全新的信息处理方式。移动互联网沟通已经变成当今消费者，尤其是年轻消费者，生活所必需的重要部分，在消费者意识到使用和购买产品或服务方面变得越来越重要。第二，在我国，智能手机用

---

❶　第 40 次中国互联网络发展状况统计报告［EB/OL］．［2018 - 10 - 20］．http：//www. cal. gov. cn/2017 - 08/04/c_ 1121427728. htm.

户已经形成了庞大的规模和迅猛的发展势头，成为企业移动营销坚实的基础，为营销者提供了许多新的营销机会，使其能在任何时间、任何地点接触和为消费者服务（Grant 和 O'Donohoe，2007）。第三，消费者信息搜寻的方式和途径已经转移到移动终端，如何通过移动终端传播企业信息是企业必须考虑的问题。第四，微信是消费者使用最广泛的社交媒体。

移动社交媒体日益受到人们重视，因为它能使具有共同兴趣的人们进行信息、知识、经验、兴趣和需要的交换和分享（Chiang，2013）。因此，如何充分利用微信等社交媒体进行口碑传播，从而取得更好的营销效果，是企业必须考虑的问题。

1.1.2　企业移动营销实践

在我国，庞大的移动互联网用户数量、多样化的移动互联网应用以及消费者信息搜寻和传播行为的变化，已经使营销者意识到和消费者在任何时间、任何地点通过移动终端保持联系是一个巨大的营销机会（Parreño 等，2013）。移动互联网正在深刻改变信息时代的社会生活，越来越多的人希望在移动的过程中高速接入互联网，获取急需的信息，完成想做的事情。因此，如果一个商品或一项服务想要成功，企业就必须更加深入了解消费者在移动互联网时代的需求，从与消费者发生第一点接触开始，为消费者提供简单、精准的用户体验，并且越精确越好。为此，企业必须克服传统营销观念的障碍，通过移动口碑传播吸引更多的消费者，随之让消费者参与互动，直接让正确的客户为企业说正确的话。冷冰冰的广告式营销终将在这个时代里慢慢衰退。

现在，企业界已经充分认识到了移动互联网的重要性并积极通过移动互联网开展营销活动。在我国，通过移动互联网进行营销推广的企业比例为83.3%。如图 1-3 所示，在各种移动营销推广方式中，微信营销推广使用率最高，为75.5%。❶移动互联网已经成为企业不可或缺的营销推广渠道，并在传统媒体与新媒体加快融合发展的趋势下扮演着关键角色。随着消费者向移动互联网全面转移，移动流量保持高速增长，在经过一段时间的探索后，专注于移动互联网的营销理论与方法逐渐成熟，得到了企业客户的认可和接受。

---

❶　第39次中国互联网络发展状况统计报告［EB/OL］．［2018-01-06］．http：//www.cal.gov.cn/2017-01/22/c_1120352022.htm.

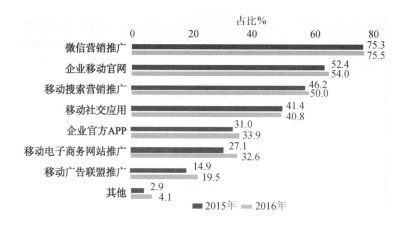

图 1-3 企业各移动互联网营销渠道使用比例

资料来源：CNNIC，中国互联网络发展状况统计调查。

由 CNNIC 的统计数据可以看出，我国企业已经充分认识到移动互联网的重要性，并积极利用各种移动营销渠道开展口碑营销活动。例如，企业通过移动互联网终端发布自己的广告；在 Twitter、Facebook、微博、微信等社交媒体建立自己的公共平台或服务账号，更深入、快捷、互动地与消费者进行沟通；在应用商店中开发自己的 APP，通过游戏或者其他的手机应用软件传播自身的产品或服务信息等。移动互联网作为企业新的口碑营销传播载体，实现了口碑信息传播的随时性、随地性，为消费者提供基于敏感情境和关键时刻的口碑，从而帮助营销者实现移动营销的全部潜力，使企业以较少的成本增加营销沟通的影响力，减少潜在客户的感知风险和不确定性（Okazaki，2009）。

企业实践证明了移动互联网下的口碑传播作为一种具有无处不在性、即时性、可信性和合法性的新口碑传播方式，在驱动商业增长和效率方面具有显著作用（Shen 等，2013）。虽然我国企业的移动口碑传播活动实践取得了一定的成功，但是，在实践中还存在许多问题。移动互联网不是 PC 互联网的扩展或者替代品，与 PC 互联网相比，具有明显不同的社会功能，消费者对移动沟通的期望以及消费者体验、互动是不同于 PC 互联网的（Ishii，2004）。因此，移动互联网是一种新事物，智能手机对营销来说更是具有"改变游戏规则"的意义（Larivière 等，2013）。简单地将适合 PC 的网络口碑传播模式转化到移动互联网不可能产生最佳结果（Wang，Shen 和 Sun，2013）。虽然移动口碑传播是相对容易和低成本地接触消费者的方式，但这不意味着消费者愿意在自己的手机上接收营销信息。因此，深入理解移动互联网下消费者为什么和怎样借助智能手机进行口碑传播，对于传播企业信息、树立品牌形象、发展成功的口碑营销策略、促进产品销售均有重要的现实意义。

1.1.3 问题提出

理论是对现实的抽象描述，是对客观现实中各种现象的本质乃至事物一般规律的提炼、概括和总结（张春法，2006）。消费者口碑传播行为和企业实践的变化，要求人们以新的目光审视口碑传播理论的构建，因此，许多学者开始关注移动互联网背景下的消费者口碑传播，口碑传播理论随之发生了深刻的变革，一个新的口碑传播理论体系正在形成。

通过对已有相关文献的系统回顾，笔者发现，虽然口碑研究的文献很丰富，但关于移动口碑传播的研究非常少。在国外，移动口碑传播研究开始于 21 世纪初，最初的研究对象是传统手机通过短信、彩信等方式传播和接收口碑信息。传统手机由于狭小屏幕和令人烦恼的输入与输出等缺点，使得早期研究主要关注消费者对移动口碑传播的接受程度。

在我国消费者中，10 ~ 39 岁的青少年，即我国的"80 后""90 后""00后"，在国外被称为"千禧一代"的年轻人，是网民的主体，是最活跃的移动使用者。他们是伴随着互联网、计算机、即时消息、视频游戏和手机成长起来的，处在接受移动服务的最前沿（Grinter 等，2006）。随着智能手机功能超越声音和文本，变成了能够上网的"多媒体数字平台"，智能手机具有变成青少年移动沟通实践和 Web 2.0 应用的集合体结点的丰富的潜力。因此，对青少年来说，智能手机不仅是一种用来与朋友和家人保持联系的个人工具和门户，同时也是他们个性和人格的延伸（Persaud 和 Azhar，2012）。

青少年可以在任何时间、任何地点使用智能手机（即使在午饭时间或卧室中）来维持他们的社会联系，同时获得娱乐。青少年通过智能手机发展社交技能，并且其消费知识中的大部分是在他们的休闲时间通过使用移动媒体来获得的。他们是数字技术的"老手"，期望能够在"任何时间、任何地点"获得信息，对延迟和受限制的获取缺少耐心，对速度的重视已经超越了信息的准确性和权威性，因此，他们获取信息的观点和他们的父母是不同的（Bomhold，2013）。伴随着移动互联网和智能手机的发展，他们在知觉范围不断扩大的同时，认知深度却越发肤浅。

青少年是未来消费的主体，他们通过智能手机来建立和发展消费能力（Parreño 等，2013），智能手机已经成为他们生活的中心，因此，青少年被看作移动营销活动的焦点，因为他们代表了大部分移动服务的早期采用者。随着年龄的增加，他们的移动沟通量还会逐渐增加（年龄增加，社会和经济联系越来越多）。智能手机在消费者特别是年轻消费者的日常生活中日益增长的角色（Kim，2016），已经导致企业移动营销预算的持续增长，因为营销者可以通过智能手机建立和发展与顾客的直接关系（Parreño 等，2013）。

现在的消费者，尤其是年轻的消费者，已经变得高度依赖智能手机，埋头于智能手机屏幕的人在大街上、商场中、校园里随处可见，有人形象地称之为"低头族"。智能手机显著地改变了人们生活、购物、搜寻、娱乐和信息沟通的方式（Okazaki，2008；Suki，2013；Spaid 和 Flint，2014）。因此，移动口碑传播中的信息传播和人际影响不同于传统口碑和基于 PC 互联网的网络口碑（Palka 等，2009）。

然而，作为一种新的口碑传播形式，尽管移动口碑传播在消费者，尤其是年轻消费者中，已经是一种常见的信息传播行为，但是现有的移动营销和口碑传播研究很少关注消费者，尤其是年轻消费者，在移动互联网下的口碑传播行为。已有的移动营销研究很少知道消费者参与移动口碑传播的动机、态度和行为，不能有效解释使用移动设备作为首选沟通媒介的消费者为什么和怎样进行信息交换（Okazaki，2008）。现代社会对于移动口碑的研究明显落后于技术的发展，对这一复杂的、普遍的、重要的口碑传播行为，人们的认识还远远不够，还存在大量的理论与实践问题需要我们深入研究。因此，对消费者移动口碑传播行为进行研究，系统、科学地解释消费者移动口碑传播过程，可以弥补现有口碑理论在移动互联网下不能有效解释消费者口碑传播行为的不足。

为了深入理解消费者在移动互联网环境中的信息搜寻与传播行为，探讨移动环境中的口碑传播规律，笔者试图阐明并解决以下问题：

第一，移动互联网和 4G 通信技术的结合，使得人们能够摆脱时间和空间的限制，在"任何时间、任何地点"获取信息，为人们的交流和沟通提供了最大的便利，因此，人们进行信息搜寻和传播的方式发生了根本性的变化（Okazaki，2009；Kim，Chen 和 Wang，2016；Moran 和 Muzellec，2017）。虽然现在移动互联网的应用已经超越了 PC 互联网，但是大多数网络营销的研究依然聚焦于通过计算机上网。人们需要知道当人们不再被计算机的网线束缚并充分利用移动互联网的力量时，会发生什么？已有的移动营销研究往往关注消费者对移动服务的接受行为以及移动营销策略的相关问题，对消费者如何通过移动终端搜寻和传播信息缺少深入的研究。在这样的时代背景下，消费者信息搜寻与传播过程的机理以及内部和外部影响因素值得我们关注。因此，该研究试图通过对相关现象的分析、对文献的梳理以及对实证方法的应用来深入研究当今的消费者进行信息搜寻与传播的过程，以期加深对消费者行为的理解。

第二，企业的营销策略应该随着消费者心理和行为的变化而改变。当前，技术的发展极大地促进了社会的进步，同时也对消费者行为产生了巨大的影响。移动互联网将消费者的现实生活同虚拟网络更加紧密地结合起来，移动购物突破了时间和空间的限制并向娱乐化、体验化、内容化的方向发展。这对消费者日常生活的方方面面产生了深刻的影响，改变着企业与消费者的沟通方式与途径（Obeidat 等，2016）。然而，已有的传统营销理论和 PC 网络营销理论无法有效解决当前的企业在移动互联网下面临的营销问题，人们通过智能手机等移动终端进行的人际互动还没有被营销者充分认识（Okazaki，2009；Andrews 等，2012）。因此，如何在移动互联网下实现即时、互动、精准、个性等传统营销和PC 网络营销无法达到的目标，是必须深入研究的内容。

第三，新技术的诞生总是引发传播领域的变革和重组。消费者的口碑传播随着社会和技术的发展已经产生了巨大的变化。从最初面对面的口头传播到借助于广播、电视、报纸的大众口碑传播，再到基于 PC 互联网的网络口碑传播，发展到现在借助于智能手机以微信、微博等移动社交媒体进行的移动口碑传播，每个阶段都有其独特的传播特征和规律，消费者的口碑传播的心理和行为也发生了巨大的变化。因此，笔者按照口碑传播的媒介、形式和内容等方面把口碑传播分为传统口碑、网络口碑和移动口碑三种类型，每种类型都是和其所存在的社会、经济和技术发展阶段相适应，因而具有不同的传播规律，并导致消费者心理和行为的改变（Gómez－Suárez 等，2017）。当前，人们对传统口碑和网络口碑的研究比较充分，取得了丰硕的研究成果，但是对于移动背景下的口碑传播的研究还很少，不能对消费者移动口碑传播的行为和心理作出有效的解释。因此，需要从传播学、心理学和营销学等不同的视角去分析研究，以加强对消费者移动口碑传播的理解和应用。

第四，当前，智能手机已经成为消费者尤其是年轻消费者的贴身媒体平台，而手机自诞生之日起就是为了沟通而存在的。如今的智能手机在人际和社会沟通中起到了越来越重要的作用，移动沟通已经达到了一个新的阶段。现在的主要问题已经不是"谁在使用智能手机"，而是更加关注本质和差异方面的问题，即"人们怎样使用他们的智能手机"。现代社会对于智能手机的研究落后于技术的发展，已有的研究也往往是针对传统手机的，而传统手机（其能力是非常有限的）和智能手机（其潜力是无限的）具有明显的差别（Chen 和 Li，2017），因此，已有研究不能有效解释当前消费者在智能手机上的使用心理和行为。智能手机把人际沟通和社会沟通混合在一起，因此，需要深入研究"智能手机具有什么特点""智能手机能够给消费者带来怎样的价值""人们怎样使用他们的智能手机""消费者怎样通过智能手机接收和发送产品或服务信息"等问题。

第五，当前，以微信、微博、Twitter、Facebook 等为代表的移动社交媒体已经广泛深入消费者的日常生活、工作和学习中，成为消费者传播口碑信息的重要媒介。移动社交媒体在真正意义上对时间和空间限制的突破以及不同于传统媒介传播的私密性和内容丰富性，能使消费者产生一种真实的、互动的消费体验，具有向"现实交往"回归的独有特征，成为口碑传播的理想媒介（Kozinets 等，2010）。但是，人们对消费者通过移动社交媒体进行的口碑传播的心理和行为还缺乏深入的理解。在我国，微信由于其独有的特性和广泛的用户基础，已经变成一种以指数速度扩散的最有效率的营销工具。因此，研究消费者如何通过微信等移动社交媒体进行口碑传播具有重要的现实意义。

第六，移动口碑是 4G 通信和移动互联网技术融合背景下的新的口碑传播形式。由于微信等移动媒介具有无处不在性，相对于传统口碑和基于 PC 互联网的网络口碑，移动口碑能够给消费者创造独特的价值，从而影响消费者的态度和购买决策（Kuo 和 Yen，2009）。通过系统的相关文献回顾，笔者发现，虽然有些学者已经对移动口碑进行了一些研究并取得了一定的研究成果，但是这些成果明显比较散乱，还没有形成系统化的理论体系，不能为企业移动口碑营销活动提供有效的理论指导。

因此，笔者在已有研究的基础上，结合传统口碑和网络口碑的研究成果，按照移动口碑传播的发展逻辑和动态过程，深入分析移动口碑传播的机理，建立了一个包括接收、接受和传播移动口碑的系统模型。在消费者移动口碑传播过程中的每一个阶段，移动口碑传播的机理和影响因素都是不同的，这对理解消费者在每一个阶段对移动口碑的态度、意愿和行为是非常必要的，这需要深入研究，才能系统、全面地理解消费者移动口碑传播。因此，该研究后续各章节对消费者移动口碑传播的各个阶段进行系统的理论和实证研究，以期对消费者的移动口碑机理提供科学全面的解释。

在我国，虽然口碑传播对消费者行为的影响已引起人们的重视，企业对口碑营销的应用也十分广泛，但是对于在移动互联网和4G通信这样的新技术和社会背景下的消费者移动口碑传播理论研究还相对较少。在我国这样一个竞争日益激烈、具有独特文化传统的大市场，了解中国消费者在移动口碑传播方面的特点，研究中国文化背景下的移动口碑传播的影响作用及影响因素，不仅可以丰富现有的口碑传播研究，也是企业界的迫切需求。因此，笔者期望通过对消费者移动口碑传播机理和影响因素的研究，加深对消费者移动口碑传播过程的理解，弥补现有的移动口碑传播理论缺口，为我国企业的经营发展提供必要的理论与实践支持，为我国的经济发展做出一定的贡献。

1.2 研究目的和意义

移动互联网经过多年的发展以后，已渗入人们生活的各个领域。智能手机无处不在的特性促使人们对于移动沟通的依赖越来越强烈，对消费者信息传播和购买决策带来了颠覆性的冲击，对企业营销实践也产生了重要影响。因此，该研究根据对消费者所处的技术和社会环境的分析，把移动口碑传播作为一种消费者信息传播方式，研究移动口碑传播的机理和影响因素以及其对消费者心理和行为的影响。通过对消费者移动口碑传播的研究，既可以弥补理论缺口，也可以对企业移动口碑营销实践提供理论指导，促进我国经济的发展。

1.2.1 研究目的

该研究将研究问题的核心聚焦于移动口碑传播机理及其影响因素，研究的主要思路是将消费者移动口碑传播过程看作是一个信息处理的过程，构建消费者移动口碑传播系统模型，包括信息的接收、接受和传播三个阶段。笔者研究在移动口碑传播系统模型中消费者处理口碑信息的过程，着重于影响消费者的心理和行为的口碑信息来源、信息本身特性以及接收者自身特性等多种心理变量在各个阶段的不同影响。

具体而言，该研究的目的主要包括以下几个方面：

第一，深入理解消费者信息搜寻与传播方式的变化。微信等社交媒体使得消费者能够摆脱时间和空间的限制，此时消费者，尤其是年轻的消费者，如何搜寻信息、如何判断信息的有用性和价值、如何传播信息等都是要解决的问题。

因此，该研究的首要目的就是理解消费者在移动互联网下作信息处理时的心理和行为。

第二，分析消费者口碑传播的发展与变化。笔者从社会和技术发展的角度，按照口碑传播的媒介、形式和内容等方面把口碑传播分为传统口碑、网络口碑和移动口碑三种类型。通过对相关文献梳理来说明每种口碑存在的社会和技术背景对消费者心理和行为的影响以及相应的企业营销策略。目的就在于通过分析口碑传播的发展，在历史进程中深入理解口碑传播的规律。

第三，了解消费者智能手机和社交媒体的使用。媒介依赖理论可以用于解释消费者与媒介关系。当前，微信等社交媒体是消费者，尤其是年轻消费者，进行人际传播的主要媒介，他们对于智能手机产生了高度的依赖感，而这会对他们的社交媒体使用行为产生很大影响，进而影响他们的人际沟通。因此，笔者通过研究来了解他们是如何使用智能手机和社交媒体的，智能手机能够给他们带来怎样的价值以及他们怎样通过智能手机接收和发送产品或服务信息。

第四，消费者移动口碑接收机理与影响因素。在移动口碑系统模型中，消费者移动口碑信息接收是第一个阶段，也是移动口碑传播取得效果的首要阶段。此时，信息过载会促使消费者对接收到的信息进行有意识的筛选，决定打开并阅读信息还是直接删除。消费者的接收决策主要根据口碑信息来源特征进行判断，受到心理因素和社会因素的影响。该研究就是要了解哪些因素影响消费者移动口碑接收，影响方式和程度是怎样的，从而提高消费者移动口碑信息的接收程度，为企业移动口碑营销奠定基础。

第五，消费者移动口碑接受机理与影响因素。消费者移动口碑接受是移动口碑信息对消费者心理和行为产生影响的过程。只有消费者认为移动口碑信息是有用的、有价值的，移动口碑才会对消费者的购买决策产生影响。因此，笔者研究哪些因素会影响消费者对移动口碑信息有用性和价值的判断，影响过程是怎样的，进而增强移动口碑传播的影响力，提升企业移动口碑营销的效果。

第六，消费者移动口碑传播机理与影响因素。企业要想提高移动口碑营销效果，就需要让更多的消费者能够接收并接受移动口碑信息，这就需要扩大移动口碑的传播范围。因此，移动口碑信息的传播和再传播就成为一个关键问题。只有企业的移动口碑信息能够不断传播，形成涟漪效应，才能不断扩大影响范围。基于此，笔者研究哪些因素会促使消费者将接收到的移动口碑信息再传播出去，以及相应的影响程度和过程。

第七，企业的移动口碑营销策略。理论研究要为实践服务，笔者研究消费者移动口碑传播的机理和影响因素的最终目的就是为企业移动口碑营销实践服务。因此，该研究根据理论和实证研究得出的消费者移动口碑传播结论，分析企业应该如何应用这些结论，如何采取一定的策略来提升自己的移动口碑营销效果。

1.2.2　理论意义

第一，有助于丰富口碑传播研究的理论体系。当前，移动互联网和 4G 通信技术日益成熟，智能手机的普及使得移动口碑成为消费者口碑传播的新形式，并逐渐成为消费者信息的重要来源。由于移动口碑传播的发展还处于一个成长阶段，国内外在此领域的研究成果比较有限。因此，在社会和技术快速发展的背景下，在传播学、心理学和营销学等相关学科知识的基础上，借鉴已有传统口碑和网络口碑研究的成果，构建移动口碑的传播机理和影响因素的系统模型，并通过实证研究进行检验，这将有助于弥补理论研究的不足，进一步促进消费者行为、移动口碑传播和移动营销理论的研究发展。

第二，促进对消费者移动口碑传播的深入研究。消费者移动口碑传播是一种相对比较新的口碑传播形式，已有的相关研究还比较零散，未形成系统的理论体系，缺乏从理论渊源到实践应用的系统论述。该研究通过自身的努力，提出了一些自己的观点并进行了一些实证研究。但是，这些研究是远远不够的，因此，笔者希望通过自己的研究起到抛砖引玉的作用，引起广大研究者对消费者移动口碑传播的注意和兴趣，扩大研究的深度和广度，促使移动口碑理论走向成熟。

第三，该研究的实证分析不仅验证了相关研究假设，同时也丰富了相关理论和方法的应用范围。该研究应用态度理论、信任理论、关系强度理论、社会资本理论、社会临场感理论以及推荐奖励计划等理论，通过问卷调查和实验设计等方法对消费者移动口碑传播系统模型中的相关因素的影响作了实证研究，验证了提出的各个假设，也进一步扩展了口碑传播的研究范围，为后续的研究奠定了理论基础。

第四，丰富了社交媒体营销理论。该研究关注的是在移动互联网背景下，消费者如何通过智能手机以微信等社交媒体来传播口碑信息，因此，相应的研究成果也有助于人们加深对消费者如何使用社交媒体的理解，丰富社交媒体营销理论。

第五，促进口碑传播理论的本土化。国内外的研究已经证明，社会文化是影响消费者的重要因素。社会文化环境不同，即使面对同样的信息，消费者的反应也是不一样的。目前，许多口碑研究的经典理论和相关结论是国外学者在其社会文化背景下进行的研究，因此，其在我国的适用性有待考证。由于我国独特的传统文化，人们的消费观念以及对待移动互联网的态度和西方文化下的消费者具有明显的差异性，所以国外的口碑研究成果不一定适用于我国的消费者。该研究根据我国消费者的特点编制问卷，以我国消费者为样本，分析移动口碑传播的机理和影响因素，将是对以往口碑研究理论的验证和完善。

1.2.3 实践意义

口碑对消费者态度和行为具有非常强大的影响力（Bristor，1990；Heejae 和 Dahana，2017），所以企业对口碑传播非常重视。当前，移动互联网已经成为企业营销的重要领地，借助于智能手机上的微信等社交媒体，企业可以实现与顾客"一对一"对话，从而拉近了二者之间的距离，使消费者得到更好的服务。但是，尽管移动口碑传播的价值已经引起企业的重视，但是很多企业的移动口碑传播活动并不理想，原因就在于企业对在移动环境下的消费者口碑传播机理和影响因素了解不够，不能实现个性化传播。因此，探讨移动口碑传播过程中对消费者心理和行为产生影响的因素及其影响机理，有助于引导企业全面监控消费者移动口碑传播的全过程，并以此做出个性化回应，实现即时、互动、精准、个性等传统营销和 PC 网络营销无法达到的目标。

智能手机上的微信等移动社交媒体已经成为企业口碑营销的重要媒介，相对于 PC 互联网媒介，智能手机具有便利性、个性化、互动性和多样性等特点。但是，智能手机和作为 PC 终端的桌面电脑或笔记本电脑相比，相对狭小的屏幕以及其不同的操作方式，也给企业如何设计口碑信息的内容和形式以及如何管理移动口碑传播过程提出了更高的要求。因此，研究消费者移动口碑传播有助于企业改善其网络平台和虚拟社区的管理，设计更加人性化的口碑展示与传播方式，从而给消费者提供更有利的移动网络平台发布，促进移动口碑信息的传播，增强移动口碑的影响力。

总体而言，研究消费者移动口碑传播的机理和影响因素对企业口碑营销实践活动具有重要的理论指导作用，会促使企业把移动口碑管理纳入整合营销传播管理框架中，极大地提升口碑营销效果。同时，研究移动口碑传播，理解社会公众的信息传播方式，对我国政府也有重要的意义——有助于引导社会舆论，构建和谐社会。

1.3　研究思路

该研究从文献研究和消费者访谈入手。文献研究主要研究关于传统口碑、网络口碑和移动口碑的已有文献资料以及传播学、心理学和营销学的相关文献，在总结前人的研究成果的基础上，找出研究切入点。消费者访谈主要选择伴随着互联网长大的"80 后""90 后""00 后"这几代人，了解消费者在移动口碑传播过程中的心理和行为变化及其影响因素。

笔者通过文献研究和消费者访谈，提炼影响消费者移动口碑传播的关键因素，了解它们各方面表现的特征。然后，结合国内外已有研究成果，确定研究主题并构建研究模型。随后，进行问卷调查和实验设计并通过社会统计学方法对所获得的数据进行检验，来验证各种影响因素之间的因果关系及其影响程度。最后，根据分析结果形成研究结论和建议。

1.3.1　研究方法

该研究采用理论分析与实证研究相结合的方法来建立消费者移动口碑传播的理论模型，获取科学、准确的研究数据，并得出研究结论。

1.3.1.1　理论分析

理论研究是该研究的起点。本书在尽可能充分获得国内外文献的基础上，消化、吸收消费者行为、口碑传播和移动营销等理论以及传播学、心理学和营销学的相关文献，厘清移动口碑的理论逻辑和发展脉络。该研究在系统整理了有关国内外文献并进行了分类和解释之后，对口碑传播研究现状、研究重点、研究方法及口碑营销在业界的演变历史、发展动态及其规律有了一定的掌握。同时，检索国内外移动社交媒体运用于口碑传播的研究，对于移动社交媒体为当今世界所带来的新的营销现象和营销规律作用于口碑传播的必然性和适用性进行了研究。此外，笔者还检索相关机构调查报告以及各类媒体的有关调研报道，同时结合我国企业移动口碑传播的实践，明确研究的方法和思路，建立理论模型。

在文献研究的基础上，笔者对大学生进行了深度访谈。访谈所围绕的中心问题是"您是如何应用智能手机和微信等社交媒体进行信息搜寻和传播的"和"您根据什么样的标准来判断信息的价值和有用性"。通过访谈，加深了对消费者移动口碑传播过程的理解，获得了消费者移动口碑传播意愿的影响因素的潜在选项。随后，通过对相关专家学者进行访谈，进一步筛选消费者移动口碑接收、接受和传播的影响因素，探讨这些影响因素的影响机理，进行量表开发，不断优化研究设计和研究进程。

1.3.1.2 实证研究

该研究采取问卷调查和实验设计的方式来收集所需的数据。这是目前一般的研究中使用较多的方法，因为使用问卷调查和实验设计便于对调查结果进行定量分析。

该研究的问卷量表采用结构化的问卷，根据研究假设和理论模型，设计并完善了问卷量表。在设计问卷时，笔者和有关人员进行文献整理，梳理研究脉络，对问卷的测项、指标和变量的选取等进行了反复的讨论，听取各方意见，在此基础上形成了最终的调查问卷，从而使调查问卷更加科学和切合实际。问卷调查选择的样本为在校大学生，通过现场调查方式对调查对象进行问卷调查，获取一手资料。

在进行实验设计的时候，先根据现有文献和实际营销情境分析，准备实验材料，确定研究可能涉及的量表，然后开始预测试并根据结果改进实验方案。

为了对问卷调查和实验设计的结果进行分析并对研究假设进行验证，笔者在获取了原始数据后，利用统计分析软件 SPSS 21 和 AMOS 21 对研究变量进行了描述统计分析、信度和效度分析、相关分析、回归分析和方差分析等，以便从实证的角度研究变量之间的关系，从而对提出的研究假设进行检验，并对验证结果进一步深入分析和探讨，为企业移动口碑营销的实践提出改进措施和管理建议。

1.3.2 技术路线

该研究采用理论研究与实证研究相结合的方法来研究消费者移动口碑传播机理及其影响因素。在进行理论分析时，通过对相关文献的梳理，界定所要研究的问题，明确关键概念以及相关影响因素之间的逻辑关系，然后建立研究模型，在此基础上提出研究假设。在实证研究过程中，笔者根据已有的相关文献提炼出适合我国情况的各个研究变量的测项，并通过与有关专家的深入讨论，最终确定了该研究的调查问卷。然后，通过现场调查和实验设计来获得所需要的数据，并通过数据分析来验证所提出的假设，最终提出研究结论。具体研究路线如图 1－4 所示。

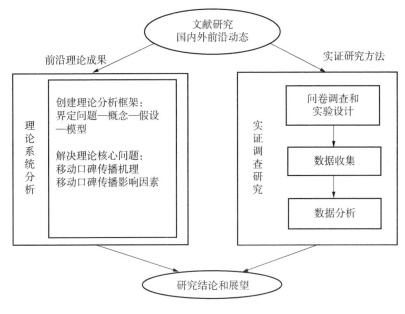

图 1－4　移动口碑研究路线

1.4　主要创新

该研究在已有的传统口碑和基于 PC 互联网的网络口碑的基础上，结合网络和通信技术发展对消费者信息搜寻、使用与传播的影响，探讨消费者移动口碑传播的机理与影响因素，以期深化并扩展口碑传播理论并对企业口碑营销实践提供理论指导。

该研究的创新点主要包括以下几个方面：

第一，口碑传播与营销理论创新。笔者站在时代的前沿，针对我国移动互联网发展和企业经营的现实，从消费者视角研究移动口碑传播，着重研究移动口碑传播机理以及对其产生影响的社会因素和心理因素。为此，笔者通过理论分析构建了消费者移动口碑传播系统模型，并对模型中的消费者移动口碑接收、接受和传播三个阶段的传播机理和影响因素进行了实证研究，得出了一些很有价值的结论。这些研究弥补了已有口碑理论不能有效解释移动互联网下的消费者移动口碑传播的不足，实现了对已有口碑传播理论的部分扬弃和发展，从而促进了消费者口碑传播与营销理论的扩展和完善。

第二，媒介理论创新。微信等社交媒体已经成为消费者，尤其是年轻消费者，进行口碑信息传播的主要媒介。但是，现有的研究还不能充分说明消费者是如何使用微信等社交媒体的。在研究过程中，笔者从全新视角，以大学生群体作为研究样本，揭示了以大学生为代表的年轻消费者使用社交媒体进行口碑信息传播的机理及其影响因素，丰富和完善了媒介理论。

第三，该研究分析和验证了消费者移动口碑接收的机理和影响因素。笔者对消费者移动口碑接收进行了系统的理论分析，并应用信任理论和媒介依赖理论进行了实证研究。结果发现，消费者信任对态度的两个成分——认知和情感——均有显著正向影响，同时对移动口碑接收意愿也具有显著的直接影响。年轻消费者的情感态度对移动口碑接收意愿具有显著的正向影响，而认知态度的影响不显著。手机依赖对认知态度和接收意愿没有显著的影响，而对情感态度具有显著的正向影响。

第四，该研究分析和验证了消费者移动口碑接受的机理和影响因素。笔者在系统理论分析的基础上，应用社会资本理论和社会临场感理论进行了实证研究。研究发现，微信用户在微信口碑传播过程中的社会资本的三个维度，即结构资本、关系资本和认知资本，对微信口碑影响力具有显著正向影响。其中，结构资本对微信口碑影响力的影响最大。微信用户的社会临场感对微信口碑影响力没有直接影响，但是在社会资本影响微信口碑影响力的过程中具有反向的调节作用。

第五，该研究分析和验证了消费者移动口碑传播的机理和影响因素。在系统的理论分析基础上，应用推荐奖励计划来分析在特定条件下，消费者选择向谁传播移动口碑信息。研究发现，奖励公开会对发送者选择不同关系强度的微信朋友作为微信口碑信息的接收对象产生影响，并且在奖励分配影响发送者选择不同关系强度的微信朋友作为接收对象的过程中具有调节效应。奖励条件和奖励分配不是发送者选择推荐奖励对象时的考虑因素。无论奖励有无条件以及如何分配，发送者均倾向于向强关系的接收者发送口碑信息。

第六，根据上述研究结论，笔者提出了企业移动口碑营销策略。根据消费者移动口碑传播系统模型，笔者认为，在移动互联网环境中，通过智能手机等移动终端，企业和消费者都可以获得自己的价值，而且这些价值是融合在一起的，这为企业开展移动口碑营销提供了很好的机会。企业可以通过充分利用移动媒介、获得消费者许可、建立与消费者的信任关系、强化与消费者的交流互动、提供良好的消费者体验、提高移动口碑内容价值、提升移动口碑传播效果、扩大移动口碑信息传播范围、促进移动口碑传播的更新和循环等措施来提高企业移动口碑营销实践的效果。

第2章　理论基础与研究模型

消费者口碑传播是一个复杂的过程，按照口碑传播的媒介、形式和内容，可以把口碑分为传统口碑、网络口碑和移动口碑三种类型，每种类型都是和其所存在的社会、经济和技术发展阶段相适应的。在口碑传播过程中，消费者的心理和行为是非常复杂的，需要从传播学、心理学和营销学等不同的视角去分析研究，以加强对消费者口碑传播的理解和应用。在移动互联网下，无处不在的设备和无线网络的发展已经创造出了"一直在线社会"，为企业向消费者提供增强的、更便利和个性化的购物体验和无缝沟通以及为消费者创造出独一无二的价值提供了物质基础。

借助于智能手机等移动终端传播的移动口碑是企业与消费者沟通的有效方式。相关学者对移动口碑作了许多研究，得出了一些很有价值的结论，对企业口碑营销具有很高的参考价值，但是还有许多问题有待深入探讨，因此，该研究在已有移动口碑研究的基础上，借鉴传统口碑和网络口碑的研究成果，结合移动互联网本身的特性，从消费者的视角构建了一个包括接收、接受和传播移动口碑的系统模型。

2.1　口碑传播的发展历程

人类文明的进程都离不开技术的变革，传播技术的进步和新旧媒介之间的更替同样贯穿始终。某种新的传播技术诞生，总是引发传播领域的变革和重组。在人类口碑传播发展过程中，每一种口碑传播形式的产生与发展，也都离不开科学技术的推动。借助科技的力量，口碑传播在内容和形式表现方面不断完善，在传播效果方面不断放大，对消费者行为产生重大的影响。作为技术进步的结果，新的沟通媒介导致消费者行为的改变（Gómez – Suárez 等，2017；Baines，2017），同时对企业的营销实践也提出了越来越高的要求。

在口碑传播过程中，科技的力量主要体现在口碑传播媒介（word of mouth media）的变革。传播媒介是指人类传播过程中运载和传递信息的物体，是连接传受双方的中介物。人类的口碑传播活动经历了不同的发展阶段，每一阶段都各具特点，也都各自有一种代表性的传播媒介，并由此彰显出独特的口碑传播景观。最早的口碑传播表现为面对面的传播，借助于语言、表情等进行传播。随着印刷术的推广、广播电视的普及到互联网的成熟，口碑传播从传统面对面的口碑发展到网络口碑，以文字、图形和单向影音为媒介的传播的比例逐渐增加。现在，随着移动互联网的快速发展，智能手机成为最新的口碑传播媒介，微博、微信等社交媒体成为人们沟通的首选，消费者的口碑传播行为也发生了巨大的变化，具有明显不同于以往的新特点。

2.1.1　传统口碑传播

口碑（Word of Mouth）可能是历史最悠久的营销传播工具，是一种消费者及其家庭最重要的信息源。特别是在中国，很早以前就有"一传十、十传百""酒香不怕巷子深"之说。历史上有许多老字号，如同仁堂中药、张小泉剪刀、北京烤鸭、狗不理包子等，都是通过口碑传播得以声名远扬的。

在口碑传播研究的早期，学者们把产品、品牌及服务相关意见等口碑的发展、传递与扩散限定在人际传播的范畴。如 Arndt（1967）认为，口碑传播是一种口头的、人与人（people to people）之间的交流，并进一步指出一般意义上的口碑指的是消费者与消费者（consumer to consumer）之间的传播，是传播者与接受者之间关于产品、品牌和服务的口头形式的非商业化人际沟通。Westbrook（1987）也认为口碑是指人与人之间有关产品特性、使用经验或某种服务的供应商的一种非正式的沟通方式。

口碑传播这种非正式的人际传播最早可回溯到 Whyte（1954）的研究，其发现在人与人之间存在一种广泛的力量，这种力量出现在"晒衣绳的两边"（over the clothes line）与"后院的篱笆两边"（across the backyard fences），因为人们在这样的场合下，很自然地就谈论起产品的使用经验、优缺点之类的意见，并在不知不觉的情况下，其消费行为与决策过程因此而受到影响与改变，尤其当该小区的沟通网络非常有力（powerful）时，这个消费者沟通网络就构成了社会中的口碑传播网络。在这个时期，意见领袖（opinion leader）所传递的信息和评论在消费者进行购买决策时占有极大的影响力。

此时，消费者的口碑传播是基于人际交流的欲望和需要，具有非功利特性，有着其他大众或分众媒介无法匹敌的可信度和沟通力。这个时期的学者针对不同产品与服务进行的口碑传播研究充分证明了口碑的影响力，如消费者在家庭用品与食物（Katz 和 Lazarsfeld，1955）、牙医专业服务（Silk，1966）、内科专业服务（Coleman，Katz 和 Menzel，1957）、汽车（Newman 和 Staelin，1972）、服饰（Venkatesan，1966）、新产品的采用与服务（Engel 等，1969）等产品和服务的购买过程中，口碑传播对消费者购买决策均具有极大的影响力。

无论什么传播方式，都离不开一定的传播工具，即传播媒介。在早期的口碑传播过程中，面对面的口头传播是相互间进行交流沟通的主要方式。此时，语言是人们进行口碑传播的媒介。语言不仅是人类最初的媒介和最重要的媒介，而且是最基本的媒介。语言的产生，使得人们可以自由交流，人类口头信息传播的内涵更加丰富。借助语言，人类可以把内心更深层的思想表达出来，可以把生活中积累的经验、知识等更清晰、更准确地进行传播，因此，人际之间的口碑传播对人类社会的发展和知识的传承具有重要的作用。

在口头传播过程中，人们还能营造具体的传播语境。在语言之外，口头信息的传播者和接收者能够利用表情、手势等多种肢体语言有效地传递、接收信息。在这个过程中，人们综合视觉、听觉等多种感觉，使语义表达更为丰富易懂，借助于语气、语调、表情等，传播者可以表达不同的意思，而且传播者和接收者之间不断进行互动，因此，面对面的交流较少产生误解。同时，语言是人类的基本交流工具，口头传播不受文化水平和传播载体的限制，使人际沟通更亲近、更可信。

口头传播可以实现一对一交流，保密性强，是非商业化的，可信性高，对消费者影响大。但是，口头传播也具有明显的缺点，其主要是受时间和空间限制。另外，口头传播主要通过人际沟通传播，而人的记忆力是有限的，容易造成信息稍纵即逝，导致口碑传播效率低、范围小、信息易失真，对企业和消费者产生不利影响。在人类发展过程中，不同地域的人类的发展是不同的，语言文化存在较大的差异。因此，依靠语言作为媒介的传统面对面口碑很难在大范围内传播，影响力有限。

由于传统的口头媒介的传播速度和范围受到语言媒介本身的限制，无法对人进行延伸，而人们沟通的需要却不断地增加，于是这种需要促使媒介技术不断发展。媒介的功能就是延伸人类传播和接收信息的能力，传播工具的演进在一定程度上反映出人类文明的进程。每一次媒介技术的进步，都是为了满足社会发展的需求，都会对社会的政治、经济、文化、生活产生重要影响，甚至能够改变人们的思想和行为模式。同时，新媒介技术为人际沟通提供了新的工具，促进口碑传播不断发展。

口头传播易逝性的不足在文字产生后得到了极大的改善。在人类社会薪火相传的过程中，文字传播具有至关重要的作用，是人类社会的重大进步，其改变并拓展了人际沟通的方式，使得信息可以大范围、长时间地传播，人类语言的内容得到了保存。于是，文字成为人际传播的重要符号，信息传播者利用文字，通过信函、书籍等形式记录、传递和保存人类活动的各种信息，使信息传递更久远。此时，人际沟通不再局限于面对面的交流，这在一定程度上削弱了时间、空间的限制。

随着人类社会的不断发展，印刷术的出现克服了人工抄书在传播速度和传播规模方面的限制。信息传播媒介种类也不断增多，除了图书之外，报纸、杂志、宣传单等时效性更强、内容更丰富的印刷媒介形态相继出现，满足了广大受众对信息的需求。因受众群广泛、数量巨大，报纸、杂志成为大众媒体。在科技高度发达的今天，大众媒体依然是人们传播信息的重要工具和途径。可见，大众媒体扩展了人们的口碑传播的影响范围，同时为企业开展口碑营销提供了有效工具。

在 20 世纪初，随着无线电技术研究和实验的快速发展，广播、电影、电视相继问世，为信息传播提供了新的传播媒介，为人际沟通提供了更为宽广的平台。电子技术使听觉与视觉很好地融合在一起，催生了广播剧、电影、电视剧、MTV 等多种媒介形态，使人类的传播能力和传播效率得到了极大提升，深刻影响着人们社会生活的方方面面。电子媒介传播不同于纸质平面传播，其传播的内容由静态文字、图片扩展到了动态声音和影像，因此，电子媒介传播更加形象生动、内容更丰富、传播更广泛、效率更高。借助于广播、电影、电视等电子媒介，口碑传播的传播速度更快、范围进一步扩展。企业借助大众媒介的力量，通过广告、促销等方式引爆口碑，可以在短时间内达到较大的覆盖面。

在学术界，研究者们对如何借助大众媒介进行口碑传播进行了大量的研究。20 世纪 50 年代，学者们重点研究发现各种口碑传播现象，如 Whyte（1954）、Katz 和 Lazarsfeld（1955）、Brooks（1957）等。20 世纪 60 年代，口碑领域学者开始将研究范围拓展到消费者搜寻口碑以及传播口碑的行为的背后动机，深入探讨为何会有口碑现象发生，如 Dichter（1966）、Silk（1966）、Arndt（1967）、Mancuso（1969）等。20 世纪 70 年代以来，与口碑相关的研究日益丰富，其研究角度主要有两个：①分析口碑传播对新产品采用的影响，包括正面口碑和负面口碑。这时的口碑研究开始深入探讨口碑传递过程的种种细节，包括信息传播者和搜寻者的行为动机、信息内容的特性等，如 King 和 Summers（1970）、Mahajan 和 Muller（1984）、Sundaram（1998）等。②从社会学的角度，将口碑看作是一个社会过程并分析口碑的作用机制，包括服务营销与关系营销下的口碑、推荐过程、口碑传播效果的影响因素等。如 Rogers 和 Bhowmik（1970）、Gilly 等（1998）以及其他。

2.1.2　网络口碑传播

计算机的诞生标志着人类社会进入了数字时代，其成为人类信息传播的一个崭新领域。今天的计算机已经成为人们传播信息的重要工具和传播媒介。计算机的基本功能包括对信息的存储、加工、处理、传递、显示以及信息转换。运用计算机网络及系统，不仅可以进行文字、图像和语言的特征识别，还可以对信息进行采集和转换译码，加工处理信息，从而把数字信息转变成人们可以理解的形式。计算机媒介的出现改变了人类的思考模式，颠覆了传统的沟通形态。鉴于计算机对人类社会的巨大影响，可以认为计算机使人类的传播活动进入了新纪元，带动了信息技术的全面发展，让人类进入了信息社会。

20 世纪 80 年代以来，整个世界掀起"网络革命"的浪潮，人类由此进入"网络传播"时代。互联网的影响是前所未有的，它具有在世界范围内传播信息的功能，就像一张无时不在、无处不有的大网覆盖着地球的每一个角落，是使身处不同地域的人们能够互相沟通协作的一种新媒介。据 CNNIC 统计，截至 2016 年 12 月，中国的网民规模达 7.31 亿人，互联网普及率为 53.2%，❶ 是世界上网民人数最多的国家。借助于计算机和互联网的信息传播不仅打破了人类已有的传播格局，促使传播领域产生了一场深刻的革命，而且成为渗透社会生活方方面面的新的工作方式、生活方式甚至生存方式，深刻影响了人类社会的政治、经济、文化等各个方面，形成了一个跨国界的、全球性的、最重要的新型沟通媒介（Hussain 等，2017）。

计算机和互联网的结合和快速发展，给人际传播提供了新的方式，为口碑传播提供了强有力的媒介，改变了口碑传播的状况，使其从传统的口口相传变为以互联网为载体进行的口碑传播活动。与此同时，口碑的概念也扩展至以互

---

❶　第 39 次中国互联网络发展状况统计报告［EB/OL］．［2018 - 01 - 06］．http：//www.cal.gov.cn/2017 - 01/22/c_ 1120352022.htm.

联网为媒介的沟通，出现了 CMC（Computer - Mediated Communication）人际传播，即通过计算机和互联网进行人与人的非面对面的口碑信息交流传播，从而产生了网络口碑。在互联网空间中，任何一个人都可以与其他人进行人际沟通，传播口碑信息。Litvin，Goldsmith 和 Pan（2008）将网络口碑定义为"将有关特定商品及服务或商家的使用或特征，通过基于互联网的技术直接传递给其他消费者的非正式交流"，该定义区别于通过传统大众媒介的口碑传播的定义。Hennig - Thurau 等（2004）认为网络口碑是实际、潜在或曾经的客户通过网络发布、展示给其他消费者和企业的，关于产品或商家的正面或负面的评论。国内部分学者也尝试对网络口碑作出了定义，如郝媛媛（2010）将网络口碑定义为："大众可以通过互联网获得的，潜在、实际或者先前的消费者主要以文本形式作出的，对商品、服务、企业等的特质的评定或对产品或服务使用体验的表述。"根据这些定义可以发现，网络口碑传播不同于传统的面对面口碑传播方式，是借助互联网媒体进行交流沟通的新型人际传播方式。

网络口碑具有较快的传播速度、相对较低的成本、目标明确和快速反应等特点。无疑，以计算机和互联网为媒介的沟通媒体提供了前所未有的能力来同步（即时通信）或非同步（电子邮件）地使不同的个体连接起来（Subramani 和 Rajagopalan，2003）。这种渠道是"即刻的、多维的和互动的"（Okazaki，2008）。

Lindlof 和 Shatzer（1998）认为，计算机媒介沟通与其他大众媒体最大的区别就是计算机媒介沟通除了具有即时性、分布广、多形式的特点外，更重要的是，终端使用者（end - user）对内容有高度的控制权。消费者已由传统传播过程中被动者的角色转换为对内容提供者索取自己想要的信息内容的、主动式的角色。因此，相比于传统的传播渠道，网络口碑传播更活跃和积极。借助于互联网，口碑传播的内容可以轻易停留，克服了口头传播转瞬即逝的缺陷，同时，还打破了传播的同步性，可以实现信息的不同步传播，也实现了口碑信息扩散的无国界的广度和风驰电掣的速度。

在互联网环境中，人们具备了积极使用和参与媒体的条件，互联网受众的主体意识大大增强。人们也习惯了通过互联网来获取口碑传播信息。网络技术的飞速发展使得人们之间的交流越来越密切，相互影响也与日俱增。消费者的主动性空前高涨，其表现欲和成为"意见领袖"欲求也大大增强。人们在网上的活动不仅是被动浏览信息、收发电子邮件，还可以建立自己的信息发布平台，通过 E - mail、社区网站、博客、论坛、新闻群组等信息传播方式自由随意地发表自己对产品的看法和使用产品和享受服务的体验，快速地传播各种信息，与众人分享自己的见解，还可以即时互动地与朋友聊天。通过用户群体自扩散效应，每个普通网民作为信息源的影响力被几倍甚至几十倍地迅速放大。

计算机媒介沟通具有互动性、匿名性、隔离性、即时性、虚拟性、便利性、个性化、同步与异步、分众化及无国界等特征，这些特性是计算机媒介沟通与传统人际沟通不同的关键，也是造成其与传统的沟通模式不同的最主要的原因。借助计算机和网络的力量，网络口碑摆脱了传统口碑"人际圈子"的限制，口碑传播的数量、广度和深度都会大大增加，其影响力变得更为强大。网络口碑对消费者的影响已经引起人们的重视并得到实证检验（Phelps 等，2004；Godes 和 Mayzlin，2004；郭国庆和杨学成，2006；宋晓兵，丛竹和董大海，2011；Moe 和 Schweidel，2012；Chen，Shang 和 Li，2014；Jeong 和 Koo，2015；Baber 等，2016；向斌和宋智一，2017；Fang 和 Yu，2017）。

网络口碑的特性除了促使口碑研究蓬勃发展外，也导致口碑研究领域产生三个重大的转变：①口碑研究多元化。此转变起因于网络传递信息的渠道非常便利和多元化，包括电子邮件、社交平台、博客等，这促使口碑现象可能产生于各种不同的环境当中。为了因应不同环境和渠道的特性，口碑研究也因此朝向更细节和多元的方向发展（Phelps 等，2004；Chevalier 和 Mayzlin，2006）。②口碑研究复杂化。由于网络平台的后台管理与数据挖掘的技术愈来愈先进，研究者可轻易取得大量的网络口碑信息记录和社群成员信息，借此进行深入且复杂的质化和量化研究。除了通过对资料库存取的资料进行深入研究外，研究者甚至可通过后台管理系统实时监控社群以进行口碑动态传播的研究（Godes 和 Mayzlin，2004）。③口碑内容成为关键影响因素。由于网络口碑具有匿名性且多由文字和图片所构成，可反复被信息搜寻者读取，因此口碑信息内容便成为影响口碑接收者的重要关键因素。

当前，网络口碑已经成为消费者购买决策的一个重要参考，然而如前所述，网络口碑不同于传统口碑，其在传播内容、范围、表现方式等方面都表现出其特殊性。Dellarocas（2003）认为与传统口碑相比，网络口碑具有如下特征和优点：①信息访问和交换成本更低，信息规模更庞大。②技术上允许控制更宽广范围的交流形式和类型，如电子邮件、即时通信、消费者论坛及社交网络等。③由于在线身份的匿名性和随意性，会产生传统口碑所不具有的问题，如信息过载、信息误导等问题。国内相关学者也对网络口碑和传统口碑进行了比较分析。李爱国，邓召惠和毛冰洁（2017）认为，网络口碑借助网络媒介完成口碑传播，是消费者在信息不对称情形下所进行的非面对面沟通，其与传统口碑都是消费者针对产品或服务有关信息进行的非正式沟通。在传播特征方面两者的差异主要表现为：①扩散性与自由性。传统口碑传播模式主要为一对一，信息辐射范围相对狭窄，传播速度慢，双方身份信息公开，谈话内容相对保守；网络口碑传播形式更具多样性，可表现为一对一、一对多、多对一、多对多及电子邮件等形式，信息扩散速度快，内容易被复制和转载，信息辐射范围广，由于行为主体的匿名性使得谈话内容更加开放。②异步性与商业性。传统口碑受时空影响，信息发布、接收与传播存在滞后性，成本较高，且不易保存；网络口碑传播则打破了时空界限，信息发布、接收与传播可同步实现，且信息易储存、搜索，成本相对较低。③可信度。传统口碑与网络口碑信息主要来源于第三方，其中传统口碑主要来源于亲朋好友，限于熟悉环境，可信度较高；网络口碑则主要来源于陌生人群，当受利益驱动时其匿名性使得信息真实性难以辨别，信息失真风险大，进而不易受消费者信服。就上述特征而言，网络口碑较传统口碑在传播模式、传播渠道等方面具有明显提升与发展，是"互联网＋"条件下不容忽视的产物。

付东普（2016）总结了现有相关文献中的网络口碑与传统口碑的异同点，该研究在其基础上对比较项目进行了必要的增减。具体如表 2 - 1 所示。

表 2 - 1　网络口碑与传统口碑的比较

项目	网络口碑	传统口碑
传播媒介	互联网，如 E - mail、BBS、MSN、QQ、虚拟社区等	人际面对面交流
传播形式	数字化多媒体信息，如文字、图片、声音、录音、电影、Hash、音乐等	语言、声音、表情、肢体语言等
传播模式	支持一对一、一对多及多对多网络非线性传播	一对一线性传播
传播速度	信息传播非常快速，消费者可以通过互联网在任何时间传递信息	信息传播缓慢。消费者必须在现场才能分享信息
交互类型	同步或异步	同步
沟通情境	传播者与接收者所处情境可不同	传播者与接收者所处情境相同

项目	网络口碑	传统口碑
人际关系	传播者与接收者关系：熟人或陌生人、弱联结关系	仅限于熟人；强联结关系
沟通环境	更自由、更开放的虚拟社会环境	人际沟通的现实社会环境
传播效果	病毒式、指数级速度传播	一对一传播，传播速度很慢
匿名性	可实名，也可匿名	以实际身份沟通
信息接收方式	搜索和接收均具有自主性	被动接收
存储时效性	可长久保存	沟通结束后随即消失
历史可溯性	可查历史口碑记录	无法查询过去口碑记录
便利性	打破时空局限	受时空限制
可复制性	多种电子媒介形式，可复制性强	依赖人的记忆力，可复制性弱
信息损耗	可直接转帖，减少了传播过程中的信息损耗和扭曲	依赖人的记忆力，信息损耗和扭曲较大

资料来源：付东普（2016）。

2.1.3 移动口碑传播

移动口碑（Mobile Word of Mouth，MWOM）是指在移动互联网下，消费者通过移动终端向其社交范围内的其他消费者传递产品或服务信息的沟通形式（Wiedemann，2007）。移动口碑传播能使消费者用一种真实的、互动的方式寻找和分享消费体验，放松了时间和空间的独立性以及相互限制。智能手机与PC这样的终端相比，有着更大的流动性，使得消费者口碑传播行为发生的时空变得更为自由（彭兰，2017）。移动口碑具有"即时信息交互"的优势，提供了PC静态互联网不能提供的优越的价值。因此，移动口碑传播改变了基于PC静态互联网的网络口碑传播的观点。

移动口碑要取得成功，就必须真正了解移动口碑传播过程中的媒介、消费者接触媒介的过程以及接触方式，然后有效地运用这些移动口碑传播的工具去进行最佳的整合，才能真正达成最为有效的移动口碑传播。因此，需要了解移动口碑的两种重要媒介，即智能手机和以微信为代表的移动社交媒体。

2.1.3.1 移动口碑的产生与发展

随着数据通信与多媒体业务需求的发展，适应移动数据、移动计算及移动多媒体运作需要的 4G 移动通信快速发展，人类进入移动互联网时代，互联网的力量从电脑转移到以智能手机为代表的移动终端，改变了此前的以互联网为中心的媒体格局，从而使消费者沟通环境发生了根本性的变化，出现了全新的社会现象和沟通模式。

随着 4G 移动通信的发展，移动互联网已经成为人们生活中不可缺少的部分并深深地嵌入社会各阶层的生活之中。信息传输速度的不断加快和覆盖面的不断增大使超空间、全天候的人际传播得以实现，人与人合作与沟通的能力和潜力得到巨大的释放。移动终端，如智能手机和平板电脑等，把软件、硬件和网络技术整合在一个相对很小的产品中。它们的小尺寸使得用户能够把它们携带到任何地方（便携性），通过蜂窝或 Wi-Fi 网络连接互联网（网络性），完成各种活动。

消费者移动沟通装置使用增长很快，移动技术基础的装置在日常生活中变得很普遍。由于移动装置获取服务和信息的无处不在性、通用性和一致性以及独特性和个性化信息交换，移动装置对消费者和企业来说正变得日益重要（Nysveen 等，2005；Alenezi 等，2017），成为人们生活中重要的信息传递工具和媒介载体。智能手机在信息传播方面是一个质的突破，它能够在任何地方、任何时间被用户使用。智能手机打破了地域、时间和 PC 终端设备的限制，可以随时随地接收文字、图片、声音等各类信息，实现了用户与信息的同步（匡文波，2003；Thangadurai，2016）。

现在，智能手机已经成为消费者信息交流的重要工具，是消费者最贴身的媒体平台。传统的个人计算机虽然具有"私人媒介"的特点，但"移动性"和"便携性"的不足影响了其作为个人媒介的应用（李昌和刘纯怡，2017）。由计算机到智能手机，这种信息传播媒介的演变推动消费者口碑信息传播不断变革，传播方式不断进化。智能手机改变了传统媒体的传播方式，融合了众多媒体的传播功能，对既有的传播格局形成了巨大冲击，对营销来说更是具有"改变游戏规则"的意义（Larivière 等，2013）。智能手机比计算机更普及，比报纸更互动，比电视更便携，比广播更丰富，集四大媒体的优势于一身，无论何时何地，手机总可以如影随形，因此，智能手机很适合消费者进行口碑传播（Okazaki，2008），为口碑传播开启了一个新的舞台（Ishii，2004）。研究者和实践者通过聚焦快速增长的移动沟通来扩展口碑研究的范围（Okazaki，2005；Shen 等，2013）。移动口碑在许多不同的实践领域逐渐替代面对面的传统口碑和 PC 基础的网络口碑（Wang, shen 和 sun, 2013）。

随着更多的消费者日益依靠智能手机与同事进行沟通、收发信息、保持信息通畅并做出商业决策，人们和其他人沟通、发现信息、娱乐和管理日常生活的方式已经改变（Park 等, 2013）。移动技术因为没有距离和时间限制，使得处在世界任何角落的消费者都能创造和分享内容，从而产生最大化灵活的沟通。因此，移动互联网下的口碑传播在消费者意识、使用和购买新产品方面变得越来越重要。移动口碑能使消费者用一种真实的、互动的方式寻找和分享消费体验，具有向"现实交往"回归的独有特征，已经变成一种以指数速度扩散的最有效率的营销手段。

移动互联网与 PC 互联网相比具有明显不同的社会功能（Ishii, 2004）。从空间上看，互联网是一个静止的、单向的平台。PC 是固定于桌面的数字终端，基于 PC 的网络口碑传播活动也必然被固锁在设备附近，这种近似静态的单屏交互方式使得网络口碑传播极大地受到了使用时间、地理位置、界面形式和使用方式的限制。移动终端的普及不仅解决了这些问题，而且带来了更多新的可能性。由于移动设备的便携性，移动口碑可以跨地域传播信息，用户的移动终端出现多机共存的局面，手机、平板、可穿戴设备等，都成为口碑传播可以进入的领域。多设备互动成为用户行为的常态，移动口碑传播的优势由此衍生。从时间上看，信息从传者到受者，移动口碑实现了瞬时传播，并且具有时间快、范围广、功能强的优点。移动口碑与网络口碑相比，其优势在于突破了终端设备的局限，可以随时随地收发信息。文字、图片、声音、图像都可以及时快速地传递给受众，极大地便利了社会生活，使远距离的双方实现"面对面"聊天，犹如身临其境。正是由于移动口碑的超时空性，传受双方在交流时排除了现实交流的某些困扰，交流更加自如、放松。对于智能手机用户来说，在早晨醒来时就保持手机的联网状态，用户可以使用手机联系想要联系的人。相对而言，PC 互联网只是在需要的时候才上网。通过手机接收信息几乎是即时的，但是，PC 收发信息上传到服务器是需要时间的。因此，作为交换口碑信息的装置，智能手机相对于 PC 互联网具有更多的自发性，也更加快速（Okazaki, 2009）。

由上述内容可见，智能手机相比 PC 端为消费者提供了更大的自由，从而使得来自信息交换的利益更具现实性。Watson 等（2002）从信息传播和使用特性等方面比较了智能手机和 PC 互联网，如表 2 - 2 所示。

表 2-2 智能手机和 PC 端的信息传播和使用特性

项目	智能手机	PC 端
用户数量	只由一个人使用	多个用户，经常是一家人或同一个办公室的人共用
使用模式	消费者在清醒的时间中始终使用手机	只在真正需要的时候才会打开和使用
联系发起	机主发起联系，以及其他联系人发起与机主的联系	使用者发起联系
信息传递	信息直接传递到手机，只要开机，机主马上就注意到该信息	信息发送到服务器，使用者在使用 PC 时打开
信息交换	使用智能手机的消费者信息交换扩展至任何时间和地点；更多的自发性和整合性	消费者信息交换受限于桌面电脑，缺乏自发性，并受到更多限制
消费者互动	真实互动	虚拟互动
内容或情境	高情境	高内容
网络运营商	网络运营商通常确切地知道用户是谁，他或她的家庭和办公地址，以及其他信息；知道用户的地理位置	网络运营商不需要确切知道用户是谁，或者用户的详细信息是否是正确的；网络运营商不知道用户的地理位置

资料来源：Watson 等（2002）。

从表 2-2 可以发现，智能手机的信息传播和使用特征与 PC 存在差异。存在这些差异的根本原因在于两者的基本功能是不同的。智能手机是"电话"，其基本目标就是传递信息，而 PC 是"处理器"，其基本目标是数据处理。与笔记本和桌面电脑相比，智能手机不但便携，而且即时，在尺寸、便利性和易用性上具有更多优点，为消费者在时间和空间方面提供了更多的灵活性，这使得消费者能在任何时间、任何地点通过互动信息服务来传递、收集和再传递产品信息，为消费者提供了 PC 不能提供的优越价值。智能手机一直被消费者所携带，这种独特的能力可以成为各种媒体传递给消费者信息的结点。因此，智能手机相对于 PC 确实是更好的口碑传播媒介，与基于 PC 互联网的网络口碑相比，移动口碑能真正超越时空的限制。

2.1.3.2 智能手机移动口碑传播

由上述分析可见，智能手机是带着信息传播的使命登上历史舞台的。保罗·莱文森（Paul Levinson）在《手机：挡不住的呼唤》一书中指出"人类有两种基本的交流方式：说话和走路。可惜，自人类诞生之日起，这两个功能就开始分割，直到手机横空出世"（保罗·莱文森，2004）。说话和走路的分割使得人类的信息交流受到时间和空间的限制，口碑传播的效果受到了影响。"手机之前的一切媒介，即使是最神奇的电脑，也分割了说话和走路、生产和消费。电脑之前的一切媒介都把人拴死了，或拘束在室内，或钉死在椅子上。""唯独手机把人从机器面前和禁闭的室内解放出来，送到大自然中。"（保罗·莱文森，2004，p6）。因此，智能手机的出现打破了以往各种传播媒介对人们自由沟通的限制，实现了自由的传播，使人们享受无穷无尽的信息。智能手机媒体在传播信息时，发送双方兼备传播者和接收者双重身份，始终处在不断转化的过程中，信息传播的自主性和选择性得到提高。此时口碑传播由静态向动态演变，而且不再是一对多的、纵向的。相反，口碑传播现在是多方向、多途径的，企业、媒体和个人都享有这种传播权利。

作为一个便携信息终端，智能手机能够有效填充人们生活轨迹中的时间碎片和空间碎片，使人们可以随时随地进行信息接收和信息传播。移动沟通的独特性在于其无处不在的特性，用户可以在任何时间、任何地点进行信息交换，因此，智能手机模糊了人们"在线"与"离线"之间的界限，使人们的信息接收状态由静态接收向动态接收演变。同时，由于智能手机功能不断增强而价格不断走低，智能手机已经成为大众化的媒体，普及越来越多的消费者中。伴随智能手机更新迭代加速和模式创新，其将进一步加速移动互联网生态环境的演进。智能手机作为一种媒介，不但能使人与人之间发生关联，还能使人与物、物与物之间发生关联，其传播体现出多种媒介属性的特性，成为人们生活中重要的传递信息的工具，其传递信息的快捷、便利、准确超越了以往的任何媒体。因此，智能手机打破了社会阶层，被所有职业、经济状况、文化背景和年龄的人所采用，对消费者行为发挥了显著的影响（Watson 等，2002）。

基于以上分析，可见智能手机突破了以往传播媒介的局限，能真正超越时空的限制，可以随时随地传播，使得口碑信息的传播者和接收者的交流更加轻松自如。智能手机的口碑传播特征可以概括为如下几个方面。

（1）便利性

智能手机最大的优势就在于其便利性，这种便利性主要体现在消费者可以随时随地发送和接收口碑信息。智能手机可以快速上网，获得大量信息。在 PC（桌面电脑或笔记本电脑）中的传统互联网功能，如网页浏览、电子邮件、聊天、新闻组或娱乐，现在也可以通过智能手机来获得，用户可以很容易地尝试无处不在的信息搜寻，以及传播和再传播产品信息。智能手机一直被消费者所携带，事实上可以被带到任何地方，在任何需要的时间和地方使用，超越了空间和时间的限制。因此智能手机的使用意味着口碑信息可以快速、自由、舒适地在任何地方、任何时间进行传播交流，同时也为消费者提供了随时随地接收与消费决策相关的口碑信息的机会。这些特征表明移动口碑信息往往是及时（just‐in‐time）和即时（real‐time）的，并基于消费者特定需求的。按照外部信息搜索来说，使用智能手机搜寻口碑信息更简单、更有效，具有很强的时效性，实现了实实在在的成本节省，改善了销售者和购买者的信息不对称性，从而为消费者提供了更多自由和力量。

便利性被消费者赋予很高的价值，因此，许多企业开始通过移动平台与消费者进行沟通（Larivière 等，2013）。例如，消费者可以通过一个移动社交媒体账户即刻分享他们的购物体验，在电影还在播放的时候就发布评论，而不用等到回家以后。智能手机应用软件，如 Amazon's Price Check 和 Google Shopper 允许消费者在实体商店用他们的智能手机输入产品代码或拍下产品照片，并立即收到价格对比、顾客评论、折扣、优惠券和其他信息等（Persaud 和 Azhar，2012）。在零售商的营业场所，消费者可以即刻通过筛选在线评论获得关于购买决策的建议。女性消费者可以使用智能手机拍摄她自己穿着红色和蓝色裙子的照片，发送给自己的朋友问："我应该买哪一件，红色的还是蓝色的？"银行账户持有人可以在任何时间查看其账号的收支，旅行者可以订阅 SMS 提醒来通知他们离开的时间或登机口的变化。对消费者而言，这些信息能实实在在地节省成本并改善销售者和购买者的信息不对称性，从而为消费者提供了更多的自由和力量。

（2）个性化

由于智能手机先天的移动性和个人属性，它承载了个人的身份识别，能够链接所有信息行为，把社交、实时、位置三要素打通，为移动口碑的个性化发展提供了强有力的技术支撑和充分保证。智能手机和 4G 通信技术是现今的最新技术应用，是追求新事物的消费者所关注的。借助智能手机，消费者就可以摆脱对传统互联网的依赖，建立自己的朋友圈子，展示自己的个性，这正是现代社会的消费者社交的主要追求。除此之外，智能手机传播口碑有着互动、快捷、简便的特点，代表了一种时尚、新潮的生活方式，消费者根据自己的兴趣和爱好来传播移动口碑，从而使移动口碑信息具有明显的个人印记，所以更加容易受到消费者群体的钟情和追崇。

智能手机口碑传播是一种目标性很强的定向口碑信息传播活动。移动口碑传播者在发送移动口碑时往往有明确的目标，即移动口碑是要发给谁的，因为每个消费者的手机号码是唯一的，这就决定了通过智能手机传播的口碑信息可以实现"一对一"的交流。同时，只有目标对象的手机会接收到此条移动口碑信息，并非所有的手机用户。另外，通过手机短信或微信、易信等传播的口碑信息的发布具有即时性，只要消费者在线，就能够对口碑信息进行快速接收和反馈，信息传送非常迅捷。由于传者和受者的特殊关系，手机短信或微信信息停留在传受双方的移动终端上，只有传受双方可以看到听到，其他用户无法在自己的界面获知。因此，移动口碑传播内容具有私密和即时的特点，这与传统网络口碑信息接收方式形成了鲜明的对比。在网络口碑传播过程中，无论口碑传播者的主观意愿是怎样的，口碑信息一旦发出，拥有接收终端的受众都可以分享该口碑信息。

（3）互动性

智能手机口碑传播在互动性方面有着传统口碑和网络口碑无法比拟的优势。智能手机也可以用于获得社会认可和增强在其他个体中的自我形象（Larivière等，2013）。移动口碑传播行为是一种消费者主体性的实践活动。在移动口碑传播过程中，无论是口碑传播者还是接收者，都是具有自我意识的主体存在。因此，移动口碑传播效果的好坏最终将取决于口碑信息传播者和接收者的互动程度。移动口碑的传播价值主要体现在这样的互动关系上，特别是消费者之间的口碑信息互动。通过智能手机和社交媒体传播的移动口碑使得消费者之间的互动更加方便。诸如 Facebook、Twitter 和微信等媒介能使消费者在任何时间、任何地点上传和与他人分享图片、思想和体验。移动口碑也可以用于对他人的认同，表达移情和获得归属感（Larivière 等，2013）。

移动口碑实现了口碑传播向"面对面"传播的回归，在互动性方面有着传统口碑和网络口碑无法比拟的优势。在移动口碑传播中，口碑信息传播的传受双方地位是平等的，都完全自主地发送各类口碑信息，口碑信息传播的权利实现了平民化。消费者不再是口碑信息的被动接收者，拥有口碑信息的获取和传播的主动权，这样使得口碑信息传播环境更加公平，从而提高了移动口碑传播活动的质量。同时，由于智能手机是轻便的、个人化的，以及几乎总是被带在身边，它们能使口碑信息接收者立即回复信息，从而在口碑信息的传播者和接收者之间建立起直接的对话，这使得消费者之间的即时互动成为可能。

（4）多样性

移动互联网正在用崭新的技术、手段和模式不断改变和丰富消费者口碑传播的方式和内容，如 Facebook 等社交网站将消费者状态、视频、音乐、照片、游戏等融入消费者人际传播。相对于网络口碑，移动口碑信息的传播渠道、内容和形式更加多样化。借助以智能手机为代表的移动终端，消费者可以通过手机短信、彩信以及音频或视频、E-mail、移动 QQ、SNS、论坛、播客、博客、微博、微信和移动门户网站等各类渠道向广大受众传播关于企业产品或服务的丰富多样的口碑信息，很好地体现了"随时随地传信息"的现代信息传播理念。这些口碑信息可以是文字、声音、图像和视频等。消费者可以在通话中讲述自己的购物体验和产品或服务的使用经验，也可以借助智能手机的摄录功能以自我录制音频或视频并通过移动互联网发布，从而实现了口碑信息从文字传播向音频、视频传播转化，增加了口碑信息的娱乐成分，满足了消费者在快节奏的社会生活中分享购物体验的需求，让他们在忙碌的生活和工作中仍能时刻传播有关产品和服务的信息。口碑信息的接收者也可以方便地接收这些信息并迅速地、大规模地进行口碑信息的再传播，因此，移动口碑信息的传播不再按照某种单一方向传播，而是在立体化的社会网络中沿着多个方向传播。这些信息传播方式已经被消费者所接受并熟练运用起来，因此，移动口碑信息传播的规模、速度和效率都获得了巨大的发展。

总之，由于消费者能够把智能手机携带到任何地方，在任何时间内使用，和任何人保持连接或沟通，出于他们自己特定的目的交换不同类型的消息，或多种目的的结合（Larivière 等，2013），因此，智能手机移动口碑的这些特征使得消费者的口碑信息传播由静态向动态演变，由受限制向全天候转变，使消费者能在他们需要的任何时候与外部世界保持容易的联系。因此，智能手机已经变成了消费者口碑信息分享和传播的主要媒介和工具。

2.1.3.3　微信口碑传播

随着移动互联网的大范围覆盖以及智能手机的大面积普及，消费者口碑传播的媒介从报纸、广播、电视等传统大众媒体以及 PC 互联网媒体，转向以智能手机为代表的各种移动智能终端。传统 PC 互联网的社交媒体正逐渐向智能手机、平板电脑等移动终端转移，使移动社交媒体逐渐替代传统的社交媒体。微博、QQ 空间等社交网络分别推出各自的移动客户端，加之时下应用最广泛的微信、移动 QQ、微博、陌陌、Twitter、Facebook、Instagram 等移动即时通信类应用，移动社交类应用已经深入到用户的日常生活、工作和学习中。社交媒体拓展了传统的口碑理论（Kozinets 等，2010），未来消费者传播口碑信息的媒介将是各种尺寸不一的"屏幕"。

智能手机上的 APP 成为最主要的应用，特别是社交媒体 APP 正在成为消费者日常生活的重要工具。社交媒体移动化和多元化是当前社交应用发展的趋势。移动技术的进步使得社交媒体可以被更容易地接触和使用，变成人们生活的一部分和例行事务（Al - Ghafri 和 Al - Badi，2016；Alenezi 等，2017）。社交媒体支持创造人际关系和商业联系的观念，可以打破边界，允许信息在全球范围内快速扩散。移动智能终端以及社会媒体工具正在改变人们的沟通方式（Obeidat 等，2016），智能手机让消费者随身携带微型麦克风、扬声器、高清摄像头等设备成为可能，因此，消费者越来越依赖于通过智能手机随时随地享受社交网络带来的便利，随时与他人交流、分享产品和服务体验，了解并传播各种品牌信息。消费者对信息的掌控度逐渐增强。

在当前各种移动社交媒体中，微信已成为人们日常生活中不可或缺的大众化即时通信媒介，它与大多数用户的生活紧密相连。微信是腾讯公司在 2011 年推出的一款基于智能手机的移动社交应用，支持发送语音短信、视频、图片和文字。微信即时通信功能与手机契合，强调一对一的沟通并增加了信息分享、交流沟通、支付、金融等应用，具有更私密性的参与纽带。微信支持点对点、随时随地的交流，并且传播的内容多种多样，可以是生活中某个片段，也可以是对某个优秀产品的分享，是一种高效的互动沟通形式。截至 2016 年 12 月，微信全球共计 8.89 亿月活动用户，而新兴的公众号平台拥有 1000 万个。❶ 微信已经成为人们获取信息的重要来源，也是重要的社交平台。微信强调熟人间或者事业上的交集属性，更多地倾向于一种相互交换的熟人、半熟人之间的社交关系网络建构。

由于微信的迅速发展，消费者愈加倾向于把自己对品牌、产品、服务或某些事件的看法和体验发表在微信上，微信里的好友对于这种体验能够给予一定的回应，这种互动式的、对于某个产品的看法能够让消费者形成更深刻的印象，这便形成了微信口碑。微信口碑是指基于微信平台，在微信好友之间进行的，

---

❶ 2017 微信用户 & 生态研究报告［EB/OL］.［2018 - 06 - 20］. http://tech. gg. com/a/20170424100 4233. htm#p = 1.

关于公司、品牌、产品或服务的非商业性评论，包括正面、中立和负面评论。微信作为一种新兴的移动互联网媒介平台，其催生的微信口碑的交流特征区别于传统口碑"面对面"交流的特征。微信口碑也是移动口碑最常见的一种形式。微信口碑强化了传播的实时性，传播的内容与时间更具同步性，人们接触微信口碑信息不再受时间和空间的限制，微信好友之间的强关系状态和私密性使其较其他媒体口碑更具可信度。

2.2 研究理论基础

在学术领域，研究者们从各种不同视角，如传播学、心理学、营销学等，对口碑传播进行研究。心理学视角主要研究个体心理活动和行为，将口碑传播看作是个体行为中的一种特殊的形式；传播学视角主要研究口碑传播中的社会网络结构、信息传递方向、口碑力等内容；营销学视角主要研究口碑对消费者购买决策各阶段的影响，口碑在消费者信息搜寻及企业信息传播中的作用，以及企业在口碑营销领域的实践。不同视角的口碑传播研究有助于更加深刻地理解口碑传播现象和消费者口碑传播的行为特征。

2.2.1 传播学理论

传播是人类的一种社会性行为，是社会个体与他人、群体、社会之间通过媒介所进行的信息传递、接受和反馈的行为的总称。研究者从不同的角度对传播进行定义，比如学者 Miller（1996）将传播定义为通过各种媒介，信息提供者持有影响接受者行为的意图并向接受者传输信息的整个过程。在国内，学者们也给出了传播的不同定义，如李苓（2002）指出传播是人类的日常行为和易得的交流工具，它无处不在，无时不有，就像人类必需的阳光和空气，甚至有人说传播的历史就是人类的年龄。吴文虎（1988）指出传播学是研究人类一切传播行为和传播过程发生、发展的规律以及传播与人和社会的关系的学问，是研究人类如何运用符号进行社会信息交流的学科。虽然上述传播定义各有不同，但是传播至少要有三个要素：信源、信息和信宿。不仅如此，这三个要素还必须借助渠道或媒介相互连接起来。因此，一个完整的传播过程，是由传者、受者、信息、媒介以及反馈构成。

对于传播的过程，许多学者按照传播过程的结构和性质提出了各自的研究模型。其中具有代表性的是 1948 年拉斯韦尔在题为《传播在社会中的结构与功能》的文章中首次提出的"5W 模式"。从大众传播时代，一直到现在的 Web 2.0 传播时代，传播研究范式依然是围绕"谁（who）"（控制分析）、"说什么（say what）"（内容分析）、"通过什么渠道（which channel）"（媒介分析）、"对谁（whom）"（受众分析）、"取得什么效果（what effect）"（效果分析）这五个环节展开，如图 2-1 所示。

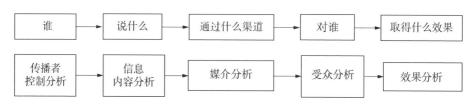

图 2-1　拉斯韦尔的"5W 模式"及研究内容

第一，谁（who）：是对传播者的研究。传播者是传播活动的起点，也是传播活动的中心之一。大众传播中，传播者可以是个人，也可以是媒介组织。传播者在传播过程中负责搜集、整理、选择、处理、加工与传播信息。

第二，说什么（say what）：是对传播内容的研究。传播内容是传播活动的中心，它包括特定内容和传播方式两部分。传播内容是在过程中生产出来的。这种内容并不是普遍意义上的信息，而是指所有通过大众传播媒介传播给受众的信息。内容分析是为了调查研究内容与传受双方的关系，这对传播者把握传播内容及其社会意义有重要的价值。

第三，通过什么渠道（which channel）：是对传播媒介的研究。传播媒介是传播过程的基本组成部分，是传播行为得以实现的物质手段。传播意义上的媒介是指传播信息符号的物质实体。面向大众传播信息符号的物质实体，我们可以称之为大众传播媒介，它包括报纸、杂志、广播、电视、电影、书籍等。媒介研究主要可以从微观和宏观两个角度进行：①通过分析微观媒介个体的本体特征，以更好地驾驭和使用这种媒介；②通过分析宏观的媒介整体生存环境，可以从中发现传播媒介如何满足社会政治、经济、文化等的需要，以实现其价值。大众传播媒介的研究主要从媒介的传播手段、媒介的时效性、媒介的持久性和受众参与媒介的程度四个角度展开。

第四，对谁（whom）：是对传播受众的研究。接受者又称受众，是主动的信息接收者、信息再加工的传播者和传播活动的反馈源，是传播活动产生的动因和中心环节之一。在人际传播中，传播者和受传者相对存在，一定条件下，二者的位置可以互换，且二者主要在面对面的环境下完成传播行为，可以及时反馈并调整传播内容和方式；而在大众传播过程中的受众，即受传者或阅听者，是对社会总媒介信息接受者的总称。

第五，取得什么效果（what effect）：是对传播效果的研究。传播效果是指传播者发出的信息经媒介传至受众而引起受众思想观念、行为方式等的变化。效果研究主要集中在大众传播在改变受众固有立场和观点上有多大威力，也涉及对社会文化所造成的影响。

按照传播的特征和语境，一些学者将传播划分为不同层次和类型。如匡文波（2004）将传播分为四个层次：①人的内向传播，如触景生情、自我信息交流；②人际传播，即人与人之间的符号交流；③组织传播，即团体成员间以及团体之间的符号交流；④大众传播，即以印刷或电子为媒介，有目的地面向许多人的符号交流。类似地，李苓（2002）认为可以将传播划分为五个层次：自我传播、人际传播、群体传播、组织传播、大众传播。在传播学的学术理论研究领域，关于口碑传播的研究集中在对消费者的观念的形成与态度的加强产生很大影响的各种传播手段、媒体沟通等方面。因此，口碑主要是通过人际传播进行的。人际传播是人类社会最普遍、最大量的传播行为。

人际传播是指在人们之间的交往活动中，人们相互之间传递和交换着知识、意见、情感、愿望、观念等信息，从而产生了人与人之间的互相认知、互相吸引、互相作用的社会关系网络。人际传播并不是只具有"两个人的""面对面的""非正式的"或者是"热烈的""赞许的"等意义。人际传播这一词语，意在指出人类传播行为的一种类型和质量，它能描述许多不同的传播活动，甚至包括电话谈话以及既不热烈又无赞许氛围的紧张争论或委员会的会议等。因此，基于人际传播媒体形式的差异，我们还可以进一步把人际传播划分为直接传播和间接传播两种形式。

直接传播是指古来已有的，传播者和受众之间无须经过传播媒体而面对面地直接进行信息交流的过程。直接传播主要是通过口头语言、类语言、体态语的传递进行的信息交流。面对面人际传播无固定的行为方式，它使每个参与者均有机会反馈，传播者可以从对方的反应中及时调整其传播态度和内容。但是，面对面传播也有其缺点，由于信息的传播范围小，速度慢，其很难在很短的时间内让更多的社会消费者了解某一信息。

间接传播是指在现代社会里的各种传播媒体出现后，人际传播不再受到距离的限制，可以通过这些传播媒体进行远距离交流，大大拓展了人际传播的范围。随着现代科技的发展，相距遥远的传播者与受传者可以通过电脑、电视在荧屏内外进行交谈，也可以通过电视电话进行交流，这是一种新型的人际传播。因为通过文字媒介，特别是电讯媒介来传递信息，大大缩短了传播者与受传者双方的空间距离，这种人际传播方式适用于远距离的信息传播。

口碑传播不仅包括"面对面"的直接传播，它还可以通过一定的媒介实现间接传播。因此，一切有利于人际交流的传播媒体的出现，都为口碑传播的广泛应用带来了福音。书信、电报、电话、传真、电子邮件、网上论坛、微博、微信等交流工具使人际传播不再受到距离的限制，通过这些传播媒体，人们可以进行远距离交流，这为口碑的快速扩散提供了便利。移动互联网和4G通信技术的发展助推传播媒介的变革，改变传统人际传播模式，突破人类传播活动的时空界限，人际交往变得更加方便、自由，使口碑传播出现了革命性的变化。

人际传播具有明显的社会性特征，任何人的生存都离不开和他人的交往。个人独白或自言自语等仅仅为了满足自己的需要而发出的语言，不会构成人际传播。人际传播的语言是具有社会性的语言。在人们之间的交往活动中，人们相互之间传递和交换着知识、意见、情感、愿望、观念等信息，从而产生了人与人之间互相认知、互相吸引、互相作用的社会关系网络。每个人都是信息的发出者，同时又是信息的接收者，即在影响别人的同时也受到他人的影响。相互交流信息的人们之间会形成某种基于交往的人际传播网络。因此，在口碑研究领域中，社会网络分析被认为是很好的口碑传播研究工具（Granovetter，1973）。社会网络是指由一些内部相互关联的个体组成且这些个体之间有着一定的信息交流模式的网络。社会网络具有一定的结构和稳定性，所以网络内个体的行为具有可预测性。社会网络分析利用简单的符号和语法便可同时兼顾微观与宏观的角度，分析口碑行为如何从个体互动形成大规模网络传播。因此，要有效地影响个人的态度和行为，就必须了解其所处的传播网络。口碑行为和口碑传播概念如今被普遍地以网络模式来呈现，这对口碑知识的扩散有很大的贡献。

2.2.2 心理学理论

心理学是一门研究人类的心理现象、精神功能和行为的科学，既是一门理论学科，也是一门应用学科。心理学研究涉及知觉、认知、情绪、人格、行为、人际关系、社会关系等许多领域，也与日常生活的许多领域——家庭、教育、社会等发生关联。心理学一方面尝试用大脑运作来解释个体基本的行为与心理机能；另一方面也尝试解释个体心理机能在社会行为与社会动力中的角色。心理学的应用主要包括以下几个方面：

第一，描述发生的事情。

心理学的第一个任务是对行为进行精确的观察。行为数据（behavior data）是关于机体的行为和行为发生时的环境的观察报告。当研究者收集数据时，他们必须选择一个适宜的分析水平，并且设计出能保证客观性的度量行为的方法。

第二，解释发生的事情。

描述必须忠实于可感知到的信息，而解释却谨慎地超越了能够被观察到的现象。在心理学的许多领域中，中心目标都是找到行为和心理过程的常规模式。心理学家希望发现行为是如何工作的。心理学的解释通常承认大多数行为受到一些因素的共同影响。一些因素在个体内部起作用，如基因构成、智力水平或自尊。行为的这些内部决定因素叫作机体变量（organismic variables），它们是关于机体的一些特殊内容。就人类而言，这些决定因素是所谓的秉性变量（dispo-sitional variables）。然而，还有一些因素在外部作用。环境变量或情境变量对人的行为从外部产生影响。许多心理学家都试图确定几种解释中的哪一种能最精确地解释一个特定的行为模式。

第三，预测将要发生的事情。

心理学中的预测是对一个特定的行为将要发生的可能性和一种特定的关系将要被发现的可能性的陈述。对一个潜伏于特定形式行为下的原因的精确解释，常常能让研究者对未来的行为做出精确的预测。

第四，控制发生的事情。

控制是核心的、最激励人的目标。控制意味着使行为发生或者不发生——引发它，维持它，停止它，并且影响它的形式、强度或者发生率。如果一个对行为原因的解释能创造控制行为的条件，那么这个解释就是有说服力的。控制行为的能力很重要，它为心理学提供了帮助人们改进生活质量的途径。

心理学家使用科学的方法对个体的行为和心理过程得出结论。心理学家有这样几个目标：在适宜的水平上客观地描述行为，解释产生行为的原因，预测行为何时会发生，以及控制行为以改进生活质量。

口碑传播不仅是一种信息传播现象，在其背后也有着复杂的社会心理原因。国外研究者从心理学的视角对口碑传播进行研究，发现消费者进行口碑传播行为有着更为复杂和更深层次的心理机制。口碑传播作为一种人际传播行为，不仅受消费者内在心理状态和个性特征的影响，还会受到消费者所处社会关系和人际交往的影响。Mandel（2003）指出，在具体的社交情境中，个体会形成多个自我概念，共同影响个体的行为意愿。

借助于心理学的理论，可以帮助我们全面、系统地了解消费者口碑传播过程，深入分析消费者进行口碑传播的内外部动机，分析消费者如何进行传播以及怎样提高口碑传播的效果，这对于研究者和实践者都是非常必要的。

在心理学的各种学派中，根据心理学前沿的发展状况和前景来分析，笔者认为认知心理学、人本心理学和行为心理学对于深入了解口碑传播具有重要的指导意义，因此，笔者将着重阐述这三个方面的有关内容。

2.2.2.1 认知心理学

认知心理学是 20 世纪 50 年代中期在西方兴起的一种心理学思潮，关注作为人类行为基础的心理机制，其核心是输入和输出之间发生的内部心理过程。"认知心理学"第一次出现于 1967 年 Ulrich Neisser 的新书中。而唐纳德·布罗德本特于 1958 年出版的《知觉与传播》一书则为认知心理学取向奠定了重要基础。20 世纪 70 年代开始，认知心理学成为西方心理学的一个主要研究方向，它研究人的认知过程，如注意、知觉、表象、记忆、思维和语言等。认知心理学家研究那些不能观察的内部机制和过程，如记忆的加工、存储、提取和记忆力的改变，试图了解推理、问题解决、记忆及其他心理过程与人类行为的关系。

以信息加工观点研究认知过程是现代认知心理学的主流。可以说认知心理学相当于信息加工心理学，它将人看作是一个信息加工的系统，认为认知就是信息加工——包括感觉输入的编码、贮存和提取的全过程。按照这一观点，认知可以分解为一系列阶段，每个阶段是一个对输入的信息进行某些特定操作的单元，而反应则是这一系列阶段和操作的产物。信息加工系统的各个组成部分之间都以某种方式相互联系着。

认知心理学是一门研究认知及行为背后之心智处理（包括思维、决定、推理和一些动机和情感的程度）的心理科学。这门科学包括了广泛的研究领域，旨在研究记忆、注意、感知、知识表征、推理、创造力及问题解决的运作。

认知反应理论（Cognitive response theory）认为人们对于任何接收到的信息、自身或产品相关的问题都有兴趣去思考和推敲。但后来有学者指出，每天都仔细审查与自己兴趣不合的众多信息是不合理的，由于要在有限的时间和能力下处理信息，这样做会让人无法考虑每天真正所需要的信息。在某些情况下，人们想要搜集和控制信息；有时人们则想避免困难和运用智慧的活动。现实生活中，其实消费者只会寻求与处理必要的少数信息以作出决策，即"信息处理节省原则"。

口碑具有改变消费者认知的影响力，能影响消费者购前的期望、使用前的态度，甚至使用后对产品和服务的质量评价（Brown 和 Reingen，1987）。在口碑传播过程中，人们相互之间传递和交换着知识、意见、情感、愿望、观念等信息，从而产生了人与人、人与企业之间的互相认知。如 Day（1971）的研究表明，透过试用品和喜爱该产品人士的口碑传播能建立或加强喜爱品牌的态度。口碑传播过程中的信息发送者和接收者之间并非处于集体无意识状态，而是处于一种互动过程。Brooks（1957）的研究证实，口碑传播经常发生在那些看起来值得信任的消费者那里。口碑传播的影响力主要受到影响消费者认知的三个方面因素的影响：①口碑传播的信息比其他由公司主导的广告、赞助等商业性渠道传播的信息更加值得信赖；②口碑传播是一种双向沟通的传播方式；③口碑传播向潜在的消费者提供了关于一些经验的描述，有助于降低购买风险，特别是对购买一些具有体验性的产品。

2.2.2.2　人本心理学

人本心理学兴起于美国 20 世纪五六十年代。人本主义和其他学派最大的不同是特别强调人的正面本质和价值，强调人的成长和发展并称之为自我实现，并非集中研究人的问题行为。人本学派强调人的尊严、价值、创造力和自我实现，把人的本性的自我实现归结为潜能的发挥，而潜能是一种类似本能的性质。人本主义最大的贡献是看到了人的心理与人的本质的一致性，主张心理学必须从人的本性出发来研究人的心理。

该学派的主要代表人物是马斯洛（1908～1970 年）和罗杰斯（1902～1987 年）。①马斯洛的主要观点：对人类的基本需要进行了研究和分类，将之与动物的本能加以区别，提出人的需要是分层次发展的。他按照追求目标和满足对象的不同把人的各种需要从低到高安排在一个层次序列的系统中，最低级的需要是生理的需要，这是人所感到要优先满足的需要。②罗杰斯的主要观点：在心理治疗实践和心理学理论研究中发展出人格的"自我理论"，并倡导了名为"患者中心疗法"的心理治疗方法。认为人类有一种天生的"自我实现"的动机，即一个人发展、扩充和成熟的趋力，是一个人最大限度地实现自身各种潜能的趋向。

人本心理学认为人性是自主的，是能够进行自我选择的。因此，取得预期传播效果的关键，是了解和把握受众的内在需求。个体不但是社会文化的参与者，更重要的是作为社会群体中的一分子和社会文化的一分子。口碑传播带给了人们诸多的社交机会，在这个社交的过程中，对自身的心理状态、行为、社会角色等各方面进行矫正或增强。20世纪六七十年代起，受心理学研究走向的影响，受众研究开始从以传播者的意图为中心转向以受众如何利用媒介信息、如何从中获得满足为中心，并根据后者来确定大众传媒的效果。

根据人本心理学理论，口碑传播者能够决定传播的内容，却无法决定受传者是否接受、怎样接受和接受什么。消费者行为往往受他们自以为重要、真实、准确无误的认识，而不是来自具体的、理性的思考或仔细核算的结果的影响。作为受众的消费者在接收信息的时候，会受到选择性注意、选择性扭曲和选择性保留等心理过程的影响。对于受众来说，这种心理选择过程并非出于故意，而是非常自然地存在和发生的。

2.2.2.3 行为主义心理学

行为主义心理学是西方现代心理学的主要流派之一，由美国心理学家华生于1913年创立。行为主义心理学研究有机体用以适应环境变化的各种身体反应的组合。行为主义心理学主张以客观的方法研究人类的行为，从而预测和控制有机体的行为。行为主义心理学规定其研究对象是可观察的客观行为。行为主义理论认为，行为就是一种可以外部观察的有机体的反应，其本质是人和动物对外界环境的适应，刺激－反应是有机体所有行为的共同要素。通过对行为的研究就可以确定刺激和反应之间的联结规律，以便人们在已知刺激后，能预测将会发生什么样的反应，或者当已知反应后，能够指出有效刺激的性质。它推翻了传统的意识心理学的旧范式，使心理学从主观的唯心主义向客观的唯物主义的科学发展道路迈出了一大步，被视为心理学史的里程碑。

以华生、斯金纳、桑代克等人为代表的心理学家注重S与R之间的联结，即刺激（stimulus）和反应（reflect）之间的关联。他们指出人类的复杂行为可以被分解为刺激和反应两个部分，人的行为完全是以刺激与反应来进行解释，是大脑对刺激物的反应。该理论不考虑人的内心活动过程，认为这一部分是"黑箱"，因此，该学说的公式也是 S - R。

刺激 - 反应模式（S - R 模式）将个体的内心活动视为一个"黑箱"而未加研究，"黑箱"被视为一种随机过程，这便无视个体内部过程而走向了极端，所以古典行为科学理论又被称为随机模型。这类随机模型可以用来通过对现在的可观察行为的分析来预计未来购买行为可能发生的变化。随着心理学发展，古典行为主义在 20 世纪 30 年代后逐渐被新行为主义所取代。新行为科学理论则试图通过对决策过程结构的分析来找到问题的答案，即为什么一个特定的输入（Stimuli）会产生一定的输出（Response）。新行为主义者修正了 S - R 模式，在 S - R 之间增加了一个中介变量 O，形成 S - O - R 模式。S（Stimulus）代表导致个体反应的刺激，O（Organism）代表有机体或反应的主体，R（Response）代表刺激导致的反应。在这里，所谓的"黑箱"被打开，整个决策过程被详细地分解和描述出来，如图 2 - 2 所示。

刺激物（Stimulus）	有机体（Organism）	反应（Response）
商店形象 陈列 建筑设计 声音、气味、颜色等	情绪反应 愉快/不愉快 激励/不激励 支配	行为反应 所花时间 所花金钱 所买物品数 重购意向等

图 2 - 2　S - O - R 模式

资料来源：Vieira（2013）。

行为主义心理学认为，人的行为是大脑对刺激物的反应，在这个过程里，人的心理活动支配着人的行为。消费者购买产品是一种行为，这个行为产生的原因是某种刺激，而购买行为则是对这种刺激的反应。外部刺激被消费者接收后，经过一定的心理过程（购买者的"黑箱"），产生看得见的行为反应，叫作消费者购买行为决策过程。

基于上述模型，口碑对信息受众的消费行为的影响可以分为三个阶段：

第一，接收者对信息感知阶段。在接收到口碑信息后，接收者首先会判断信息的可信程度，但接收者由于知识的匮乏，一般难以判断信息的真伪，因此往往是通过信息源的可信度来推断信息的可信度。依照信息源理论、社会网理论和归因理论，接收者对信息源可信度的判断受到信息源的专业性、传播者和自己的相似性、彼此间社会关系的强弱以及信息发送者的动机的影响。当口碑传播者的专业性越强、和自己越相似、彼此越熟悉、发送动机无经济利益时，其对口碑信息的感知也越信任。此外，口碑传播者在口碑传播中，自身的正负向的情绪还会通过情绪感染的方式影响接收者的情绪，使接收者形成相应的情绪。

第二，态度形成阶段。在口碑接收者接收到口碑信息后，将通过一定的心理活动形成相应的产品态度。其态度的形成会受到自身的情绪、对信息的信任度和自己原有的产品态度的影响。一般说来，接收者对信息的信任度越高，则越容易受其信息影响，受传播者影响形成的正负向的情绪越大也越容易形成相应的正负向产品态度。同时，依据平衡理论，自身原有的产品态度也会影响产品态度的形成，若口碑态度与口碑接收者原有态度一致，则强化其产品态度，如不一致，则有可能改变原有产品态度或改变对信息可信度的判断。

第三，行为反应阶段。这一阶段主要是口碑信息对个体外在行为产生影响。口碑接收者在接收到口碑信息以后所形成的产品态度将影响其外在的消费行为，而消费行为包括了购买商品、放弃购买或是进行口碑信息传播。若产品态度为正，将促进消费者购买商品，相反则放弃购买。口碑传播行为有两种情况：一是在没有需求或不愿购买的状态下，消费者可能直接对接收的口碑信息进行再传播；二是在购买使用产品后，消费者也会根据自己消费感受向他人进行口碑再传播。

2.2.3 营销学理论

营销是个人和集体通过创造、出售，并同别人自由交换产品和价值，以获得其所需所欲之物的一种社会过程（科特勒，2003）。美国市场营销协会（American Marketing Association）在2008年将营销定义为：营销是计划和执行关于商品、服务和创意的观念、定价、促销和分销，以创造符合个人和组织目标的交换的一种过程。此定义隐含的假设认为，卖者和买者在时间和空间上是分离的，同样，营销计划执行的各个阶段也是这样的。

多年来，营销思想从产品进化到服务，再到产品与服务的结合或体验。现在，信息和沟通技术的快速发展，如移动互联网和智能手机，已经在实质上改变了已经存在和正在出现的营销世界的景观。随着传统营销已经从内部突破进入虚拟现实的网络时代的时间和空间范式，时空边界或区别已经被扩展或模糊了（Berthon，Pitt 和 Watson，2000）。因此，营销者需要进行一系列的营销创新（Persaud 和 Azhar，2012）

营销实践者非常重视移动互联网和通信技术的发展对他们的组织以及和顾客关系的影响。移动终端被认为是分销和营销沟通的强有力的渠道（Nysveen 等，2005），因此，技术的快速变化已经促使营销从局限于固定网络的沟通和营销进化至无处不在的移动营销。美国移动营销协会在 2003 年将移动营销定义为：对介于品牌和终端用户之间作为通信和娱乐渠道的移动媒体的使用。

许多国内外学者也对移动营销给出了各自的定义，如表 2-3 所示。

表 2-3　移动营销的概念

学者	移动营销定义
Yunos 和 Gao（2003）	移动营销是运用无线网络向移动设备传递广告的营销行为，以促进产品和服务的销售，建立品牌意识
Dickinger 等（2004）	移动营销是运用无线媒体向消费者提供基于时间、地点、个性化的产品、服务信息，进而为消费者带来价值
朱海松（2006）	移动营销是利用以手机为主要传播平台的第五媒体，直接向"分众目标受众"定向和精确地传递个性化即时信息，通过与消费者的信息互动达到市场沟通的目标
Haghirian 和 Inoue（2006）	使用互动的移动媒介为顾客在时间、地点和感觉上提供个性化的信息，对商品、服务和理念进行促销，从而为股东产生价值的行为
黄丽娟和夏筱萌（2015）	移动营销是指面向移动终端（手机或平板电脑等移动设备）用户，在移动终端上直接向细分的目标受众定向和精确地传递个性化的即时信息，通过与消费者的信息互动达到市场营销的目的，并使企业利润增加的行为和营销活动
Dodson（2016）	通过移动装置或网络，能够使组织与顾客以一种密切互动的方式接触和沟通的过程

根据上述定义，笔者将移动营销定义为：利用智能手机等移动终端为主要传播平台，通过直接向目标受众定向和精确地传递个性化即时信息，对商品、

服务和理念进行促销，为消费者和股东创造价值的过程。

在移动互联网环境下，移动营销思想关注的中心转向了信息，因为信息将会成为营销的核心（Watson 等，2002），移动营销的价值主张是移动、位置、个性化和便利。移动设备可以一直处于待机状态、可随时接通，为营销者提供了许多新的营销机会在合适的地点、合适的时间去低成本地抵达目标受众并为消费者服务（Grant 和 O'Donohoe，2007）。目前，移动营销还是一个较为新颖的营销方式，但在未来的 10 年里会很快地成为商家连接客户的首要途径。这是因为人们已经逐渐对数字通信方式熟悉并依赖。

移动营销对许多被企业所深信的营销战略假设产生了挑战，企业的营销环境已经发生根本性的变化。事实上，移动互联网和智能手机的结合使得一整套新营销应用和提供物成为可能。智能手机和其他手持移动装置的日益普及已经开启了一种新的营销途径，笔者称之为"手中的品牌"——在人们购物、看运动比赛、交换、工作或在家做家务的时候，把品牌和营销沟通传递到人们手中的潜力（Sultan 和 Rohm，2005）。事实上，全球品牌，如麦当劳、可口可乐、MTV、沃尔沃、索尼、耐克和阿迪达斯等，已经开始探索"手中的品牌"的概念。和网络沟通相似，移动营销也是互动性的，但是因为智能手机的私人性质，移动营销提供更紧密的品牌联系（Sultan 和 Rohm，2005）。为了抓住这些机会，企业的管理者必须持续不断地重新架构组织的营销资源，和技术专家一起，更新而不是防护他们的能力，以在不断转变的移动互联网环境中保持营销竞争优势。

移动营销放宽了许多营销活动在时间和空间上的限制（Balasubramanian，Peterson 和 Jarvenpaa，2002；Thangadurai，2016），提供了网络营销不能提供的、优越的时间和空间价值。移动营销能够通过个性化的情境和具体位置的增值内容的使用，更好地衡量和追踪消费者的反应，并与之双向互动，为企业创造形成或转变消费者对某一品牌态度的新机会。移动营销较之传统营销能根据特定的地点和时间更精确地定位目标用户，使得企业和消费者之间的沟通更具个性化和情境化（Sultan 和 Rohm，2005）。移动设备与 PC 不同，它们提供摄像头、扫描器和全球定位系统等，同时它们都使用无线网络，具有便携和可移动等特点，这使得移动营销与 PC 互联网和传统营销具有本质上的不同（Ström，Vendel 和 Bredican，2014）。

黄丽娟和夏筱萌（2015）对传统营销、网络营销和移动营销进行了对比分析，认为大众媒体和传统互联网是向消费者的单向传播，而移动营销是与消费者进行随时随地的双向互动。由于传播媒介的差异导致三者在营销设计上存在许多不同。移动营销突破了传统营销和网络营销面临的时空限制。消费者对移动终端的接触频率比 PC 的接触频率高，借助大数据分析，企业可以开展精准营销活动（见表 2 - 4）。

表 2 - 4　传统营销、网络营销与移动营销的区别

项目	传统大众营销	传统互联网营销	移动营销
用户年龄	各年龄层	以中青年群体为主	以年轻群体为主
传播平台	传统媒体用户	有限的 PC 端用户	全面的移动端用户
传播方向	单向传播	以单向传播为主	双向互动
传播成本	高	低	低
传播类型	各种格式的文本、音频与视频	各种格式的文本、音频与视频	受限于传播速度及视觉空间大小的文本、音频与视频
营销设计	丰富详实	丰富详实	简约清晰
营销终端	固定媒体	PC 单屏	多屏交互
营销路径	泛化传播	水平撒网	立体真实
营销效果	品牌展示	品牌展示与促销	即时参与

资料来源：黄丽娟和夏筱萌（2015）。

Mort 和 Drennan（2002）指出移动营销是网络技术和通信技术汇聚时产生的新的沟通和信息传播模式，并对网络营销和移动营销的主要因素进行了比较，指出两者在技术界面、内容和战略等方面存在诸多差异（见表 2 - 5）。

表 2 - 5　网络营销和移动营销主要因素比较

关键因素		网络营销	移动营销	实践应用
技术界面	催化模式	目标网站	移动装置	—
	接入点	装有浏览器的电脑	移动手机、智能手机、WAP 手机、PDA、电子钱包、互动电视	需要有不同的服务，这些服务取决于接入点的成熟度
	界面	标准链接	复合界面	需要精通在所有界面间传递的技术

关键因素		网络营销	移动营销	实践应用
内容	和顾客的信息交换	顾客互动受限于联网电脑。缺乏自发性，并受到更多限制	使用移动设备的顾客互动扩展至任何时间和地点。更多的自发性和整合性	需要更多的成熟的许可营销技术
	主要为视觉（大屏幕）	听觉和视觉（小屏幕）	增强听觉服务变得更重要	需要精细的听觉服务和简化视觉服务
	产品或服务互动	虚拟互动	真实互动	需要提供虚拟产品信息来实行真实产品互动
	内容或情境连续谱	高内容	高情境	移动装置使用战略应包含情境因素
战略	战略授权	建设目标网站 个性化页面 等待目标顾客出现	发展信息和互动以增强移动装置 顾客随时随地会购买	需要对顾客需求的反应——不能强制顾客接收未经许可的信息

资料来源：Mort 和 Drennan（2002）。

由上述两位学者的综合分析，可以发现移动营销是区别于传统营销和网络营销的新型营销方式，对企业营销产生了重大的影响。

移动环境中，企业和消费者沟通突破了时间和空间的限制，沟通的方式更加方便，移动营销的发展促使企业的营销模式发生变化。企业已经意识到移动媒介在建立伴随其顾客的虚拟存在方面的重要性，它们把移动媒介应用在各种营销导向的目的上，如传递促销报价和个性化广告、提供价值增值服务、促进口碑传播、奖励顾客忠诚、收集反馈信息、通过激励基础的互动运动与顾客合作等，这为企业开展口碑营销提供了坚实的基础。近年来，口碑营销已经成为营销者和实践者非常感兴趣的主题（Haenlein 和 Libai，2017）。

口碑营销概念源自于口碑广告（WOM advertising）的研究。早在 1957 年，Brooks 便将口碑广告的概念应用在新产品销售活动上。美国口碑市场营销协会在 2006 年指出，口碑营销就是给人们一个谈论产品和服务的理由，并且使得这种交流更加容易发生。口碑营销是除了产品生产者与销售者以外的个人，以明示或者暗示的方式，不经过第三方的处理加工，传递关于某个品牌产品、销售者、厂商等任何相关者的信息，从而使其他人获得信息、态度产生变化、甚至影响其对这一产品的消费意愿的一种双向交流互动沟通的传播行为。向斌和宋智一（2017）认为口碑营销是指运用专业的营销技巧有意识地影响消费者之间有关产品或品牌的网络信息传播，以达到营销产品或品牌的目的。

虽然不同学者对口碑营销的界定各不相同，但是其核心内容都是企业如何利用口碑来提高企业的营销绩效（Pansari 和 Kumar，2017）。口碑是有效的信息传播媒介，企业要想利用口碑就需要了解口碑的作用机制，从而采取一定措施激发和控制口碑，使得口碑能够作用于消费者的购买行为，提高消费者购买的可能性。因此，可将口碑营销简单理解为通过个人以口口相传的方式将商品的有关信息传递给自己的家人、朋友和在工作与生活中交往的人，从而促使其购买行为形成和购买后行为产生的一种营销方式。凡是以口碑传播为途径的营销方式，都可称之为口碑营销。口碑营销是企业营销推广活动中的重要手段，从传统的口碑营销传播到网络口碑营销传播再到移动互联网时代的口碑营销传播，口碑营销传播的渠道在不断地改变。

随着 4G 通信网络的成熟和智能手机的普遍使用，移动沟通已经达到了一个新的阶段。智能手机具有高分辨率的屏幕并为消费者提供了大范围的特色服务，如移动网络浏览、电子邮件、即时消息、图片信息、视频和音频回放、GPS、游戏、视频相机、图片和视频编辑等（Persaud 和 Azhar，2012）。因此，在智能手机已经成为消费者沟通交流的重要通信工具的同时，以智能手机为代表的移动终端以及微信、微博等社交媒体在未来会成为口碑传播的主要渠道（丁汉青，2011；Hussain 等，2017）。

智能手机能够为营销者提供实时的数据，也允许消费者提供实时的反馈以及实时地传播他们购买的产品或服务的经验（Fedorko，2017）。因此，消费者不仅可以通过智能手机和社交媒体主动获取信息，还可以作为发布信息的主体，与更多的好友分享，这使得消费者移动口碑传播活动变得非常活跃，移动口碑传播表现出多样化、范围广、速度快的特点。通过对消费者口碑传播信息进行大数据分析，企业可以获取消费者的多样化需求，实现企业与消费者关系匹配的自动获取，从而满足消费者现实和潜在的需求。

在当今的移动互联网时代，口碑营销传播焕发新活力，微信、微博、移动官网、空间等网络社交平台成为口碑传播的主要载体，它们促进了社交互动（Haenlein 和 Libai，2017），并由此增强了消费者的信任感与购买意愿。营销者不再是传播信息的支配者，传播是营销者与消费者间沟通的、持续互动的过程。使用智能手机等新媒介进行口碑营销，有利于加快品牌或产品信息的传播速度，增强品牌知名度和美誉度，而口碑营销已被广泛运用于在线市场的品牌建设和合作推进（Ismail，2017）。企业可以通过与消费者之间的双向互动及口碑传播，通过建关系、建渠道、讲故事、找中介和不断丰富口碑等措施，将产品或品牌的信息传达给更多受众，从而让更多的消费者积极主动地参与到商品或品牌的营销过程当中，以此吸引更多潜在消费者，影响消费者购买决策，达到口碑营销的目的。

2.3 移动口碑研究理论模型

移动互联网对消费者的影响已经引起学者们的关注，并使他们对此做了大量的研究。移动沟通装置的使用日益快速增长，证明了移动终端作为消费者沟通和互动渠道的巨大的可能性（Mafé 等，2010）。从社会总体的角度，一些学者观察到移动互联网对消费者的影响：移动终端已经和消费者的生活结合在一起（Rader，2009），导致消费者生活发生根本性的转变（Spaid 和 Flint，2014），包括消费者怎样进行沟通，管理各种关系，表达自我和处理公共空间，以及消费者怎样管理购买环境和任务等（Jeong 和 Koo，2015）。从消费者个体来说，利用智能手机作为沟通工具的内在特性，移动口碑能使消费者在自己的社会网络内分享移动信息和内容（Wiedemann，2007）。

消费者一般从高效、及时的服务传递中获得效用价值（Childers 等，2001）。智能手机的移动性能使消费者能在任何时间和地方借助智能手机收集信息和进行交易，这对顾客是具有很高价值的，消费者能更经济地实现他们的消费目标（Balasubramanian，Peterson 和 Jarvenpaa，2002）。利用移动渠道的无处不在性，开发其时间和效率效用，将会对消费者价值感知做出贡献，从而影响消费者的态度和购买决策，为企业创造竞争优势，成为企业增加收益的新机会（Kuo 和 Yen，2009）。

移动口碑是 4G 通信和互联网技术融合背景下的新的口碑传播形式，具有传统口碑和网络口碑所不具有的特点。移动口碑传播已经成为企业在移动互联网时代的营销利器，但是通过对已有相关文献的系统回顾，笔者发现，虽然口碑研究的文献很丰富，但关于移动背景下的口碑传播的研究非常少。虽然移动口碑已经引起学者的关注，取得了一些研究成果，但是，这些成果明显比较散乱，还没有形成系统化的理论体系。

通过文献梳理，笔者发现已有的口碑传播文献大概可以分成三种倾向：

第一种是主要瞄准更好地理解信息搜寻行为，或者更具体地来说，什么因素会影响消费者的信息搜寻行为，在什么环境下消费者在作购买决策时会更依赖口碑传播（Bansal 和 Voyer，2000；Bruyn 和 Lilien，2008）。

第二种是检验哪些因素会使口碑信息对消费者产生更大的影响，包括来源的专业性（Bansal 和 Voyer，2000；Gilly 等，1998）、联系强度（Brown 和 Reingen，1987；Frenzen 和 Nakamoto，1993）、人口统计特征相似性（Brown 和 Reingen，1987）和感知的亲密性（Gilly 等，1998）等因素。这些因素是口碑影响力的重要前因变量。

第三种是关注消费者为什么会积极传播关于他们已经经历过的产品或服务的言论。研究表明，极端满意或不满意（Anderson，1998；Bowman 和 Narayandas，2001；Dichter，1966；Maxham 和 Netemeyer，2002；Richins，1983）、对企业的承诺（Dick 和 Basu，1994）、与企业的关系长度（Wangenheim 和 Bayon，2004）和产品的新颖性（Bone，1992）等因素会驱动消费者的口碑传播行为。

根据口碑传播的这些研究倾向，该研究从消费者的视角，在已有移动口碑研究的基础上，借鉴传统口碑和网络口碑的研究成果，结合移动口碑产生和发展的动态过程，以及移动互联网本身和智能手机、社交媒体等媒介的特性，按照口碑传播过程的发展逻辑，把消费者移动口碑传播分为接收、接受和传播三个阶段，构建一个包括接收、接受和传播移动口碑的系统模型，每个阶段的传播机理和影响因素均不相同，如图 2－3 所示。

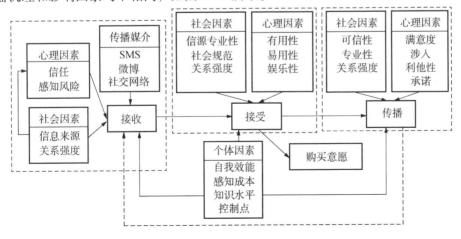

图 2－3 移动口碑传播系统模型

此模型中，笔者把消费者接收信息——也就是消费者移动口碑传播的第一阶段——作为移动口碑传播研究的始点。移动口碑信息接收是指来自企业或其他消费者个体的口碑信息被发送到消费者的智能手机或微信等媒介，消费者是打开并阅读这些信息还是直接删除。消费者的接收决策是企业移动口碑传播能否取得成功的前提条件，只有消费者打开并阅读了这些口碑信息，它们才有可能对消费者产生后续的影响。如果消费者直接删除口碑信息，那么就意味着企业移动口碑传播是无效的。因此，需要了解在消费者移动口碑信息接收阶段，消费者是如何做出接收与否的决策的，哪些因素会对消费者的接收决策产生影响以及这些因素之间是否会产生相互影响。

根据对相关文献的梳理，笔者认为影响消费者移动口碑接收的因素包括心理因素，如信任和感知风险等；社会因素，如信息来源和关系强度等；信息传递渠道，如SMS、微博和社交网络等；个体因素，如控制点和知识水平等。这些因素会对消费者移动口碑接收产生影响，同时，这些因素之间也存在交互作用，包括心理因素会在社会因素对消费者移动口碑接收的影响过程中具有中介效应；个体因素在心理因素、社会因素和传递渠道对消费者移动口碑接收影响过程中具有调节作用。

消费者移动口碑传播的第二阶段是消费者移动口碑的接受。消费者移动口碑接受是指消费者通过对移动口碑信息的价值和有用性的判断，决定是否接受和采纳的过程。此阶段是移动口碑信息对消费者产生影响的过程。接收到移动口碑信息后，消费者会根据移动口碑信息的来源、信息特征、个人经验、情境条件等因素对移动口碑信息的价值、有用性等做出是否接受和采纳的判断，进而决定是否成为自己购买决策的依据。此阶段，消费者的行为有两种可能：一是消费者判断口碑信息无价值，从而忽视并删除该信息；二是消费者判断该信息有价值，进而据此信息作出购买决策。可见，移动口碑信息只有打动消费者，成为消费者决策的参考和依据，企业移动口碑传播才能取得效果。否则，即便是消费者能接收到移动口碑信息，其也不会对消费者产生任何影响。

口碑信息对消费者的影响力在传统口碑和网络口碑研究阶段已经受到学者的关注并形成了丰富的研究成果。在移动口碑传播阶段，还需要从更广阔的视野来探究影响消费者移动口碑接受的因素。通过文献梳理，笔者认为影响消费者移动口碑接受的因素包括社会因素，如口碑来源特性和社会规范等；

产品因素，如易用性、有用性和娱乐性等；个体因素，如控制点和知识水平等。这些因素会对消费者移动口碑信息的接受产生影响。其中，个体因素在心理因素和产品因素在消费者移动口碑接受影响过程中具有调节作用；社会因素和产品因素等通过消费者移动口碑接受对其产品或服务购买意愿产生影响。

消费者移动口碑传播的第三阶段是消费者移动口碑的传播。消费者移动口碑传播是指消费者把口碑信息传播给其他消费者的过程，这是口碑信息的再传播或二次传播过程，这个过程决定了移动口碑能否在大范围内传播。消费者在接受移动口碑信息并用于自己的购买决策以后，消费者的行动或互动策略有三种可能，一是首次使用后，删除移动口碑信息；二是在后续的购买决策中继续使用但不传播；三是保留并传播该移动口碑信息。这三种情况对企业的影响是不同的，前两种情况表明企业的移动口碑传播取得了一定的成功，但口碑传播过程到此终结，影响范围只限于有限的消费者。第三种情况对企业移动口碑传播是最有利的，既对现有的消费者产生影响，又能够扩大影响范围，到达尽可能多的潜在消费者，从而取得更好的移动口碑传播效果。因此，第三种情况是该研究关注的重点。

消费者移动口碑的传播同样受到多种因素的影响，笔者认为这些因素包括①社会因素，如依附性和社会规范等；②心理因素，如消费者动机、满意度和涉入等；③个体因素，如控制点和知识水平等。这些因素会对消费者移动口碑信息的传播产生影响，其中，个体因素在心理因素和产品因素对消费者移动口碑传播影响的过程中具有调节作用。

上述移动口碑传播系统模型中的各个阶段之间是相互依赖、紧密联系在一起的。此模型不仅反映移动口碑信息传播的整体流程，同时构成了一个反馈系统。借助智能手机、微信等移动媒介，移动口碑可以实现二次、三次乃至多次循环传播，口碑传播的范围不断扩大，螺旋式不断向外扩散，最后达到病毒式传播的效果。因此，需要在上述各个阶段的影响因素及其相互关系研究的基础上，以动态的和系统的观点研究消费者从接收、接受到传播移动口碑的整个过程，探寻传播者特性、接收者特性、信息因素以及社会因素等各个方面之间的动态关系。

该研究的后续章节按照移动口碑传播系统模型的三个阶段来展开，在分析相关学者对移动口碑传播所做的研究的基础上，通过理论分析和实证研究对消费者的移动口碑传播机理和影响因素展开研究，以期对移动口碑传播进行系统的、科学的解释，以弥补现有传统口碑和网络口碑传播理论在移动互联网下不能有效解释消费者口碑传播行为的不足，推动营销理论的创新与发展，并对企业在移动互联网时代的营销实践提供理论指导。

第3章　移动口碑接收

信息是对消费者购买决策具有决定性影响的因素，口碑信息是指消费者经由个人人际关系所得到的产品或服务的相关信息，是对消费者行为影响力很大的一种信息源（Brown 和 Reingen，1987）。其影响作用表现为消费者在评判、选择产品或服务的过程中，常常受到周围熟识的朋友、同事、邻居、家庭成员等对产品或服务的知识、经验、态度和意见的影响，这些意见和看法有时会直接左右消费者的购买决策。企业口碑传播的目的是影响作为接收者的目标消费者，使其能够购买该企业的产品或服务。因此，口碑信息的接收者在口碑传播过程中具有重要影响，接收者的反应决定口碑传播能否成功，是口碑能否发挥作用的关键。

移动口碑传播是企业借助智能手机或微信等媒介向消费者传播来自企业或其他消费者个体的口碑信息的过程。消费者信息接收是移动口碑传播系统模型的第一个阶段，只有消费者打开并阅读了移动口碑信息，即该研究所说的消费者接收到了移动口碑信息，企业口碑传播活动才有可能对消费者行为产生后续的影响，否则企业移动口碑传播就是无效的。因此，消费者移动口碑信息接收是企业移动口碑传播能否取得成功的关键因素。

3.1　引　　言

随着智能手机等移动终端的迅速普及，移动社交媒体凭借其实时性、便捷性的优点受到大量用户的青睐。媒体的每一次更迭，都剧烈改变着人们的学习和生活方式。现在，社交媒体已经超越传统媒介的影响力，成为人们生活中不可或缺的重要组成部分。截至 2016 年 12 月，中国手机网民规模达到 6.95 亿人，手机即时通信用户达 6.66 亿人，其中微信的使用率为 84.3%❶。移动互联网接入的无处不在进一步增强了口碑的力量，使得消费者能够通过语音电话、电子

---

❶　第 39 次中国互联网络发展状况统计报告［EB/OL］．［2018－06－20］．http：//www.cal.gov.cn/2017－01/22/c_1120352022.htm.

邮件、互动信息服务和多种多样的消费者友好型的移动社交媒体发送、收集和转发产品信息。移动互联网环境中的社交媒体为消费者提供娱乐、信息、教育等方面的信息便利，同时消费者也可以随时随地把自己对产品和服务的体验发布出去。但是，在移动互联网下，信息搜寻者和发布者可以通过移动沟通技术来交换信息，消费者面临比传统模式和 PC 互联网更复杂的信息环境。

信息搜寻行为是消费者行为研究领域中极其重要的部分或阶段。所谓信息搜寻行为是指消费者有意识地激活记忆里所储存的知识或在周围环境中获得信息的过程。当存在以下情境时，消费者会更多地搜寻口碑信息，①信息超载。当外部环境提供给消费者的产品及信息过多时，常常让消费者不知所措于是求助他人（蔺丰奇和刘益，2007；Bawden 和 Robinson，2009；Letsholo 和 Pretorius，2016）。②知觉风险高（perceived risk）。当面对昂贵的产品或不确定性的服务时的不安，如汽车、房子、医疗服务等。人际来源的信息（personal source）较能够降低知觉风险以及增强消费者自信的程度（Arndt，1967；Herr，Kardes 和 Kim，1991；Balaji，Khong 和 Chong，2016；Hussain 等，2017）。③有学者发现在评估新产品或新服务，以及选择专业服务提供者时，消费者相当依赖他人的意见（Arndt，1967）。④产品复杂度增加且缺乏客观具体的评估准则时，人际的影响力（personal influence）会变得十分重要（Brown 等，2005）。

当前，移动社交媒体（如 Facebook、YouTube、Twitter、Pinterest 等）创造出了双向的、多对多的沟通系统，使得消费者能够联系、创造、生产和分享媒体内容。这些 Web 2.0 特性已经通过作为与品牌相关的口碑传播的移动社交媒体，帮助消费者从被动的旁观者变成了积极的参与者（Chu 和 Kim，2011；Chen 和 Li，2017）。移动口碑信息的数量是非常巨大的，每一分钟，消费者在社交媒体内分享超过 60 万个内容，上传 48 小时的视频，超过 10 万个文本信息，创造超过 2.5 万帖子（Bennett，2012）。现在，由社交媒体庞大的用户群所产生的并仍在不断膨胀着的海量信息已远远超过消费者所需，这使得消费者在享受移动网络便利的同时，也承受着信息过载带来的困扰。促使消费者更多地搜寻口碑信息的几种情境在移动互联网时代并没有消失，反而被强化。与此同时，消费者所面临的信息过载、感知风险和购买决策的复杂性也变得非常严重。

信息过载是指社会信息超过了个人或系统所能接受、处理或有效利用的范围并导致故障的状况。信息过载的表现主要有三个方面：①受传者对信息反应的速度远远低于信息传播的速度；②大众媒介中的信息量大大高于受众所能消费、承受或需要的信息量；③大量无关的、没用的、冗余的数据信息严重干扰了受众对相关有用信息的准确选择。

在消费者购买决策过程中，更多的信息并不必然提高决策质量，甚至可能起到负面作用。信息过载会分散个人决策时的注意力，进而影响消费者信息获取的效率。依赖于社交网站的自由性、分享性和商业性，消费者信息发布门槛降低，每个人都可以发布信息，信息的权威性也有所下降。同时，社交媒体中还存在了大量的广告营销类商业信息和垃圾信息。海量无组织的信息影响消费者对信息真实性和价值的判断，使消费者难以找到有价值的信息，提高了寻找目标信息的成本——即所付出的精力和时间等。消费者必须识别、分类和过滤海量信息，这使得有意识地或潜意识地决定什么因素需要关注以及什么需要放弃成为必要（Daugherty 和 Hoffman，2014）。因此，如何从纷繁芜杂的信息中选择合适的信息为己所用，已成为广大消费者面临的一大难题。

移动互联网为消费者提供了海量的信息，但不是所有的信息都是可信的（Reichelt，Sievert 和 Jacob，2014）。在传统口碑传播时代，传播主体主要是消费者，且基本上都是消费者自发进行用户体验交流和话语传播的。随着我国"互联网＋"经济的深化和热衷于在社交媒体中获取、交流信息的社会化消费者群体的壮大，移动口碑传播背后巨大的经济利益浮出水面，催生了类型化、职业化和规模化的商业水军，他们为了利益自导自演，借媒体有偿新闻等方式将营销信息包装成口碑信息，并且以传播谣言、恶意差评等方式破坏网络秩序，误导消费者的态度和行为。同时，由于消费者和口碑信息发送者之间的时间和空间的分离，一些不法之徒利用智能手机短信和微信等社交媒体信息设置各种陷阱，泄露消费者个人隐私，骗取钱财，给消费者造成了巨大的经济和精神损失以及隐私泄露的风险。同时，智能手机短信和微信等社交媒体信息也造成虚假甚至是欺骗性质的人际关系，导致人与人之间的安全感、信任感降低，这使得消费者在通过智能手机和社交媒体接收信息时，非常谨慎。因此，在面临巨量信息的同时，消费者在移动环境中感觉特别容易受到各种风险的伤害，因为对于失败和损失的责任划分在这种技术环境中是不清晰的（Bahli 和 Benslimane，2004），消费者担心金钱和信息的双重损失，尤其是在面对新产品、新服务以及专业服务的时候。

因此，消费者在移动互联网下，通过社交媒体等媒介获得口碑信息的时候，面临着信息超载、风险增加的境况。信息过载和感知风险使消费者对移动口碑信息进行选择性接收。在微信等移动社交媒体中，消费者经常收到未经许可的信息，它们被发送给接收者，而接收者并没有搜寻这些信息，因此不一定会愿意关注这些信息（Bruyn 和 Lilien，2008），而且这些信息会导致消费者产生负面态度，产生不满意感、逃避、焦虑、悲伤或愤怒等情绪，如在 PC 互联网情境中所证实的（Mathwick 和 Rigdon，2004）。因此，当消费者面对大量社会媒体中的口碑信息的时候，他们会对这些信息进行识别、分类和过滤，有意识地或潜意识地按照自己的标准决定什么信息需要关注，以及什么信息需要放弃（Daugherty 和 Hoffman，2014）。消费者会首先丢弃那些包含未经请求的或带有明显商业目的的信息，即使是来自朋友的也同样会被丢弃（José – Cabezudo 和 Camarero – Izquierdo，2012）。

可见，在社会媒体情境中，第一个口碑障碍是在接收的时刻，其关键在于消费者是否会接收并阅读该信息，而不是直接删除。接收并阅读信息的行动是整个移动口碑传播过程的触发因素。消费者接收并阅读的口碑信息数量越大，就越有可能受到这些信息的影响并向与自己有联系的人传播这些信息。Bruyn 和 Lilien（2008）指出，当某人接收到一封电子邮件，其是否打开并阅读的决策和信息内容无关（内容是未知的），而是只和其来源有关。假如信息的发送者（企业）被接收者熟知，则个体会感知到较低的风险，并产生潜在的信任和认为信息有较高的可信性，这有利于口碑信息的接收并阅读。因此，当接收到的信息来自一位朋友时，信息被接收并阅读的可能性是很高的（Bruyn 和 Lilien，2008）。

在当前快节奏的社会生活中，消费者的时间和精力是有限的，因此，面对无法辨别真实性和价值的信息时，消费者的策略是直接删除。在这样的背景下，企业在进行移动口碑传播时，如何捕获消费者注意力，如何让消费者能够接收并注意到企业的信息，对企业移动口碑传播的成功是至关重要的。消费者只有接收并注意到企业的移动口碑信息，才有可能将其纳入决策过程，使其对消费者的态度和行为产生影响。注意力在社交媒体移动口碑传播领域是一种特别重要的动力，因此，移动口碑信息的接收是移动口碑传播过程的起始环节，也是至关重要的一环。如果企业传播的移动口碑信息不能捕获相关消费者的注意力，这些移动口碑信息就是完全无效的（Chang，Shen 和 Liu，2016）。

3.2　影响因素

由上述分析可见，消费者移动口碑接收是整个移动口碑传播活动中的起始环节，也是至关重要的阶段。消费者打开并阅读移动口碑信息是作为打开意愿的结果而发生的行为。消费者的实际行为有两种，即打开或删除移动口碑信息。这与理性行为理论（Fishbein 和 Ajzen，1977）、计划行为理论（Ajzen，1991）、技术接受理论（Davis 等，1989）相一致，笔者认为打开意愿对消费者打开并阅读移动口碑这样的行为具有直接影响。作为一般原则，从事某种行为的意愿越强，实行它的可能性就越高。

当消费者的智能手机接收到一个短信的时候，无论发送者是谁，在智能手机上都会显示发送者的电话号码。如果发送者被存储在手机通讯录中，则会显示发送者的姓名。在微信等社交媒体中，如果消费者接收到一个信息，消费者同样可以看到是谁发送的信息：是通讯录中的朋友，还是一个陌生人。社交媒体中这些信息的标题也是消费者判断该信息的真实性和价值的重要线索。社交媒体中，口碑信息的形式也会影响消费者的接收。一般文本和图片往往更能被消费者所接受，语音和链接由于需要消费者花费更多的时间和精力，而且所带来的风险相对比较大，往往容易被消费者所忽视。

总体而言，无论是短信还是社交媒体信息，在最开始提供给消费者进行决策的信息并不是很多，消费者只能根据这些有限的线索来决定打开并阅读还是直接删除。此时，信息的内容是无关紧要的，因为消费者还没有看到，消费者只是从这些外在的线索来判断。

根据对相关文献的梳理，笔者发现在消费者移动口碑信息接收阶段，心理、社会、媒介以及消费者个体特征等因素会影响消费者对信息真实性和价值的判断，是消费者移动口碑接收的关键影响因素。

3.2.1　心理因素

心理学认为，人的行为是大脑对刺激物的反应，在这个过程中，人的心理活动支配着人的行为。消费者接收到移动口碑信息的刺激后，必然要经过心理评价过程。通过对消费者判断移动口碑信息的真实性和价值的心理过程的研究，可以描述、解释、预测并对消费者的行为施加影响，最终实现企业的营销目标。

3.2.1.1 态度

态度（Attitude）是消费者通过学习而获得的一种针对特定对象的持续正面或负面反应的倾向（Fishbein 和 Ajzen，1977）。态度是消费者对于某类事件学习而来的一致性倾向，是对于人、事、物整体的评估，范围相当广泛——从正向的接受到负向的排斥。因此，态度可以看作个人对事物的一种整体性及持久性的评价，这种评价引导消费者形成对某种事物的相对稳定的、积极或消极的行为方式。

Fishbein 和 Ajzen（1977）认为，态度可分为两种：①对行为的态度（attitude toward the behavior），即个人对行为所持有的态度，它与行为的发生有直接关系，个人对某一行为抱持的态度越强烈，从事该行为的意愿越强；②对事物的态度（attitude toward the object），是指个人对人、事、物或问题（行为以外）持有的态度，如某系统的功能很齐全、很好等，就是对事物的态度。态度会影响行为是许多行为研究学者的看法。Heberlein 与 Black（1976）认为，态度与行为越具体特定，其间的相关程度越明显。如果所衡量的态度越特定，并且找出的相关行为越具体，则两者之间能显示出高度相关的可能性就越大。Fishbein 和 Ajzen（1977）认为，对事物的态度无法预测其行为，即它与行为之间并无直接关系，相反地，对行为的态度与行为本身的发生有直接关系——个人对某一行为抱持的态度愈强烈，从事该行为的意愿会增强。

Assael（1998）指出态度具有四种功能：实用/工具性功能（Utilitarian Function）、价值显示功能（Value – Expressive Function）、自我防卫功能（Ego – Defensive Function）和知识功能（Knowledge Function）。个人态度的发展过程会受到家庭（Family）、同事团体（Peer Group）、信息及经验（Information and Experience）和人格（Personality）的影响。Assael（1998）还认为态度是由三个成分所组成：认知成分（Cognitive Component）、情感成分（Affective Component）和意向成分（Conative Component）。而认知成分主要为消费者对品牌的信念（Beliefs）；情感成分主要为消费者对品牌的评价（Evaluation）；意向成分主要为消费者对品牌的购买倾向（Intention）。

在移动口碑传播过程中，消费者对移动口碑信息来源的态度以及对智能手机和微信等社交媒体的态度等，会影响消费者对移动口碑的接收。消费者一般乐于接收来自亲朋好友的信息，对来源于企业的信息一般持负面的态度。Kim 和 Lee（2015）根据用户对智能手机的态度把用户分为四种类型：第一类是把智能手机当成商业伙伴（business partner）的用户，智能手机对他们而言主要是作为商业用途，这类人对个人隐私非常敏感，不会轻易参与移动互联网营销互动，对移动口碑信息的接收非常谨慎；第二类是在各方面都非常依赖于智能手机的用户（the skillful enthusiast），他们愿意根据自己的需求和喜好尝试多种功能和应用，他们乐见移动口碑信息；第三类用户是将智能手机视为一种提供新的体验的平台（the new experience seeker），他们的生活因为智能手机和互联网的结合而产生了很大的改变并非常热衷于这种改变；第四类用户将智能手机看作是亲密的玩伴（the close buddy），智能手机的方便快捷让他们爱不释手。第三类和第四类用户会选择性地接收移动口碑，符合自己的体验，让自己感到快乐的信息是他们乐于接收的。因此，移动口碑传播应该根据客户的移动终端和近期浏览记录来确定客户的偏好，从而精准地传播更具针对性和差异化的移动口碑信息。

由于智能手机能够被消费者随身携带，消费者使用智能手机的场景是不断变化的。消费者接收到信息的时刻，周围的情境是一个关键因素。充足的时间和休闲环境可以是移动口碑接收的便利条件。假如接收者更加轻松并有充足的时间，则其对移动信息的态度将趋向于积极，因此，他或她将会更愿意打开并阅读信息，而不是忽视或删除它（Miquel - Romero 和 Adame - Sánchez，2013）。由于智能手机屏幕不同于 PC 的显示器以及消费者搜寻成本的限制，移动口碑信息的展现形式，如信息类型、内容长短、表达方式等，能够影响消费者的态度，对消费者移动口碑信息接收有显著影响（Adipat，Zhang 和 Zhou，2011）。因此，企业设计自己的移动口碑传播信息的时候，一定要考虑向消费者传递何种信息，如何方便消费者阅读，从而既能保证营销工作的有效开展，又能使消费者乐于接受，提升传播效果。在移动口碑信息设计过程中，信息内容的设计应该与消费者兴趣相符或相近。Scharl，Dickinger 和 Murphy（2005）认为，较好的移动内容满足以下要求：信息的简短（28%）、娱乐性（26%）、与目标消费者的相关度（20%）、对消费者感官的刺激（13%）、奖励或促销信息（12%）。

3.2.1.2　信任

信任（Trust）是一种信念，即参与方的语言或承诺是可靠的，并且该参与方将会在交易过程中履行他或她的责任（Schurr 和 Ozanne，1985）。在移动口碑传播过程中，信任是指移动口碑信息接收者对信息发送者提供信息的正确性、有效性及其意图的信心。信任是人际之间互动的基础，在移动互联网虚拟世界中，移动口碑传播者和接收者在空间上是分割的。当接收者对发送者的可靠性和诚信具有信心时，信任就产生了（Morgan 和 Hunt，1994）。信任直接影响消费者的信息获取意愿（Ridings，Gefen 和 Arinze，2002；鲁耀斌和于建红，2005）。在移动口碑情境中，信任创造对移动口碑的正向的态度，可以减少对网络诈骗的恐惧，减弱对个人信息泄漏的担心，因此，信任对消费者移动口碑信息接收具有显著影响（Wang，Shen 和 Sun，2013）。

信任是一种心理状态（Rousseau 等，1998）。已有的研究已经确认信任是一个多维度的概念，其包括三个维度：诚实、仁爱和竞争力（Sirdeshmukh 等，2002）。诚实表示消费者确信企业的诚意和保持承诺的决定；仁爱是指消费者对企业对他或她的利益的关心的信念，以及没有采取机会主义行为的意图，是由对双方都有利的需求驱动的；竞争力是指对其他方的技能和能力的感知。现在很多企业把信任建立在顾客对其竞争力的感知基础上，特别是在互联网这样的高感知风险环境中。

信任也可以分为认知信任和情感信任（Johnson 和 Grayson，2005）。认知信任是对信任对象有很好的理性推断；情感信任受对所信任事物的强烈的正面情感促动（Corritore 等，2003）。认知信任也被定义为消费者依靠对被信任者的能力和可靠性的信心或意愿（Johnson 和 Grayson，2005），而情感信任是基于被信任者的仁爱。认知信任和情感信任是交织在一起的（Chang 和 Chen，2008）。

信任转移机制（Trust transfer mechanism）可以用来解释消费者对移动口碑信息的接收。信任转移被描述为包括三部分行动者的机制：信任者，其判断信任还是不信任其他人；被信任者，是被信任的对象，其信用由信任者来评价；第三方，是信任转移过程的中间人或事物（McKnight，Choudhury 和 Kacmar，2002）。信任转移的逻辑是，当信任者信任第三方，而第三方和被信任者具有紧密的关系，信任者对第三方的信任会转移到被信任者。相应地，第三方被称为信任转移的来源，被信任者被称为信任转移目标。信任转移理论进一步说明，信任转移过程依靠来源和目标之间的两种类型的关系，即相似性和关系联系。相似性捕捉来源和目标之间的内部关系，这样它们共享特定的、相同的固有特征，这使得人们对它们有相同的感知。关系联系捕捉来源和目标之间的外部关系，如来源和目标属于同一个群体。这样，人们会对来源和目标形成相同的感知（Wang，Shen 和 Sun，2013）。

智能手机的使用者一般都有丰富的 PC 终端使用经验。虽然移动互联网和

PC 互联网有明显的区别，但是两者之间也有共性。因此，消费者的 PC 终端使用经验会迁移到移动互联网，这样，消费者对 PC 互联网口碑的信任就会迁移到移动互联网，尤其是当网络和移动口碑服务功能相似的时候（Wang，Shen 和 Sun，2013），从而促使消费者对移动口碑产生更积极的认知和情感，从而产生对移动口碑的信任，最终产生积极的接收意愿。

已有的文献表明信息来源的可信性是口碑传播的基本决定因素（Okazaki，2009；Bhayani，2017）。移动营销的相关研究也证明了信任和接收移动广告意愿之间具有正向的联系。由于消费者对于自己的亲朋好友是非常信任的，他们相信自己的亲友是诚实的，对相应的产品和服务是了解的，不会损害自己的利益，所以，口碑信息接收者认为来自亲友的口碑信息比企业直接发送的促销信息更可接受和可信。同时，消费者与其亲朋好友之间也具有更多的相似性，关系更紧密，对亲朋好友的信任会促使消费者愿意打开并阅读移动口碑信息。

3.2.1.3　感知风险

感知风险（Perceived Risk）是由哈佛大学教授 Bauer 于 1960 年从心理学延伸到市场营销领域中的。他认为消费者在发生任何购买行为时，都可能无法确知其预期结果是否正确，而某些结果可能令消费者不愉快，这种不确定性就是风险的最初概念。消费者感知到的风险主要包括两个方面：决策结果的不确定性和错误决策后果的严重性。由此可知，感知风险是对损失的一种预期，其大小与受到损失的预期呈现正相关关系。消费者如果认为某种行为不能满足其目标，就会感知到风险，包括社会后果、金钱、物理和时间的损失等方面。因此，感知风险反映了消费者对结果不确定性的感知，是消费者随着情境条件变化的认知或情感的心理状态（Chang 和 Chen，2008）。

感知风险是一个多维度概念，已有研究识别出了六种类型的感知风险：绩效、财务、物质、社会、心理和时间（Alamsyah 和 Angliawati，2015）。因为消费者经常认为在购买决策中避免错误比最大化效用更重要（Mitchell，1999），所以感知风险在解释消费者行为方面是非常有力的。由于感知风险是消费者对某种行为结果的预期，因此，消费者对感知风险的评估高度依赖于个体心理和环境特征（Cho 和 Lee，2006）。

由于移动口碑信息是在一个开放的移动互联网环境中传播的，传播者和接收者在时间与空间上的分离产生了一定程度的不确定性，对消费者的安全和隐私产生了一定程度的威胁，如钓鱼软件、恶性软件、间谍软件、欺骗和盗取密码等。越来越多的网络和电信诈骗行为已经给许多消费者造成了巨大的经济和精神损失。因此，接收者可能担心移动口碑传播者具有利用移动口碑的远距离和非人际的本质采取机会主义行为的机会，如打开一个移动口碑信息链接会出现数据操控、未经授权侵入移动终端、讨厌的使用模式跟踪等，从而使自己受到经济损失或情感伤害。

已有的研究已经确认消费者感知风险和态度是紧密相连的（Miquel – Romero 和 Adame – Sánchez，2013），能够很强地决定他们的行为（Mitchell，1999）。Bansal 和 Voyer（2000）的研究证实口碑接收者搜寻口碑的主动性受到感知风险的影响，而且 Palka 等（2009）通过调查发现参与移动口碑传播的消费者的行为受到个人风险感知的强烈影响，同时他还发现那些有技术背景、理解移动技术的消费者在安全方面比其他人具有更高水平的信心。因此，如果消费者缺乏足够的技术知识，会导致其在数据安全和隐私方面的更高的风险感知。由此可见，消费者感知风险会对移动口碑接收产生负面影响。

感知风险和信任是相互联系的两个概念（Pavlou，2003），文献表明研究者对于信任和感知风险的关系具有不同的观点（Lim，2003）。信任和感知风险之间的关系可以分为四种类型：第一种，感知风险调节消费者信任和购买意愿之间的关系（Stewart，1999）；第二种，感知风险先于消费者信任（Ruyter 等，2001）；第三种，信任先于感知风险（Pavlou，2003）；第四种，两者之间的关系是非递归的（Mitchell，1999；Chang 和 Chen，2008）。

在移动口碑营销中，一般把信任描述为感知风险的前因变量（Palka 等，2009）。对于来自一个可信任来源的信息，由于消费者认为其不会从事机会主义行为，此时感知风险较低或不存在（Palka 等，2009）。总之，信任程度越高，感知风险越低，人们接收移动口碑信息的意愿越高。

3.2.1.4 媒介依赖

媒介依赖（Media Dependency）理论认为，媒介是受众和社会之间的重要联系纽带，人们对媒介的依赖性越强，则该媒介对人们的影响也就越大（Ball – Rokeach，1985）。受众对于媒介信息的依赖是理解媒介信息对个人认知、情感、信念和行为产生影响的关键变量（Ball – Rokeach 和 DeFleur，1976；史梁，2015）。如果一个人对某个媒介存在依赖，他就会更多地使用该媒介的信息来满足其需求，那么这个媒介的信息最终被受众接受并产生作用的可能性便会相应增加。Ball - Rokeach 和 DeFleur（1976）认为受众对于媒介的依赖程度依两种因素而变化：①媒介提供的特定的信息功能，且这一信息功能对于社会或个人来说相对处于中心的地位。如果媒介提供的特定信息功能的数量越多，地位越处于中心地位，那么个人或社会对此种媒介信息的依赖程度就越会增加。②社会上存在的结构性冲突和变动。如果社会冲突和变动越大，个人面临的不确定性也越多，那么受众对于媒介信息的依赖程度也会越强。当社会稳定性强，变动较少时，对媒介的依赖就会减少。

在当前移动互联网时代，技术进步促进了社会的发展和变革，改变了人们生活和沟通的方式（Spaid 和 Flint，2014）。微信等社交媒体能够为消费者提供海量的信息，成为消费者信息来源的中心渠道，极大地满足了消费者对信息的需求，能使消费者——尤其是年轻消费者——实现许多日常生活中的重要目标，这导致他们对微信等社交媒体产生高度依赖（Bomhold，2013）。消费者视智能手机为必需品，在上下班途中、在家休息、海外旅游等时候使用智能手机。埋头在智能手机屏幕的人在大街上、商场中、校园里等地随处可见，有人形象地称之为"低头族"。借助于微信等社交媒体，消费者能够不断地创造、收集、处理和传播信息（Park 等，2013）。

智能手机依赖意味着消费者不仅具有对智能手机属性的个人知识，而且具有智能手机怎样为消费者工作的个人体验，以及了解智能手机怎样满足他们的需要。结果，消费者对未来购买行为的期望会受到他们高度依赖智能手机的过去的体验的影响。Mafé 和 Blas（2006）的研究发现，消费者对智能手机的高度依赖与消费者的未来购买行为具有正向相关关系。而且，具有智能手机体验的消费者从他们的体验中学习得很快。重度智能手机使用者具有较高的知识水平，最常访问网络、查看电子邮件、使用社交网站如 Facebook 和 Twitter 等，有更多的社会参与，保持广泛的人际网络，不仅与社会系统内的人联系，而且也和社会系统外的人联系（Suki 和 Suki，2007）。

媒介依赖能使消费者对新媒介更加信任，对来自微信等社交网络的信息具有更积极的态度。Kolsaker 和 Drakatos（2009）研究发现，那些具有强烈媒介依赖的消费者对移动广告有更强的接受能力，因此，通过瞄准对自己的移动终端具有较强依赖感的消费者，企业移动广告的效果可以得到改善。当前的移动传播变革中，智能手机由于其便携性，已经与消费者个体连接在一起，成为一个不固定的工作站。借助智能手机，消费者能够观察、感知和参与别人通过智能手机所做的决策（Suki 和 Suki，2007）。因此，笔者认为媒介依赖使消费者更愿意打开并阅读移动口碑信息。

3.2.2 社会因素

社会因素的存在和作用是强有力的，影响着人们态度的形成和改变，是消费者移动口碑接收的重要影响因素。在移动口碑传播情境中，我们主要分析说明信息来源和关系强度这两个因素对消费者移动口碑接收的影响。

3.2.2.1 信息来源

信息来源的可信度是指受众所感受到的对信息传播者或传播媒介的信赖程度。信息来源的信誉、可信性和可靠性是口碑效果的重要影响因素（Sweeney，Soutar 和 Mazzaro，2008）。信息来源的可信度是受众的主观认知，在移动互联网情境中，移动口碑是通过智能手机进行传播的，因此，信息来源可信度可被定义为受众对传播者及其传递媒介进行的可信程度的主观评价。对作为移动口碑信息来源的发送者的认知会导致信任。当发送者可以被识别时，发送者认知对移动口碑打开意愿和信任具有特别的重要性。在移动口碑传播中，发送者是移动口碑信息的创造者和传播者，是移动口碑的信息源。发送者与接收者的兴趣和偏好的相似性对移动口碑打开意愿具有正向影响。发送者的专业性越强，其对信息接收者的影响就越大（Gilly 等，1998；谭春辉，2017）。

传播者的专业知识（Expertise）是由其工作、社会经历所决定的。从接收者的角度看，口碑信息的传播者通常具有一定的阅历和独特的工作地位，以及较高水平的专门知识，因此也能够保证其提供的信息在很大程度上是正确的。那些具有专门知识的专家获取产品知识的能力很强，而这些知识对口碑接收者的选择产生至关重要的影响。同时，专家能积累知识，并能从中推导出可行的方案，这对处于服务购买环境中的接收者是极其有用的。Mitchell 和 Dacin（1996）在其对专业的研究中指出，专业的人在产品抉择的知识和知觉上比起非专业的人要来的高，并且会提供额外的知识给新消费者搜寻，这对于接收者在决策判断时是非常有用的，如此便使得专业者在口碑传播中亦变得非常重要。因而，此时的接收者对专家口碑的依赖性明显增强，即专家的口碑信息对接收者购买决策会产生显著的影响（Wangenheim 和 Bayon，2004；Yang，Liu 和 Zhou，2012）。

有关意见领袖的研究也是口碑信息来源研究的一个主要方面。意见领袖是指将大众传播媒介发出的信息再传给其他的人们，对别人施加舆论影响，能在新闻机构与受众之间起中介作用的人。Brooks（1957）指出，群体内"意见领袖"的存在是口碑传播的一个重要关键要素。King 和 Summers（1970）通过研究发现意见领袖可以分为两种类型——单一形态的意见领袖和多形态的意见领袖，并指出意见领袖在人际交往中是一种普遍存在的现象，其对消费者的购买具有很强的影响。意见领袖被认为对口碑接收者具有更强的影响力，具有意见领袖特质的人更愿意与他人分享有关各种产品或服务的相关信息，更容易产生口碑沟通行为。另外，具有意见领袖特质者对接收者影响力更大，会产生较多口碑沟通行为。

传播渠道对消费者移动口碑的接收有明显的影响。当消费者在处理品牌信息的过程中涉入比较低的时候，注意力会被自动地分配给刺激物而不是口碑信息。由于智能手机是个性化的媒体，被消费者看作是自己的私人空间，因此，移动口碑传播也应该是和他们相关的、高度个性化的，以使信息和服务适合个体消费者（Barwise 和 Strong，2002）。移动渠道的个性化能够改进品牌和其顾客之间互动关系的可能性，通过使用顾客许可，向他们传递个性化的、及时的和相关的广告，其关系可以加深（Nysveen 等，2005）。

消费者对通过 SMS、MMS 以及移动条件下的微博、邮件和社交网络等传递的信息的接收意愿是不同的（Palka 等，2009）。智能手机已经变成消费者，特别是年轻人的基本沟通形式，用来表达时尚和自我形象，因此，SMS 和 MMS 适合消费者表达他们的价值和对其他人的态度（Silva 和 Yan，2017），他们对收到的 SMS 或 MMS 信息会做出更多的反应。有研究表明92%的受访者表示他们一收到信息就会阅读（Okazaki，2009），但是，如果企业发送太多的 SMS 或 MMS 给消费者，会导致消费者被激怒并产生删除信息的反应。短信数量增加意味着消费者可能更少地阅读完整的短信。因此，Barwise 和 Strong（2002）认为消费者每天收到三条短信是合适的，这些短信应该是简短的、娱乐性的或者是信息性的。

由于社交媒体正在快速成为全球在线行为的主要领域，对于来自诸如微信这样的社交媒体，由于微信朋友基本上是生活中的熟人，因此，消费者乐于接收并阅读微信信息。企业可以借助消费者个性特征分析和过滤技术，选择有影响力的消费者，通过提供有吸引力的激励来鼓励消费者传播营销活动的信息。使用电子邮件，企业可以发送信息给一群潜在或现实的顾客，口碑传播具有巨大的潜力，但是由于现在网络病毒的泛滥，Phelps 等（2004）认为消费者会打开并阅读来自朋友或家庭的电子邮件而不是来自企业的邮件。如果消费者对企业了解并持有积极看法，则他们会打开企业发送的电子邮件。对于商业邮件或来历不明的邮件，消费者会把它看作垃圾邮件并直接删除（Miquel - Romero 和 Adame - Sánchez，2013）。

3.2.2.2 关系强度

人们通过长期的研究发现，在普通消费者之间往往存在一个相互联系的社会信息网络或社会信息群体，社会网络之中的消费者对于网络外部的信息并不是十分重视，但对于网络内部来自于其他成员的信息却相当重视和信任。只要网络中有一位消费者对于某个企业的产品或服务产生满意或者不满意的情绪，这种情绪往往会扩散到整个网络。口碑就是通过这个看不见的社会网络扩散和传播的。

关系强度（Tie Strength）代表在社会网络的背景下两两个体之间的人际关系（Money，Gilly 和 Graham，1998）。人与人之间的关系是导致成员相互结合的力量，关系强度是考察人际影响力的一个重要方面。根据信息发送者与接收者之间的关系强度，口碑可以分为弱连结与强连结的口碑沟通。弱连结指双方的关系只是认识或是陌生人，此时信息传播者仅是认识信息接收者或者根本不知道信息接收者。强连结指双方关系密切，可能是邻居或朋友，他们是在消费者购买商品时给予建议或者陪伴其购买的那些人（Duhan 等，1997）。因为关系强度高者更愿意毫不保留地表达其感受意见，并且信息接收者从亲朋好友获得的信息往往被认为更可靠、无私，更加值得信赖。因此口碑发送者与接收者之间的关系强度决定口碑传播的效果（Brown 和 Reingen，1987；Bansal 和 Voyer，2000）。

来自强连结关系的建议信息的优点是发送者可以同时根据决策者和不同产品的特征来提供适合决策者偏好的信息。来自弱连结的建议信息的优势在于不被限制在信息决策者的社会网络内，因此弱连结信息来源者数量更大以及更多样化，从而更有可能提供更加专业化信息建议（Duhan 等，1997）。Brown 和 Reingen（1987）通过研究搜寻钢琴教师信息的接收者与信息源之间的关系，发现弱连结更有利于信息的流动。关系强度较高者的口碑对接收者购买决策的影响力明显大于关系强度较弱者（Brown 和 Reingen，1987；Bansal 和 Voyer，2000；Wirtz 和 Chew，2002；谭春辉，2017）。

口碑传播者和接收者之间的关系特征在解释发送者对口碑信息和说服的影响方面具有重要作用（Chiu 等，2007）。移动口碑信息的发送方和接收方的人际关系越紧密，移动口碑信息被接收和阅读的可能性就越高（Chiu 等，2007），接收方越有可能对移动口碑信息内容产生更高的意识和兴趣（Bruyn 和 Lilien，2008）。消费者的感知价值对移动口碑信息的接收也会产生影响。根据目标导向的行为，接收者越感知到这个口碑信息可能会对实现自己的目标有价值时，接收并阅读的可能性也就越高。品牌承诺、人际关系和消费者与智能手机之间的关系越强，消费者从移动口碑传播过程中获得的娱乐和效用价值越高，进而产生对移动口碑传播活动的积极态度和参与意愿（Okazaki，2008）。

3.2.3　接收者自身因素

接收者对移动口碑信息接收的程度不仅会直接影响其后续移动口碑的接受和传播，进而影响其购买或消费决策，而且也是评价移动口碑信息传播效果的重要指标。影响接收者接收移动口碑信息的因素主要有自我效能、知识水平、感知成本等方面。

3.2.3.1　自我效能

自我效能（Self – efficacy）表示个体对自己组织和执行一系列行动以实现特定结果的能力的信念水平，是活动选择和努力程度的主要前因变量（Bandura，1982）。个体自我效能感知会影响一个人对特定任务的感知、努力程度和持续水平。自我效能包括三个判断维度：水平、强度和范围。自我效能借助诱发动机努力和完成任务的持续期望来调节人类行为，因此，它能使一个人克服面临的困难和失败（涂红伟和骆培聪，2017）。在具有不确定性的情境中，自我效能能够影响人们的行为、思想和感觉。相对于低自我效能的人，具有高水平自我效能的人能够基于他们对给定环境的评价去更好地制定最佳的、有效的和建设性的应对策略（Akhter，2014）。已有研究证明自我效能是一个人机互动的重要调节变量，能够调节消费者评价和认知努力之间的关系（Bandura，1982）。

对于移动口碑接收，具有高水平自我效能的消费者具有高度的自信心，感觉到他们自己有能力完成移动口碑的接收，不需要来自外部的支持。自我效能是态度和行为的一个主要影响因素，可以预测消费者使用网络基础服务的态度和决策以及他们对网络的持续使用（王军和周淑玲，2016）。因此，自我效能是消费者移动口碑接收的一个关键影响因素。

3.2.3.2　知识水平

接收者的专门知识水平不仅能影响自身的购买决策，还能影响其感知风险和对口碑信息的接收。Brucks（1985）将消费者产品知识分为三类：主观知识、客观知识和先前的经验。客观知识是确实存储在个人记忆中的准确信息，而主观知识是指消费者感知的他们对某个或者某类产品的了解程度。Alba 和 Hutchinson（1987）将消费者的产品知识分成两个部分：熟悉（familiarity）和专门技术（expertise）。熟悉是指在产品的购买和使用过程中积累起来的与产品相关的经验。专门技术是指有能力完成与产品相关的任务。Brucks（1985）的研究发现信息接收者的专门知识水平与搜寻信息的努力程度呈负相关。

在微信口碑传播中，发送者传播的微信口碑是消费者获取信息的一个途径，但消费者自身知识结构的专业水平会影响他们对微信口碑信息可信度的判断。专业能力越强，对微信口碑的质疑能力越强，反之亦然。由此可见，接收者的专业知识和经验越丰富，获得其认可的微信口碑的可信度越高。从另一个角度来讲，接收者的专业能力越强越能抑制可信度低的微信口碑信息的传播。

3.2.3.3 感知成本

消费者感知成本也会对移动口碑接收产生影响。在移动口碑传播中，感知成本是指接收者所认为的接收一个移动口碑信息所需的花费的多少。随着社会媒体的发展，消费者在信息搜寻过程中的认知成本可能会变得非常重要。消费者接收移动口碑信息需要支付数据流量费以及其他各种费用，费用越高，接收移动口碑信息的意愿越低。Pagani（2004）的研究发现，价格是影响移动服务采用的一个决定性影响因素。因此，感知成本对消费者打开移动口碑信息的决策是一个关键因素，对接收移动口碑传播具有不利的影响（Wiedemann，2007）。Yang，Liu 和 Zhou（2012）研究证明，在中国，年轻消费者的移动口碑态度、意愿和行为受到主观规范、感知效用、成本、娱乐和市场专家主义的影响。

许多成本和收益已经与移动口碑传播联系在一起，诸如及时、便利、位置和时间相互依赖、安全问题、成本等（Nysveen 等，2005）。同时，消费者在接收移动口碑的过程中感受到的个人信息和财物损失的风险也会使消费者对移动口碑接收产生较高的成本感知。但是，已有研究在关于与移动口碑传播相联系的消费者特定成本和利益，以及它们怎样决定消费者价值感知的理论上依旧是缺乏的。由于移动互联网以及社交媒体是一种新生事物，其所具有的创新特征促使消费者必须付出更多的认知努力。Lynch 和 Ariely（2000）研究发现，当信息处理需要较少的努力时，消费者会产生更积极的态度。与克服移动口碑复杂性相联系的认知努力代表一种信息搜寻成本。在移动口碑传播情境中，信息搜寻成本也是一种影响移动口碑信息接收的价值障碍。

3.3　研究模型与假设

由上述分析可见，消费者移动口碑接收是移动口碑传播过程中的首要阶段，是企业移动口碑传播取得成功的基本条件。消费者移动口碑接收会受到消费者心理、社会以及消费者自身因素等多种因素的影响，但是，已有的理论对消费者如何做出接收决策及其影响因素的研究明显不足，因此，该研究在理论分析的基础上提出消费者移动口碑接收的研究模型并进行实证检验，以期深入理解消费者移动口碑接收决策并丰富现有的口碑传播理论。

3.3.1　研究模型

在移动口碑传播过程中，由于消费者所接收到的信息内容是影响消费者购买决策的重要因素（Venkatraman 等，1990），因此，消费者口碑信息接收是移动口碑传播中重要的阶段，是移动口碑能否发挥作用的关键。消费者只有打开并阅读了口碑信息，了解了信息内容，口碑传播才能对消费者产生影响，因此，消费者的接收决策是企业移动口碑传播能否取得成功的前提条件（邓卫华，闫明星和易明，2017）。如果消费者直接删除口碑信息，那么就意味着企业移动口碑传播是无效的。因此，我们需要了解在移动口碑信息接收阶段，消费者如何做出接收与否的决策，哪些因素会对消费者的接收决策产生影响以及这些因素相互之间是否会产生相互影响。

现有的口碑传播研究很少关注消费者，尤其是年轻消费者，在移动互联网下的口碑传播行为。消费者行为理论的 S－O－R 模式表明，消费者接收到外界口碑信息的刺激后，必然要经过心理评价过程，而现有口碑传播文献对这种心理过程，特别是在移动互联网情境下的心理过程对消费者的影响还没有充分说明。

智能手机显著地改变了消费者生活、购物、搜寻、娱乐和信息沟通的方式（Spaid 和 Flint，2014）。因此，移动口碑传播中的信息传播和人际影响不同于传统口碑和基于 PC 固定互联网的网络口碑（Palka 等，2009）。而现代学术界对于移动口碑的研究明显落后于技术的发展，已有的口碑传播理论也不能有效解释使用智能手机作为首选沟通媒介的消费者为什么和怎样进行信息交换（Okazaki，2009）。对消费者移动口碑传播行为进行研究，可以弥补现有口碑理论在移动互联网下不能有效解释消费者口碑传播行为的不足。

消费者可以通过手机短信、彩信、微博、微信等方式传播口碑信息。其中，手机短信（SMS）是世界上最受欢迎的移动应用之一，其借助于移动手机的短信群发和彩信获得了巨大的发展。研究证明 SMS 能帮助企业获得巨大成功。通过 SMS 和 MMS，企业能够不受时间和空间的限制，与顾客和客户进行互动沟通，其对品牌满意、顾客忠诚和营销效率的提升具有积极的影响（Nysveen 等，2005）。随着智能手机的日益普及，SMS 和 MMS 等为朋友、家人和同事之间的沟通、分享观点和保持联系提供了一种有吸引力的机会（Mahatanankoon 和 O'Sullivan，2008），同时为营销者提供了许多新的营销机会来在任何时间、任何地点接触并为消费者提供服务（Persaud 和 Azhar，2012）。

然而，已有的 SMS 应用研究大多是在传统手机（其能力是非常有限的）基础上进行的，而今天消费者使用的是智能手机（其潜力是无限的）。传统手机只是一个通信工具，聚焦于声音和短信，而现在的智能手机已经克服了传统手机的狭小屏幕和令人烦恼的输入与输出等缺点，变得日益人性化（Lee，Kwak 和 Campbell，2015）。对消费者而言，智能手机不仅仅是通信工具，更是一个便携式的多媒体智能终端。因此，智能手机和传统手机具有明显的差别（Chen 和 Li，2017）。通过传统手机只能进行 SMS 基础或使用简单、推送基础的营销实践，而智能手机的引入表明营销者可以发展更大范围内的推送基础服务和使用大量的营销技术。随着技术的发展，营销者和消费者有可能面临一套完整系列的营销创新，这在传统手机上是不可能实现的。因此，移动沟通因为新技术的引进而需要仔细调整，我们需要在已有的传统手机 SMS 传播的一些研究基础上，深入研究智能手机的口碑传播规律，尤其是社交媒体的使用以及它对个人联系和心理结果的影响。

在已有的口碑传播研究中，人们往往更多关注信息是怎样被发送的，而不关注是怎样被收到的。由于智能手机和社交媒体的私密性，信息接收在移动口碑情境下特别重要，因为消费者不会阅读所有智能手机和社交媒体所收到的信息——消费者直接删除某些短信和社交信息的事实在移动营销研究中已经得到证实（Barwise 和 Strong，2002；Palka 等，2009）。消费者接收并阅读短信是移动口碑传播链条的第一个链接，假如没有这个链接，那么口碑传播就不会继续下去，也就不可能产生任何效果。因此，移动口碑信息接收者的参与是极端重要的，影响移动口碑信息接收的因素被认为是移动口碑成功的关键因素（Parreño 等，2013），因此该研究的焦点在于信息接收者。该研究中的消费者移动口碑接收是指在手机短信发送到消费者的智能手机后，消费者所做出的是阅读该短信还是直接删除的决策。深入了解消费者接收并阅读信息的影响因素是移动口碑成功的关键所在。

基于以上分析，该研究主要选择对消费者移动口碑接收具有重要影响的两个方面，即人际影响（信任）和媒介影响（手机依赖）。Fishbein 和 Ajzen 提出的理性行为理论认为，消费者的信念、态度和行为意愿之间具有可观察的内在逻辑关系。行为意愿是由个体对行为的态度决定的，一个人的态度受到他或她的信念的影响（Fishbein 和 Ajzen，1977）。已有文献把态度分成情感和认知两个维度（Bagozzi 和 Burnkrant，1979），按此分类，情感和认知维度被认为是行为意愿的独立决定因素（Shih 等，2013），这种两成分模型能比单一组成模型更好地预测行为意愿（Bagozzi 和 Burnkrant，1979）。在移动口碑情境中，信任和手机依赖可以影响消费者对移动口碑信息的态度，进而影响对移动口碑信息的接收意愿。该研究中，移动口碑接收意愿是指消费者阅读短信的主观机率（Fishbein 和 Ajzen，1977）。移动口碑接收决策和短信内容无关（内容是未知的），而是只和决策本身以及信息来源有关。

总之，该研究从移动口碑信息接收者的视角，以短信为载体，以年轻消费者为研究对象，采用两维度的态度作为中介变量，既关注消费者对口碑信息来源和接收决策的认知反应（认知态度），也关注对口碑信息来源和接收决策的情感反应（情感态度），构建消费者移动口碑接收理论模型，深入研究消费者对移动口碑信息来源的信任和手机依赖对其移动口碑接收意愿的影响，以期为组织成功实施移动口碑传播提供帮助。

根据以上分析，该研究构建如下理论模型（见图 3－1）。

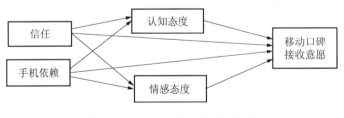

图 3－1 移动口碑接收理论模型

3.3.2 研究假设

研究假设是研究者根据经验事实和科学理论对所研究的问题的规律或原因作出的一种推测性论断和假定性解释，是在进行研究之前预先设想的、暂定的理论。该研究根据信任、手机依赖、态度与消费者移动口碑接收意愿之间的逻辑关系提出研究假设。

3.3.2.1 信任

信任已经被定义为一种信念，即参与方的语言或承诺是可靠的，并且该参与方将会在交易过程中履行他或她的责任（Schurr 和 Ozanne，1985）。该研究中对移动口碑来源的信任是指一个人确信移动口碑发送者现在和未来的行为具有对他或她有利的品质的信念，所述品质包含仁爱、能力和诚信。传统口碑和网络口碑的研究已经确认了信息来源可信性在沟通过程中的重要性（López 和 Sicilia，2014）。同样，对移动口碑信息来源的信任被看作是对消费者态度有积极影响的显著行为信念（Pavlou，2003；Zainal，Harun，Lily，2017）。

移动口碑传播者和接收者在时间和空间上是分割的，因此，信息来源的可信性和信用是口碑传播的基本决定因素（Okazaki，2009）。信任是一个多维度的概念，包括认知和情感信任（Bagozzi 和 Burnkrant，1979）。认知信任是对信任对象的理性推断，而情感信任是受对信任对象的强烈的正面情感促动的。认知和情感信任是交织在一起的。在该研究提出的概念模型中，信任被看作是一种认知和情感状态。已有的实证研究已经揭示信任和态度显著相关（Gefen，2000）。通过认知过程建立的信任会影响认知态度，而通过情感过程建立的信任会影响情感态度（Shih 等，2013）。

信息采纳文献清晰地表明信息可信性是信息采纳的关键，一些最近的关于网络口碑的研究也表明在线评论的感知可信性决定消费者是否采纳这些评论（毕继东，2009；Wang，shen 和 sun，2013）。在移动服务文献中，已有的研究已经证明，信任可以影响行为意愿（Koenig-Lewis 等，2010；张新，马良和王高山，2016；Mikalef、Pappas 和 Giannakos，2017），消费者对提供移动口碑服务的在线论坛的信任正向影响其移动口碑服务的使用意愿。考虑到移动口碑接收作为一种特殊类型的信息采纳行为，可以推论，信任应该是移动口碑接收意愿的一个重要预测变量。

基于以上分析，该研究提出如下假设：

H1：消费者对移动口碑来源的信任对其接收移动口碑的认知态度具有显著的正向影响。

H2：消费者对移动口碑来源的信任对其接收移动口碑的情感态度具有显著的正向影响。

H3：消费者对移动口碑来源的信任对其接收移动口碑的接收意愿具有显著

的正向影响。

3.3.2.2　手机依赖

媒介是受众和社会之间的重要联系纽带，因此，手机依赖可以被定义为个体和手机之间的一种关系，个体通过手机达到目标的能力取决于手机媒介的信息资源。现在，智能手机已经成为许多年轻消费者的生活中心，他们借助智能手机实现许多日常生活中的重要目标。对他们来说，智能手机不仅是一种用来与朋友和家人保持联系的个人工具，同时也是他们个性和人格的延伸（Persaud 和 Azhar，2012）。智能手机从个人沟通装置变成了多媒体工具，年轻消费者把智能手机视为必需品，具有很强的连续高度使用的倾向，因此消费者已经变得高度依赖智能手机（Bomhold，2013）。智能手机装置装备了各种软件工具，这可以使消费者与其他消费者更有效地联系，不受时间和位置的限制，从而使消费者的认知范围不断扩大。手机依赖意味着消费者不仅具有对智能手机属性的丰富知识，而且具有使用智能手机进行信息沟通的个人体验，知道怎样使用智能手机满足他们的信息需要。

消费者与智能手机之间的关系越强，则消费者从移动口碑传播过程中获得的娱乐和效用价值越高，进而产生对移动口碑传播活动的积极态度和参与意愿（Okazaki，2008）。当消费者对媒介的依赖程度增加的时候，他们就会筛选出有价值的媒介信息并给予这些信息较高的注意力，而且会对信息及信息媒介产生比较高的情感（Ball‐Rokeach，1985）。因此，可以推论消费者手机依赖会对消费者移动口碑接收意愿产生直接的正向影响。

基于以上分析，该研究提出如下假设：

H4：消费者手机依赖对其接收移动口碑的认知态度具有显著的正向影响。

H5：消费者手机依赖对其接收移动口碑的情感态度具有显著的正向影响。

H6：消费者手机依赖对其接收移动口碑的接收意愿具有显著的正向影响。

3.3.2.3　态度

态度是消费者通过学习而获得的一种针对特定对象的持续正面或负面反应的倾向，个体对某一行为所持有的态度越积极，则其采取这种行为的意愿就会越强（Fishbein 和 Ajzen，1977）。已有的研究已经充分证明了态度和行为意愿之间的关系（Davis 等，1989）。消费者态度在移动口碑传播的各个阶段均具有显著的影响（Palka 等，2009；Heejae 和 Dahana，2017）。Yang 和 Zhou 以及 Yang 等人应用计划行为理论分别证明了美国和中国的消费者对移动口碑营销活动的态度正向影响其移动口碑接收意愿（Yang 和 Zhou，2011）。同时，消费者态度也已被证明是其信念和行为意愿之间的中介变量（Wang，Shen 和 Sun，2013）。Zainal、Harun 和 Lily（2017）的研究证明态度在对网络口碑来源的信任和遵循意愿之间具有中介效应。态度在社交网络广告的内容特征，如互动性、娱乐性和信息性，以及对消费者在线参与和投入行为的影响过程中，具有中介效应（Yu 和 Kamarulzama，2016；Kujur，和 Singh，2017）。

已有的这些研究使用的大多是单一维度的态度概念，要想深入研究态度对消费者行为意愿的影响，应该对态度概念做深入的剖析。态度可以按照两个分离的维度来定义，即情感和认知。态度的情感成分是指对态度目标的情感偏好的程度，是一种根据人们的感觉和价值观而形成的对事件的评价，是消费者对态度目标的一种情绪反应，起主导作用的是个体情感（Bagozzi 和 Burnkrant，1979）。态度的认知成分是指个体建立与态度目标相关的特殊信念的程度，包括对态度目标有用性和有效性的综合评价（Bagozzi 和 Burnkrant，1979）。认知是在直接或间接经验的基础上形成的，受个人能力和知识水平的影响较大。态度的两个维度对消费者的行为意愿具有不同的影响，两者结合起来对消费者行为意愿的预测力更强（Trafimow 等，2004）。

年轻消费者对短信广告的态度会影响其对短信广告的接收（Parreño 等，2013），因此，该研究认为消费者对移动口碑接收的态度中的认知成分和情感成分对移动口碑接收意愿有直接的正向影响作用。消费者对移动口碑接收的态度指消费者对接收短信这一特定行为所表现出的正面或负面反应的倾向。当消费者对接收短信持积极的态度时，消费者便倾向于接收短信，反之，当消费者对接收短信持消极的态度时，消费者便倾向于拒收短信。

基于以上分析，该研究提出如下假设：

H7：消费者接收移动口碑的认知态度对其接收意愿具有显著的正向影响。

H8：消费者接收移动口碑的情感态度对其接收意愿具有显著的正向影响。

3.4　研究设计

科学的研究设计是实证研究取得成功的重要保证。笔者首先通过对文献的梳理和与相关专家的讨论来确定量表的形式与问项的组成，以形成一个科学有效的调查问卷，然后确定调查的样本对象以及调研方式，从而确保研究能够获得科学的、合理的数据支持。

3.4.1　变量测量

在该研究的量表开发过程中，笔者遵循 Churchill（1979）提出的研究量表的编制需要遵循的四个原则：①操作化必须建立在正确的概念化的基础之上。②有效的测量工具必须从一般的测项库中抽取代表性的测项来设计量表测项；③必须遵循多测项测度原理；④设计完成的量表必须通过调查数据进行相关的信度以及效度检验。

因此，为了保证问卷设计的有效性，该研究在问卷设计中根据移动口碑传播的自身特点，尽量采用并整合国外相关研究中的成熟量表或测项，并根据我国的语言表达习惯对问题的提法进行了必要的修正，以使消费者能够准确地理解并正确地填答。

该研究的变量测量全部采用了 7 点 Likert（李克特）评分量表的形式，将问卷中对问项的评价分为七个等级，对每一个问项的评分等级赋予相应的分值，如完全同意为 7 分、同意为 6 分、有点同意为 5 分、一般为 4 分、有点不同意为 3 分、不同意为 2 分，完全不同意为 1 分。通过统计分析方法的处理，可以确定各项指标在调查对象群体中的相应评价度。

3.4.1.1　信任量表

信任的测量方式可以分为两种主要的方法，一种是以总体信任（overall trust）的形式进行测量，另外一种是以信任的维度（dimensions of trust）进行测量（Swan 等，1988）。在该研究中，使用总体信任比较符合该研究的内涵界定，因此，对移动口碑来源的信任将以总体信任的测量方式进行测量。该研究根据 Swan 等（1988）和 Cho，Huh 和 Faber（2014）的研究进行测项设计，采用六个测项进行测量。具体测项如表 3-1 所示。

表 3-1　信任量表

变量	测　项	参考量表
信任	我相信发送者会考虑我的兴趣	Swan 等（1988） Cho，Huh 和 Faber（2014）
	发送者在我需要帮助时会尽力帮我	
	发送者对我是真诚的	
	我可以把发送者描述为诚实的人	
	发送者会信守他（她）的承诺	
	发送者一般有能力提供有效的产品或服务信息	

3.4.1.2　手机依赖量表

手机依赖表明消费者主要依靠智能手机处理日常事务，其对消费者个人认知、情感和行为等方面产生影响，因此，该研究对手机依赖进行测量的时候，结合消费者的认知、情感和行为等方面，参考 Suki（2013）的研究，使用四个测项进行测量。具体测项如表 3－2 所示。

表 3－2　手机依赖量表

变量	测　项	参考量表
手机依赖	我在日常生活中使用手机的频率很高	Suki（2013）
	不带手机我没有安全感	
	我一直使用手机处理各种事情	
	没有手机我的生活会受到很大影响	

3.4.1.3　态度量表

态度是指个体对执行某特定行为喜爱或不喜爱程度的评估。由于研究角度的差异性，不同学者所使用的态度测量方法也是五花八门。目前，常见的对态度测量的方法可以分为两类，一类是将态度作为单个维度的概念进行测量，另一类是将态度划分为两个维度进行测量。该研究根据 Shih 等（2013）的研究，在问项设计时考虑了认知和情感两个方面。具体测项如表 3－3 所示。

表 3－3　态度量表

变量	测　项	参考量表
认知态度 阅读该短信，对我来说是：	明智的——愚蠢的	Shih 等（2013）
	有害的——有益的	
	毫无价值的——非常有价值的	
情感态度 阅读该短信，对我来说是	轻松的——紧张的	
	令人愉快的——讨厌的	
	乏味的——有趣的	

3.4.1.4　接收意愿量表

意愿是一种认知活动，是预测行为的指标，人们对某项行为的行为意愿是决定该行为发生与否的重要因素。对于消费者行为意愿的测量，Bansal 和 Taylor（2002）使用了可能性（Likely）、概率（Probable）和机会（Chance）三个方面进行测量。该研究中，笔者在已有研究的基础上，借鉴 Bansal 和 Taylor（2002）以及 Shen 等（2013）的量表，采用三个测项对消费者移动口碑接收意愿进行测量。具体测项如表 3 – 4 所示。

表 3 – 4　接收意愿量表

变量	测　项	参考量表
接收意愿	我很有可能阅读该短信	Shen 等（2013）
	我肯定会阅读该短信	
	我会直接删除该短信	

3.4.2　问卷设计与数据收集

Babbie 和 Halley（1995）认为使用问卷调查法有三个前提：①当研究是以个体作为研究对象时。②当样本总体太大以至于不能够直接观察时。③当研究目的是为了测量大样本的态度时。

通过上述分析可知，该研究满足这些条件。使用问卷调查法对影响消费者移动口碑接收意愿的各变量进行测量，问卷发放的对象为河北经贸大学、河北科技大学等高校的校大学生。

在填答问卷的过程中，笔者采用让被调查者回想的方式进行填答。采用被调查者回想的数据（Retrospective Data）是营销研究中一种常用的调查方法，Keaveney（1995）的研究证实了这种方法的有效性。因此，该研究请被调查者回想最近一次接收手机短信的经历，回想自己在收到手机短信后是如何处理的，哪些因素促使被调查者打开并阅读短信，哪些因素促使被调查者直接删除短信。

整个问卷的结构包括三部分。第一部分是对调查问卷的性质、用途做简要的说明并针对消费者现有的手机短信使用情况做简要的了解。第二部分是关于各变量的问项，了解被调查者在这些问题上的看法。第三部分是关于消费者基本情况的问项。

笔者于 2014 年 4 月在河北经贸大学和河北科技大学等高校采用学生现场作答的方式进行调查，由负责发放问卷的人员对调查的目的与用途作简要的介绍，然后由学生开始填答问题，填答时间控制在 10 分钟之内。调查中发放和回收问卷 360 份，剔除其中胡乱答题以及问题回答不完整的无效问卷后，共得到有效问卷 330 份，有效问卷率为 91.7%。

3.5　数据分析

数据的信度和效度是数据是否科学的基础，因此本部分首先检验调查数据的信度和效度来判断研究量表是否可靠且有效，然后进行描述性统计分析，用以判断数据分布是否合理以及各变量之间的关系，为假设检验提供支持。

3.5.1　量表信度和效度分析

信度（Reliability）指的是一份量表所测分数的可信度或稳定性。该研究采用 Cronbach's α 值作为信度的判断标准，测量同一维度下各变量间的内部一致性以及量表的整体一致性，检验每一组问题能否可靠测量出对应的维度。

效度（Vadility）是指问卷测试结果的有效性，即问卷项目是否测的就是研究者所要测量的问题。效度分析包括内容效度、区分效度和结构效度分析。测量的效度越高，测量的结果越能显现其所测量对象代表的真正意义。

该研究采用统计软件 SPSS 21 测量量表的信度。一般来说，多数学者认为 0.7 是一个合适的标准阀值，也有少数学者认为 Cronbach's α 值达到 0.6 即可接受（李怀祖，2002）。笔者的结果表明所有变量的 Cronbach's α 值均大于 0.7，表明量表具有较高的信度。

该研究的所有变量测项均参考已有的文献，而且，笔者是在先与部分学生对量表测项的表述进行深入访谈，然后再与相关专家学者讨论的基础上，结合实际问题的背景对测项进行设置，因而该研究的量表的内容效度良好。该研究首先使用 SPSS 21 对 330 个样本进行了探索性因子分析。样本的 *KMO* 为 0.862，Bartlett 检验近似卡方值为 3873.568，自由度为 171，$p < 0.001$，显示原始数据适合因子分析。探索性因子分析结果显示，所有 19 个测项共汇集成为 5 个特征值大于 1 的有效因子，所有测项的因子载荷都在 0.6 以上。各个测项均没有出现多重负载的情况，也都归集在各研究变量所代表的因子之内，而且所得到的 5 个因子一共可以解释 76.4% 的方差。各研究变量的平均变异抽取量（*AVE*）均在 0.5 以上，如表 3 - 5 所示。因此量表的收敛效度良好。该研究的认知态度和情感态度比较接近，可能存在语意重叠问题。因此，该研究采用 AMOS 21 构建验证性因子分析模型来检验其区别效度。分析结果为：χ^2（df = 8）= 10.151，$p < 0.00$，$\chi^2/df = 1.269$；*GFI* = 0.990；*CFI* = 0.998；*TLI* = 0.997；*NFI* = 0.992；*RMSEA* = 0.029。这表明此验证性因子分析模型拟合较好，具有良好的区别效

度，可以接受。

综合信度和效度检验可知，该研究量表可靠且有效，能用于假设验证。

表 3 − 5　信度和效度分析

变量	测　项	因子载荷	Cronbach's α	AVE
信任	我相信发送者会考虑我的兴趣	0.807	0.901	0.621
	发送者在我需要帮助时会尽力帮我	0.790		
	发送者对我是真诚的	0.811		
	我可以把发送者描述为诚实的人	0.772		
	发送者会信守他（她）的承诺	0.803		
	发送者一般有能力提供有效的产品或服务信息	0.743		
手机依赖	我在日常生活中使用手机的频率很高	0.860	0.884	0.730
	不带手机我没有安全感	0.853		
	我一直使用手机处理各种事情	0.845		
	没有手机我的生活会受到很大影响	0.859		
认知态度	阅读该短信，对我来说是：		0.879	0.790
	明智的——愚蠢的	0.896		
	有害的——有益的	0.878		
	毫无价值的——非常有价值的	0.893		
情感态度	阅读该短信，对我来说是：		0.908	0.775
	轻松的——紧张的	0.863		
	令人愉快的——讨厌的	0.902		
	乏味的——有趣的	0.875		
接收意愿	我很有可能阅读该短信	0.858	0.891	0.735
	我肯定会阅读该短信	0.855		
	我会直接删除该短信	0.858		

注：$N = 330$。

3.5.2　描述性统计分析

描述性统计分析是笔者进行其他统计分析的基础。通过描述性统计分析可以对要分析的数据的总体特征有比较准确的把握，从而可以选择其他更为深入的统计分析方法。

相关分析是一种常见的用于研究变量之间的密切程度的统计方法。相关关系是指两类现象在发展变化的方向与大小方面存在一定的关系，但不能确定这两类现象之间哪个是因、哪个是果。在对模型进行回归分析之前，首先来检验各自变量和因变量之间的相关关系。

该研究运用 SPSS 21 对研究变量进行了描述性统计分析，以及各研究变量之间的相关关系分析，结果如表 3-6 所示。

表 3-6　相关分析结果

项目	信任	手机依赖	认知态度	情感态度	接收意愿
信任	1				
手机依赖	0.235**	1			
认知态度	0.216**	0.068	1		
情感态度	0.389**	0.246**	0.157**	1	
接收意愿	0.472**	0.167**	0.133*	0.367**	1
均值	3.898	4.711	4.131	4.176	4.081
标准差	1.361	1.239	1.377	1.173	1.519

注：$*p < 0.05$，$**p < 0.01$；$N = 330$。

由表 3-6 可知，该研究中所有变量的均值均在中等水平，标准差也都处于合理水平。相关分析结果也显示除手机依赖和认知态度不相关外，其余变量间均有显著的正相关关系。因此，相关分析的结果符合该研究的预期目标。

3.6　假设检验

结构方程模型（Structural Equation Modeling，SEM）是 20 世纪 70 年代在统计理论基础上发展而成，是一种从变量间或变量群间的协方差结构出发，积极探讨和确认因果关系的分析方法，最近十多年在社会科学、行为科学、心理学、教育学、市场营销学等研究领域被广泛应用，取得了很好的应用效果。20 世纪 80 年代以来，结构方程模型迅速发展，弥补了传统统计方法的不足，成为多元数据分析的重要工具。

该研究使用 AMOS 21 软件对研究模型和假设进行了检验，检验结果如表 3 - 7 所示。

表 3 - 7 假设检验结果

假设路径			标准化系数	t 值	结果
H1 信任	→	认知态度	0.242	3.795 * * *	支持
H2 信任	→	情感态度	0.380	6.317 * * *	支持
H3 信任	→	接收意愿	0.432	6.609 * * *	支持
H4 手机依赖	→	认知态度	0.016	0.257	拒绝
H5 手机依赖	→	情感态度	0.175	2.986 * *	支持
H6 手机依赖	→	接收意愿	0.020	0.346	拒绝
H7 认知态度	→	接收意愿	0.004	0.075	拒绝
H8 情感态度	→	接收意愿	0.209	3.421 * * *	支持

注：χ^2（df = 143） = 173.711，$p < 0.041$，$\chi^2/\mathrm{df} = 1.215$，$CFI = 0.992$，$GFI = 0.950$，$AGFI = 0.933$，$NFI = 0.956$，$IFI = 0.992$，$RMSEA = 0.026$，$RMR = 0.072$。

* * $p < 0.01$；* * * $p < 0.001$；$N = 330$。

从表 3 - 7 可以看出，研究模型的卡方值为 173.711，自由度为 143，p 值小于 0.041，χ^2/df 为 1.215，小于 2，表明该模型具有理想的拟合度。整体适配度指标 $CFI = 0.992$，$GFI = 0.950$，$AGFI = 0.933$，$NFI = 0.956$，$IFI = 0.992$，这些指标数据均大于 0.9，说明该研究模型的整体适配度良好。$RMSEA = 0.026$，$RMR = 0.072$，均小于 0.08，这表明该研究模型拟合性较好。总之，该研究模型的综合性能良好，可以接受。

由检验结果可以知道，消费者对移动口碑来源的信任对接收移动口碑的认知态度和情感态度具有显著的正向影响，即假设 H1 和假设 H2 得到支持。检验结果没有支持消费者手机依赖对接收移动口碑的认知态度具有显著正向影响的研究假设，因此，假设 H4 被拒绝。但是检验结果确认了消费者手机依赖对接收移动口碑的情感态度具有显著正向影响，即假设 H5 得到支持。在认知态度和情感态度对消费者移动口碑接收意愿的影响中，消费者对移动口碑接收的认知态度正向影响消费者移动口碑接收意愿的假设没有得到验证，因此，假设 H7 被拒绝。而情感态度正向影响消费者移动口碑接收意愿的假设得到验证，因此，假设 H8 得到支持。在信任和手机依赖对消费者移动口碑接收意愿的直接影响中，信任的直接影响得到支持，而手机依赖的直接影响没有得到验证，因此，假设 H3 得到支持，而假设 H6 被拒绝。研究模型的路径系数如图 3 - 2 所示。

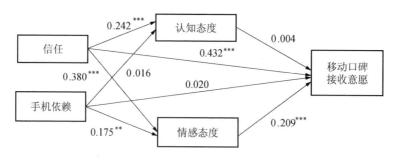

图 3 - 2　假设检验结果

注：＊＊p<0.01；＊＊＊p<0.001。

　　通过以上假设检验可以发现，消费者信任对态度的两个成分——认知和情感——均有显著正向影响，同时对移动口碑接收意愿也具有显著的直接影响。消费者的情感态度对移动口碑接收意愿具有显著的正向影响，而认知态度的影响不显著。这说明在移动沟通中，消费者对移动口碑信息来源的信任既对消费者移动口碑接收意愿具有直接的正向影响，也具有通过情感态度产生的间接影响。因此，信任可以促使消费者的移动口碑传播形成积极的态度，高水平的信任使消费者接收移动口碑信息变得容易，促进消费者之间的信息沟通。这些结果表明消费者之间的人际因素在移动口碑传播中具有重要的影响，这和传统口碑以及网络口碑的研究结论是一致的。

　　在该研究中，手机依赖对认知态度和接收意愿没有显著的影响，而对情感态度具有显著的正向影响，这表明手机依赖虽然对消费者移动口碑接收意愿没有直接影响，但能够通过情感态度的中介效应对接收意愿产生间接影响。这种结论是和手机媒体的特殊性联系在一起的。和其他大众媒体不同，手机媒体具有很强的私密性，消费者往往会把未经许可的短信看作是对私人领域的侵犯，因此，手机依赖对消费者移动口碑接收意愿没有显著的直接影响。

　　从以上研究结果可以发现，在移动口碑接收过程中，态度的认知成分和情感成分所起的作用是不同的，其原因在于年轻消费者使用智能手机进行信息沟通的方式。伴随着计算机和网络成长的年轻消费者是数字技术的老手，他们在搜寻信息时遵循的是满意原则（Bomhold，2013），同时由于信息过载导致消费者更多地使用启发式策略（Aljukhadar 等，2013）。而且，对于接收到的短信的处理不需要花费太多的精力和成本,消费者可以不假思索地直接处理,不需要复杂的认知过程。年轻消费者使用智能手机更多地用于沟通和娱乐(Bomhold,2013),同时智能手机也被作为一种时尚物品、身份地位符号以及自我表达的渠道,这导致年轻消费者对手机的依赖更多的是情感依赖。因此,在消费者移动口碑信息接收过程中,认知态度的作用并不显著,而情感态度在决策中的作用显著增强。这种结论和国内学者刘或或等(2009)的结论是一致的。同时,国外的相关研究,如 Trafimow 等(2004)和 Shih 等(2013),也证明了情感在态度变量中的核心作用——情感态度比认知态度对消费者行为意愿的预测性更强。

3.7 小　　结

通过上述实证研究发现了一些有用的结论,这些结论对深入理解消费者移动口碑接收的影响因素及其作用机理具有重要的价值,同时,也可以帮助企业认识消费者移动口碑接收的规律,进而制定切实可行的营销策略。

在我国,智能手机已经超越台式电脑成为网民第一大上网终端。智能手机打破了时间、空间限制,实现了对“面对面”人际传播的回归与超越,在人际和社会沟通中起到了越来越重要的作用。但是大多数网络应用的研究依然聚焦于通过计算机上网,至于在移动互联网下消费者是如何进行沟通的,哪些因素会影响消费者的移动沟通,这些问题还没有得到解决,移动沟通理论的研究大大落后于技术的发展。因此,该研究关注消费者移动口碑传播,对消费者移动口碑传播接收意愿及其影响因素进行研究,深入分析了人际因素和媒介因素对消费者移动口碑接收意愿的影响以及态度的中介效应。该研究的结果可以弥补现有传统口碑和网络口碑传播理论在移动互联网下不能有效解释消费者口碑传播行为的不足,深入理解移动口碑传播过程中消费者的动机、态度和行为,对移动口碑传播过程进行详细解释,从而推动口碑传播理论的创新与发展。

截至 2016 年 12 月,我国手机网民规模达 6.95 亿人❶,庞大的用户数量为企业的移动营销提供了坚实的基础。营销者已经意识到和消费者在任何时间、任何地点通过移动手机保持联系是一个巨大的营销机会。因此,深入理解移动互联网下消费者的口碑传播对于传播企业信息、树立品牌形象、促进产品销售

---

❶ 第 39 次中国互联网络发展状况统计报告[EB/OL]. [2018-06-20]. http://www.cal.gov.cn/2017-01/22/c_1120352022.htm.

均有重要的现实意义。

　　本章针对消费者移动口碑接收的影响因素进行了研究，但是消费者移动口碑传播过程是非常复杂的。影响消费者移动口碑接收的因素还有很多，如其他心理因素和社会因素的影响，不同传播渠道如短信、微博和即时消息等的影响，还有消费者个体差异的影响等。同时，消费者接收移动口碑信息只是移动口碑传播过程的第一步，接收的信息对消费者会产生怎样的影响以及消费者是否会再传播这些信息，都是未来需要关注的问题。

第4章 移动口碑接受

消费者移动口碑接受是指消费者接收到移动口碑信息以后，通过对移动口碑信息价值和有用性的判断，决定是否接受和采纳的过程，也就是移动口碑信息对消费者产生影响的过程。在这个过程中，移动口碑作为一种人际沟通的方式，其对消费者的影响主要来源于规范影响和信息影响两个方面。移动手机作为沟通渠道的应用已经改变了消费者处理口碑影响的方式。在恰当的时间和地点接收移动口碑能够增强口碑信息的感知有用性，增加消费者对到达他们的移动口碑信息的接受能力。移动口碑信息的影响力受到口碑信息的内容、形式以及消费者自身的知识和经验、心理、社会等多种因素的影响，消费者会根据这些因素对移动口碑信息的价值、有用性等作出是否接受和采纳的判断，进而决定是否成为自己购买决策的依据。移动口碑信息只有打动消费者，企业移动口碑传播才能取得效果。否则，即便是消费者能接收到移动口碑信息，其也不会对消费者产生任何影响。

4.1 引 言

移动互联网将人们的现实生活同虚拟网络更加紧密地结合起来，尤其是移动购物的发展，给消费者的生活带来了巨大的便利。移动购物突破了时间和空间的限制，使人们可以随时随地借助智能手机在各种移动购物平台，如淘宝、京东等，买到所需的各种物品。截至2016年12月，手机网络购物用户规模达到4.41亿人，占手机网民的63.4%[1]。因此，移动互联网的便利性已经对人们日常生活的方方面面产生了深刻的影响。

随着消费者向移动互联网全面转移，企业移动互联网营销推广的使用比例也在逐渐提升，移动互联网已经成为企业营销的重要渠道。许多专注于移动互联网营销推广的产品逐渐成熟并得到消费者的认可和接受。我国移动网民规模

---

[1] 第39次中国互联网络发展状况统计报告[EB/OL]. [2018−06−20]. http://www.cal.gov.cn/2017−01/22/c_ 1120352022.htm.

大、购买力强，市场规模巨大、增长快速，发展前景十分光明。当前，在直播全民化、自媒体专业化快速发展的背景下，网红、直播、游戏等形式带动网络购物向娱乐化、体验化、内容化的方向发展。

由于 PC 互联网和移动互联网的虚拟性，网络购物不同于实体购物，消费者不能直接接触到产品，只能看到卖家提供的关于产品的文字、图片、视频等信息，但是在网络环境下，由于在商品交易中卖家与买家之间信息的不对称，消费者很难对这些信息的真实性做出判断。消费者除面对可能的产品风险外，在金钱和物流方面也面临诸多风险，因此，网络购物的风险明显高于实体购物。在这样的购物环境中，口碑成为消费者做出网络购物决策的主要决定因素。CNNIC 调查显示，在 2015 年，网络口碑、价格、网站/商家信誉成为网购用户决策时最为关注的因素，其中网络口碑占比最高，为 77.5%❶。在移动互联网中，消费者主要通过移动购物平台的在线评论、第三方评价平台以及微信、微博等社交媒体发布关于产品或服务的口碑信息。

口碑是消费者购买的一种重要的、可选择的信息来源，能够对消费者购买决策产生重要影响（Brown 和 Reingen，1987）。消费者在购买商品后能够通过产品在线评论、微博、微信以及论坛等途径对产品进行评价并将评价信息分享给其他潜在消费者。微信等社交媒体新颖的沟通和营销方式如信息分享、扫码支付、微商、集赞活动等对喜爱新鲜事物的年轻消费者来说具有异乎寻常的吸引力。而高质量的营销信息、良好的用户体验、与商家实时交流等特点更是完美迎合了年轻消费者注重品质、彰显独特的特性。因此，微信成为年轻消费者购物和交流的重要工具。

由于口碑是消费者基于对企业产品或服务的真实体验发布的使用感受，因此，消费者口碑的真实度高，对产品或服务的评价客观公正，最能反映企业产品的真实性。消费者口碑对企业产品的宣传的影响力要远远大于企业自行宣传。消费者会利用在线评论来甄别商家发布在购物网站上的产品信息，从而判断产品质量、使用便捷性、价格等。由此可见，消费者的口碑是企业最宝贵的财富，越来越多的企业着手管理企业产品或服务的口碑，试图通过正面口碑树立企业正面形象，放大企业优点，及时同负面口碑发布者进行沟通，将负面口碑对企业的危害减小到最小化。

---

❶ CNNIC 2015 年中国网络购物市场研究报告［EB/OL］.［2018 - 06 - 20］. http：//www. askci. com/news/hlw/20160623/17571933186. shtm.

　　口碑对消费者购买决策的影响力在传统口碑和网络口碑阶段就已经受到学者和业者的广泛关注，并取得了丰富的研究成果。但是，移动口碑传播中，消费者所面对的情境更复杂，消费者之间的人际影响也不同于传统口碑和基于 PC 固定互联网的网络口碑（Palka 等，2009），因此，已有的口碑理论不能有效解释消费者在移动互联网下是如何借助移动口碑信息做出购买决策的（Okazaki，2009）。这就要求从更广阔的视野对移动互联网时代消费者人际关系的发展进行全新的审视和研究，探究影响消费者移动口碑接受的因素，分析这些因素的影响机制，进而为企业的移动营销决策提供帮助。

4.2　影响因素

　　当前，移动互联网技术的迅速发展使得面对面的人际沟通已成为过去时，智能手机和移动社交媒体成为消费者最重要的沟通媒介。消费者仅需通过智能手机等移动终端，以手指轻触就能进行一次完整的人际沟通。通过移动社交网络进行沟通的消费者不再和以往一样需要靠实体接触才能进行口碑传播活动，这就使得消费者只能通过移动沟通对象的虚拟属性来进行判断，消费者对移动口碑信息价值和有用性的评价更加复杂和困难。

　　移动口碑对消费者信息收集、产品评价和选择以及购买决策具有越来越大的影响。但是，由于人际沟通环境和条件的变化，口碑信息影响力因素在移动条件下对消费者移动口碑接受的影响是不同于传统口碑和 PC 网络口碑的影响模式的。因此，需要从更广泛的视角来研究移动口碑接受的影响因素及其作用机理。通过对相关文献的梳理，笔者认为在这个阶段，移动口碑信息来源、消费者心理因素以及消费者对产品或服务的认知等因素，以及它们之间的相互作用，是消费者移动口碑接受的关键并进而会影响消费者的购买意愿。

4.2.1　口碑影响力

　　口碑传播对消费者的说服效果已经被广泛证实。口碑被证明一直扮演着影响消费者态度和行为的重要角色，具有非常强大的影响力及说服力（Bristor，1990；辛冲、李蕊和郭鑫，2017；Heejae 和 Dahana，2017）。许多研究发现，口碑传播信息在影响产品选择（Price 和 Feick，1984）、品牌选择（Herr，Kardes 和 Kim，1991；王伟和王洪伟，2016）、新产品扩散（Arndt，1967；Engel 等，1969）、服务提供者的选择（Keaveney，1995）、购买意愿和决策（Moran 和 Muzellec，2017）等方面皆扮演着非常重要的角色。口碑传播信息被消费者认为是更具可信度的（Richins，1983；Fang 和 Yu，2017）或是最重要的资讯来源（Katz 和 Lazarsfeld，1955；杜学美，丁璟好和谢志鸿，2016），拥有较其他信息更强的说服力，尤其是当消费者拥有较高的知觉风险时，口碑的说服效果更为显著（Arndt，1967；Bansal 和 Voyer，2000）。

口碑的影响力主要来自以下几个方面：第一，相对于企业所提供的正式商业信息来源（如广告），口碑信息大多来自亲朋好友的谈话，这些信息源是接收者信任的，其推荐并非出于商业用途，能够获得真实的事实描述，因此口碑的可靠度更高（巫月娥，2015）；第二，口碑沟通是双向沟通，是即时的，可马上进行询问与回应，故能够提供相关性更高的参考价值（Hennig - Thurau 等，2004）；第三，口碑为潜在顾客提供一种使用经验的参考来源，可以降低购买风险与不确定性。

移动口碑作为最新的口碑传播形式，同样对消费者具有强大的影响力，但是由于移动口碑的传播媒介、内容和形式等与传统口碑和 PC 互联网口碑有着明显的差别，因此，消费者接受移动口碑的机理和影响因素与传统口碑和 PC 互联网口碑的也存在明显不同。

由于智能手机已成为消费者在社会网络中与他人联系的关键连接点（Mort 和 Drennan，2007），移动口碑是更具有自发性、意识性和自觉性，更加个人化和更直接的沟通模式，因此，移动口碑可能更有效和更具说服性（Okazaki，2009；安静、郑荣和杨明中，2017）。移动口碑打破了时间和空间限制，使消费者可在任何地点、任何时间发起口碑信息传播，信息的接收和发送是即时的，作为购买者决策过程中的最重要的决定因素的搜寻成本急剧下降，这样使得来自信息交换的利益更具现实性（Okazaki，2009）。相对于 PC 网络口碑，移动口碑参与者倾向于获得目的性价值和在较高的尊重中获得社会增强价值，具有更强的社会认同，更强的参与口碑传播的社会意愿，消费者在移动口碑活动中也更活跃（Okazaki，2009）。

口碑是一种最有效的影响和说服消费者购买产品或服务的方式，消费者一般相信来自他人的信息（Maisam 和 Mahsa，2016）。在移动口碑传播过程中，只有在移动口碑能为消费者增加价值的时候，其才能被消费者所接受（Wiedemann，2007）。消费者智能手机的使用包括信息使用、关系使用和娱乐使用。移动沟通的独特性在于其无处不在。消费者已经彻底改变了搜寻产品和服务信息的方式，他们可以在任何时间、任何地点寻找现在和过去的消费者的评论并进行信息交换（Moran 和 Muzellec，2017）。这种在时间和空间方面的不受限性使消费者能够灵活地、便利地和全方位地获得信息（Balasubramanian，Peterson 和 Jarvenpaa，2002）。

技术接受理论（TAM）认为感知有用性影响消费者对新技术的接受。以往的移动营销文献已经表明，只有在营销工具能够创造双赢（消费者和广告主）的条件下，它才是有效的（Kavassalis 等，2003）。因此，消费者对移动口碑信息的感知有用性，即消费者认为使用移动口碑信息能够提升其决策效果的程度（Davis 等，1989；邓卫华、闫明星和易明，2017），对消费者移动口碑接受具有重要影响。Bazijanec，Pousttchi 和 Turowski（2004）认为通过使用移动应用，消费者购买决策的速度和成本效率日益增加。移动口碑的感知有用性包括三个方面：节省时间和金钱、减少广告和骚扰信息的干扰、感知网络外部性。感知易用性是另一个影响消费者移动口碑接受的因素，是指消费者认为移动口碑信息容易使用的程度（Davis 等，1989）。移动口碑内容越易用，它也就越有用，因此，感知易用性既直接影响消费者移动口碑接受也通过感知有用性的中介效应间接影响消费者移动口碑接受。

娱乐价值是指通过技术或服务的使用而获得的内在奖赏。Okazaki（2008）通过对日本青少年移动口碑参与活动的研究发现移动口碑活动的娱乐价值正向影响他们对移动口碑的态度。营销活动的娱乐、惊奇和欢乐等性质对预期使用有很大影响，因此，娱乐价值是消费者接受移动口碑信息的很强的驱动因素。而且，感知娱乐性也影响感知易用性。移动口碑内容越容易使用，就越可能带来更多的娱乐。总体而言，有用性、易用性和享乐性对移动口碑内容的使用态度具有正向影响（Nysveen 等，2005；Rukuni 等，2017），而积极的态度会促使消费者对来自移动社交媒体的口碑信息更乐于接受和采纳（Okazaki，2009；Chen，shang 和 li，2014；Ismail，2017）。

4.2.2　信息来源

消费者接收到的移动口碑信息可以来自于社交媒体中的消费者，也可以来自企业。不同来源的移动口碑信息对消费者的影响是不同的。

人际影响是消费者移动口碑接受的重要因素。相比其他信息来源（如厂家提供的产品宣传及广告等），消费者更相信来自亲朋好友的口碑信息（郭国庆、杨学成和张杨，2007；Kim，Lee 和 Preis，2016）。Gilly 等（1998）针对消费者的特质的研究指出信息来源对于消费的影响有以下三点：第一，来源特性，包括专业程度，以及意见领袖；第二，信息传播者和信息寻求者两者彼此契合的状况；第三，搜寻者的特征，包括专业程度以及对于口碑传播的偏好。Bansal 和 Voyer（2000）延续 Gilly 等人的研究构架，在其针对口碑传播对消费者的购买决策影响的研究中，将影响消费者购买决策的因素分为人际来源与非人际来源两类。其中，以消费者搜寻口碑的主动积极程度和人际关系强弱作为影响人际来源的变量，并以知觉风险、信息传播的专业程度和消费者本身的专业程度作为非人际来源的变量。其研究结果验证出，口碑传播者的专业知识、消费者搜寻的主动积极程度及人际关系强弱对于购买决策有正向相关。

在移动口碑传播中，移动口碑信息的有效性会受到信息来源的熟悉性、好感度和/或相似性的影响，因此，感知亲和力是口碑影响力的一个重要前因条件，和使用意愿正相关（Brown 和 Reingen，1987；Gilly 等，1998）。移动口碑传播者的专业知识是消费者接受决策的一个重要影响因素（梅蕾，邱淑凤和张景，2017）。假如一名移动口碑传播者具有丰富的专业知识、社会经历以及独特的产品或服务使用经验等方面的优点，他或她就会被认为具有较高程度的专业知识。当移动口碑内容是有关复杂的产品或服务时，移动口碑传播者的专业知识会影响消费者对移动口碑内容的预期使用。在移动口碑传播情境中，消费者同样更倾向于向专家寻求建议并受专家的影响（Gilly 等，1998）。主观规范对消费者移动口碑接受也具有重要的影响。主观规范是个人执行某一行为时，认为其他重要关系人是否会同意他的行为，也就是指个人从事某特定行为预期所受的压力（Fishbein 和 Ajzen，1977）。主观规范是消费者移动口碑态度的显著预测因素（Yang 和 Zhou，2011；Yang，Liu 和 Zhou，2012），影响消费者通过移动互联网交换有用和有利的产品或服务信息。消费者会服从所在群体的群体压力（Okazaki，2005），主观规范从而会影响消费者对移动口碑的接受，进而影响消费者对产品或服务的购买决策。

企业可以借助移动装置无处不在的联结，在消费者的购买时点发送有关位置、情境和与事件相关的信息给目标消费者。但消费者一般对直接来自企业的移动信息具有负面的态度，因此，企业在传播移动口碑信息的时候，一定要做到精准，在消费者做购买决策的时间和地点到达消费者，为消费者提供精准的信息，减少潜在客户的感知风险和不确定性（Palka 等，2009）。这样，企业通过提供消费者情境敏感和关键时间的推荐，实现移动营销的全部潜力（Shen 等，

2013）。同时，为了鼓励移动口碑的接收者接受移动口碑，企业需要建立和维持社交媒体中移动口碑的可信性。特别地，它应该关注可信性的三个维度：专业性、诚信和相似性。移动口碑接收者对不同可信性维度的感知取决于他们想满足的使用功能，也就是说，他们是否寻求移动口碑去满足一种效用或社会需要（Reichelt，Sievert 和 Jacob，2014）。

来自于智能手机的 SMS 和 MMS 的口碑信息可以促进企业市场扩张，加深与消费者的关系，并促进品牌忠诚的增加（Nysveen 等，2005）。SMS 和 MMS 口碑信息一般来自亲属或亲密的朋友，其私密性的本质特征使接收者经常感到它比由企业直接发送的促销信息更可接受和可信（Yang 和 Zhou，2011；Kim，2016；沈晓萍，蔡舜和徐迪，2016）。这些信息在信息接收者之间会产生群体内的相互影响，群体内影响程度超过外部因素对消费者产生较大影响。感知专业性也增强移动口碑的功利功能，对消费者接受移动口碑产生积极影响（Reichelt，Sievert 和 Jacob，2014）。由于现在的消费者对智能手机的依赖日益严重，因此，对智能手机的感知心理联系会使消费者通过智能手机保持联系、信息和娱乐，这对消费者的移动口碑传播活动态度具有正向的、直接的影响（Okazaki，2009）。

对于来自微信等移动社交媒体的口碑信息，发送者和接收者之间具有较强的人际联系，彼此之间的信任程度比较高。考虑到移动口碑服务采纳或接受行为作为一种特殊类型的信息采纳行为，关系强度和信任是移动口碑采纳行为的重要预测变量（Kim，Lee 和 Preis，2016；Liljander 等，2015；张新，马良和王高山，2016；Bhayani，2017）。已有研究表明信任通过影响绩效期望、感知风险、感知有用性、态度、行为意愿、满意和忠诚来影响用户移动口碑采纳行为（Wang，Shen 和 Sun，2013；Prasad，Prasad 和 Gupta，2017）。由于移动互联网和 PC 互联网具有内在的联系，移动装置、通信设施和情境敏感能力等技术进步是社交网站从网页基础到混合模式，再到纯粹移动应用这一转换过程背后的主要驱动力。相对于 PC 基础的社交网站，对移动用户最重要的移动社交服务的特征包括直接性、相关性、简洁和反馈（Jabeur，Zeadally 和 Sayed，2013）。当网络口碑和移动口碑的服务功能相似的时候，消费者对 PC 互联网的使用经验会转移到移动互联网，此时，消费者对移动口碑服务具有初始的信任，更可能信任移动口碑服务（Wang，Shen 和 Sun，2013；Kim，Bonn 和 Lee，2017）。因此，消费者对来自移动社交媒体的口碑信息的态度是正向的，更乐于接受和采纳（Okazaki，2009；Chen，shang 和 li，2014；Ismail，2017）。

4.2.3 心理因素

随着移动口碑的发展，消费者在做出购买决策时越来越重视移动口碑信息，消费者自身的一些心理因素会影响消费者对移动口碑信息价值和有用性的判断，从而影响他们对移动口碑的接受。消费者，特别是青少年，在任何时间、任何地点使用手机（即使在午饭时间或卧室中）来维持他们的社会联系，发展社交技能，同时获得娱乐，并且其消费知识大部分是在他们的休闲时间通过使用智能手机来获得的，他们通过移动手机来建立和发展消费能力（Parreño 等，2013）。

消费者自我效能对是否接受移动口碑内容的决策有影响。使用信息系统所需的能力以及消费者个体对这些能力的应用水平在形成个体使用行为方面扮演着重要角色（Compeau 和 Higgins，1995；Mort 和 Drennan，2005）。自我效能高的消费者动机努力和完成任务的持续期望会更高，自信心更强，相信自己能够很好地使用各种移动终端来处理口碑信息，因此，他们对移动口碑信息的接受程度会更高一些。感知成本会影响消费者对移动口碑信息价值的判断，从而影响其对移动口碑信息的使用。Pagani（2004）发现价格是影响移动服务采用的一个决定性影响因素。感知成本是消费者在消费产品或服务的整个过程中涉及的时间、金钱、体力、精力、心理等成本的总和，因此，消费者在处理移动口碑信息时，感知成本越高，则使用意愿越低。

移动口碑的内容类型可以是文本、视频、音频或图像。移动口碑只有在能为消费者增加价值的时候，才能被消费者所接受（Wiedemann，2007）。因此，移动口碑必须能够为接收者增加价值，如信息、娱乐、抽奖或者金钱激励，感知价值对消费者移动口碑接受有显著影响（Okazaki，2008；Yang 和 Zhou，2011；罗彪和李美京，2017）。Yu 等（2013）通过对韩国 172 名具有 LB－SNS（location－based social networking service，LB－SNS）使用经验的智能手机用户进行研究，发现享乐价值、社会价值和效用价值对满意度均有积极影响，而且享乐价值的影响最大。对移动社交媒体情境中的游戏玩家来说，娱乐性是其移动口碑信息价值感知的直接驱动因素（Rukuni 等，2017）。

在移动口碑传播中，获得消费者明确的许可意味着移动口碑会产生积极的反应（Barwise 和 Strong，2002；Huang，2012）。智能手机已经成为许多消费者生活的中心，被消费者看作是自己的私人空间，其不仅是一种用来与朋友和家人保持联系的个人工具，同时也是他们个性和人格的延伸（Grant 和 O'Donohoe，

2007；Sultan 和 Rohm，2005；Persaud 和 Azhar，2012）。因此，消费者期望接收到的口碑信息是和他们相关的、高度个人化的。因此，消费者许可对移动口碑接受是非常关键的。获得消费者许可后，消费者会对移动口碑产生高水平的阅读、广告意识、很强的品牌态度、直接行为反应和其他一些正面效应（保留和记忆短信、主动提供的反应）等，而且消费者反应在短期内不会轻易消散。未经许可的口碑信息会非常无效，最坏的情况是由于导致消费者不满，从而降低企业品牌资产（Barwise 和 Strong，2002）。

为了研究移动口碑信息对消费者的影响，学者们经常把计划行为理论（Theory of Planned Behavior，TPB）和技术接受模型（Technology Acceptance Model，TAM）结合起来探讨消费者的心理因素对移动口碑接受的影响（Yu 和 Kamarulzama，2016）。有学者研究发现口碑传播系统质量和口碑信息质量对移动口碑接受和使用具有显著正向影响（Shen 等，2013）。当消费者对 3G 价值增值服务的感知易用性增加时，感知有用性也会得到增强，感知有用性对消费者态度有最强的影响，随后是感知易用性和感知成本。提高消费者移动口碑信息使用意愿的最重要的因素是态度，随后是感知易用性、感知成本和感知有用性（Nysveen 等，2005；Kuo 和 Yen，2009）。Karjaluoto 和 Alatalo（2007）指出可信性、情境和主观规范对消费者移动口碑接受具有实质性影响。Yang、Liu 和 Zhou（2012）研究了年轻中国消费者的移动口碑态度到意愿再到实际行为之间的因果链条。研究发现主观规范、感知成本和快乐是中国年轻消费者移动口碑态度的显著预测因素。在另一项研究中，Yang 和 Zhou（2011）发现主观规范和知觉行为控制正向影响移动口碑传播态度，消费者对移动口碑的态度正向影响移动口碑使用意愿。Parreño 等（2013）发现感知有用性和娱乐是对移动口碑态度的主要驱动因素，营销者在考虑感知有用性时，应该把个性化信息和与消费者相关的信息内容通过移动口碑传递给消费者。

4.3 理论基础

消费者的购买决策更多地依赖人和人之间面对面的沟通（如口碑）而不是组织的营销计划内容，因而口碑会比传统的人员推销或是各式各样的营销方式有效（Katz 和 Lazarfeld，1955；Engel 等，1969）。口碑在说服消费者采取行动等方面是非常有影响力的，是消费者最主要的非正式沟通渠道，影响顾客的短期与长期购买决策（Herr，Kardes 和 Kim，1991；郭国庆、杨学成和张杨，2007）。Engel 等（1969）的研究也发现口碑在创新产品采用和信息搜寻过程中是一个重要的信息来源。他们发现有 60% 的受访者认为口碑是最具有决策影响力的来源；有 65% 购买电脑的顾客告诉制造商说他们是从别人那里得知这种产品的；有 47% 的冲浪杂志读者说，对他们决定去何处冲浪，影响力最大的是朋友提供的信息。Day（1971）研究发现，原本消费者心目中对企业或产品所持有的中性甚至是负面倾向的态度会因为口碑的影响而转换为正面态度，口碑的影响力甚至是广告的 9 倍之多。Sweeney，Soutar 和 Mazzarol（2008）的研究也发现口碑对产品和服务的感知有很强的影响，导致对判断、价值等级和购买可能性的改变。

口碑是一种人际沟通的方式，人际影响理论可以用于分析口碑信息对于接收者的影响（Bansal 和 Voyer，2000）。有关人际影响的研究始于社会心理学领域，分析社会对个体的影响，可用两种影响机制解释：规范影响和信息影响（Karahanna 等，1999）。规范影响（Normative Influence）是指使个体符合他人的积极期望的影响。它关注的是个体如何因目的性（个人心理需要满足的目的）原因而顺从、依赖他人或社会。个体的顺从行为是缘于期望得到最大限度的积极结果。信息影响（Information Influence）是指个体对行为环境或行为后果不确定，因而从他人那里获得信息，并将这些信息作为行为的现实依据。各种形式的主观不确定性，如自我怀疑、环境的模糊性等是规范影响和信息影响起作用的条件，其中，缺乏自信与规范影响有关，缺乏信息与信息影响有关，但这两种影响并不是相互独立的，而是相互交织在一起。Bearden 等（1989）将社会心理学人际影响理论运用到消费者行为研究中，认为接受者的人际影响倾向和口碑效果存在正相关关系。这种包含信息影响和规范影响的人际间影响模型可以解释口碑信息对口碑接收者的影响。口碑通过这两条影响途径发挥作用：当信息被认为是真实的时候，口碑接收者的信息影响作用就发挥了。相反，规范性影响是通过顺从发挥作用的，即规范性影响产生于口碑接收者迎合口碑传播者的期望。口碑对于接收者态度和行为影响的强弱决定于信息性影响和规范性影响的水平。

在当前移动互联网环境中，智能手机已成为消费者在社会网络中与他人联系的关键连接点（Mort 和 Drennan，2007），因此，借助于移动互联网传播的移动口碑对消费者购买行为具有重要的影响。移动口碑具有自发性、个人性和沟通模式的直接性，因此更具有说服性（Okazaki，2009）。在移动口碑接受阶段，移动口碑对消费者购买行为的影响同样可以用人际影响理论的规范影响和信息影响来解释。在这个阶段，移动口碑信息来源、消费者心理因素、对产品或服务的认知及其自身因素之间的相互作用是消费者移动口碑接受的关键，进而会影响消费者对产品或服务的购买意愿。

4.3.1　社会资本理论

在社交媒体环境中，消费者通过社交媒体平台相互"虚拟"连接，形成了一个错综复杂的社会网络，在这种新型人际关系网络中，蕴含着大量的社会资本。因而，企业如何利用社会资本以增强社交媒体口碑的影响力，如何激励消费者产生与传播高含金量的社交媒体口碑继而求得良好的营销效果，已成为目前国内外学术界关注的热点问题。微信是现实的人际互动延伸到智能手机形成的移动社交网络，微信用户已然将现实社会中的关系和资本无缝对接到网络社会，而且不再和以往一样需要实体接触才能进行日常的社交活动，这就使得用户只能通过对象的虚拟社交关系来判断对象是否可信，包括社交网络中的信任、互惠、人际网络、合作和协调，或者说是调节人们的交往和外部性的"民间社会资本"。因此，应用社会资本理论有助于研究如何提升微信口碑传播的效果。

社会资本（social capital）是社会网络中可被人们利用的现实与潜在关系资源的集合（Nahapiet 和 Ghoshal，1998）。这种资源诞生于个人社会网络中，反映了个人与个人之间的信任和承诺。社会网络（Social Networks），即由社会多个行动者以及他们之间的关系组成的集合，是社会资本的载体，是"一个强调个体关系与社会结构的概念"，并且这个概念被用于解释关于利用关系网络获取有利资源的很多问题（Pinho 和 Soares，2015）。社会资本理论恰好为网络营销研究提供了以消费者为中心的理论视角（简予繁，2016），它已经被用于解释个体使用信息传播媒介的各种原因和结果和个体与他人的关系如何影响网络营销效果等问题（Appel 等，2014）。

社会资本理论为网络营销研究提供了一种基于社会网络的理论视角，将互联网作为环境背景纳入了营销传播研究当中（简予繁，2016）。由于社会资本理论关注的是人际互动，因此，社会资本理论被广泛应用于基于人际传播的营销形式，尤其是口碑营销、病毒营销以及社会化媒体营销等领域，用来探讨消费者个体使用各种媒介的原因和结果，体现了关系与互动的新媒介环境特征，为说明消费者个体之间的关系如何影响营销效果等问题提供了更为适合的理论背景（简予繁，2016）。

社会资本镶嵌于个体之间的"社会网络结构"当中。社会网络是社会资本发生的场域，是个体之间发生所有关系的前提，个体必须通过互动建立起独特的关系网络，如友谊、规范、信任与尊敬等，社会资本才能在其中流动并累积，让个体在需要的时候能够运用。Putnam（1995）指出，良好的社会资本能够促使人与人之间更加信任，做出互惠的行为，这样能提高社会中各项活动的效率，使其更为流畅。通过对社会资本的运用，个体或群体可以降低其原本所承受的成本与风险，完成特定目标。同时，个体从社会网络中获取了"资源"，为了维持与巩固其在社会网络中长期的地位与关系，个体必须在特定的时刻向他人提供"资源"，这样的资源获取与资源交换的互动行为形成了社会网络中的社会资本。

Nahapiet 与 Ghoshal（1998）提出了社会资本的框架结构，认为社会资本主要由三个维度组成，即结构资本、关系资本和认知资本，并对这三个维度进行细分使之能被测量。他们所提出的社会资本维度的划分被广泛应用于有关社会资本的研究当中。

结构资本是整个社会网络的关系结构，是社会资本中最基础的环节，揭示社会网络中的个体如何连结成为一个整体，包含着个体交换知识与信息的所有渠道。影响社会资本结构的主要因素有社会联系和网络配置，即彼此关系连结的"熟悉程度"和"互动程度"。社会联系反映了人际交往中个体间交流时间、频繁程度、亲密程度等社会联系的程度，对个体信息和知识的获取产生着一定的影响。网络配置反映了人际交往中产生社会联系的全体成员间的关系结构，对信息流通的效率产生着一定的影响。

关系资本指个体产生互动的意愿，是人们在一系列互动历史的基础上发展出来的良好关系型态，它包含社会网络中人与人之间长时间以来发展的各种特殊关系。关系维度侧重于从二元人际关系结构的角度来分析如何创造、维持人际关系。人际关系的类型以及强弱程度对个体的行为会产生影响，能够帮助个体获取一些稀缺资源。对个体行为产生影响的关系因素主要有信任、认同和互惠。信任反映了个体之间的关系品质，为组织内部秩序的维护提供了保障，能够促进知识在组织内部流动。个体间的信任程度越高，个体提供高质量信息和知识的意愿也越高。认同反映了个体对组织归属感的认知，对组织内知识的交换流动产生着影响。当个体将自己视为组织成员时，会主动关注、参与组织行动，分享信息和知识。当人际交往中存在交换行为时，个体出于互惠意识会积极回馈他人提供的便利和恩惠，即使是发生在互联网络中的交换行为也有互惠意识存在。

认知资本反映了人际交往中存在于个体间的交流工具，是在特定的社会网络当中由各部分与各成员共享的相同的表述方式、解释以及意义，或者可表述为个体产生互动的能力，表现为相同的语言、规则和表达方式等。认知资本包含两个方面：一是对事物有着相同的理解，如语言、符码、叙事方式；二是共享相同的目标和文化。认知资本可以提供群体共同的展现、解释与系统意义的资源，也就是个体与个体之间的相似性有多高，即成员的特征或属性类似程度（Chiu 等，2006）。认知资本为社交网络中个体的交换和分享信息提供了保障，是个体间互动的基础，有助于提升个体间互动的效率。

社会资本是投资在社会关系中并希望在市场上得到回报的一种资源，是一种根植在社会结构之中并且可以通过有目的的行动来获得或流动的资源。因此，互惠是社会资本的重要特点，在建立社会资本时人们总是秉持着对互惠的期望，尽管这种期望可能会落空。社会资本可以被看作是"社会关系的投入"，因此，积极建立和维持人际关系对社会资本是非常重要的。在社交网络的背景下，这种关系维持行为可以理解为社会性交往的一种，即引起注意、建立信任、期待互相关注的行为。微信作为一种移动社交软件，凭借其速度快、受众广、成本低的优势，为进行这种关系维持行为提供了一个理想的平台，因为它能通过不同的沟通渠道促使信息的广泛传播，促进参与、回复、互动这一系列社交行为的发生。微信不仅为人们提供了与家人朋友实时沟通的平台，也为使用者提供了接触更为广阔的社交资源的可能性。微信独特的社交性和互动性决定了这种关系维持行为在一定程度上可能与社会资源的获得相连（亓力，2014），进而影响消费者决策。

4.3.2　社会临场感

现实生活中，消费者在制定购买决策时，经常与他人互动并受到他人的影响。如与亲朋好友交谈购买体验、询问售货员等。因此，来自他人的信息被看作是帮助消费者决策的首要因素（Kurt，Inman 和 Argo，2011）。Yang 和 Allenby（2003）认为人们生活在这样一个世界里——他们相互联系、共享信息、互惠推荐、观察学习、彼此认同，这些对人们而言非常重要。因此，消费者在购买决策时，社会影响无处、无时不在。现实社会环境能够引导——有时甚至会改变

——消费者的观点、偏好或抉择。但是，由于现代通信和网络技术的发展使人们社会交往和互动的方式发生了根本的改变，从面对面的沟通转变成现在借助于不同媒介的沟通，时间和空间分离。消费者彼此之间不能觉察或感知到他人的真实临场，网络购物就是消费者在这种环境下做出购买决策的行为过程。

社会临场感（Social Presence）是指双方在透过传播媒介进行沟通的过程中，所能体验到对方真实存在的程度（Gefen 和 Straub，2003），而用户在体验之后会因此相应地产生社会临场感。沟通过程中，接收方会依据从传播媒介上接收到的沟通线索（如图片、文本、视频或语音）的多寡产生不同程度的社会临场感。影响社会临场感的因素不仅是媒介本身，接收方的社会临场感也会因沟通情境而产生改变，接收方也会根据自身社会化程度和情感连结的强度来衡量自身整体的社会临场感程度。在线环境中人际关系扮演了关键要素，社会临场感会受交谈情境、对象等而有所差异。社会临场感能够让沟通双方在沟通过程中了解彼此特点与沟通背后的含义，因此增加社会临场感将会帮助个人在沟通过程中获得更多信息和体会。

已有研究证明社会临场感对消费者的态度和行为意向有积极的影响。同时，社会临场感概念也被运用在许多人际互动的研究上，如远距离教学（季丹和李武，2016）、社会互动（Shen 等，2010）、电子商务（Gefen，2000；赵宏霞、周宝刚和姜参，2016）等。社会临场感更可让媒体使用者感受到他人真实地存在，从而与他人进行良好的互动，降低因双方不确定性而产生的在线风险，提高对于社交网络的信任程度。

在社交媒体、移动终端和信息技术的支撑下，我们已经进入一个能够随时随地展开社交的时代，这彻底改变了人际传播的场域格局。在交流和互动过程中，微信打破了以往的人际传播格局，呈现出全新的传播特征和更为深远的影响。微信之所以能够在短时间内实现"井喷式"发展，很大程度上得益于其独特的传播场域构建。有高自我展露和临场感的人际交互环境是社交媒体的重要特征之一（Chu 和 Kim，2011）。通过微信，人们可随时随地与朋友沟通，也能够立即得到对方的响应，这充分实现了人际传播的即时性。

沟通过程中，微信用户不仅可以使用文字，还可以使用视频、语音、图片，以及有关面部表情和行为表情的非语言符号等多种方式进行信息交流。不管是语音聊天、视频通话还是小视频功能，这些非语言表达符号的丰富都以更加直观的方式完成了信息传播与互动，有效地增强了微信的社会临场感。高临场感的信息应该要让受众在查看信息时产生与人面对面交谈的感觉，觉得自己正与一个想了解自己的、懂自己的人在互动。Gefen 和 Straub（2003）的研究发现图片、文字是能够传达个性化存在的方式——这些社会性线索和背景能让消费者有体验到犹如现实生活中、有他人在身边的社会性感受，带来社会临场知觉。消费者在沟通体验中感受到的亲密性以及互动性，会有效刺激社会临场感的感受。根据微信传播中的图片、文字、音频和视频等线索，消费者不仅能够鲜明地了解微信中传播的产品和相关购买信息，还将会感受到他人的存在。

因此，微信成功地赋予了消费者在以往虚拟社交中所没有的感官体验，减少了微信用户之间的时间和空间距离的隔阂，建立起面对面沟通的社会临场感，有效地拉近了微信朋友彼此之间的心理距离。这使得微信媒介特征发生了变化，为微信用户构建了一个全新的人际传播场域，对微信用户的生活方式和行为方式产生了深刻的影响。因此，社会临场感不仅属于社交媒介的客观属性，而且是交流主体的一种主观反应。微信沟通产生的高度社会临场感可以使微信用户愿意更加注意、理解与相信微信口碑信息，产生更高的知觉价值，从而提高微信口碑对微信用户的影响力。因此，企业在应用微信进行口碑传播的时候，应该充分运用微信的交互功能，通过信息设计来确定微信最优的社会临场感水平。

4.4　研究模型与假设

由上述分析可知，在移动口碑传播过程中，接收者对接收到的移动口碑的价值和有用性的判断会受到信息来源与心理等因素的影响。当前，微信等社交媒体是消费者沟通的主要媒介工具，消费者借助社交媒体构建自己的社交网络和社会资本。社会资本理论可以很好地解释网络环境中的消费者如何进行人际沟通，综合反映了发送者和接收者之间的关系结构和性质，有助于深入了解口碑信息对接收者的影响。社会临场感使微信等社交媒体用户在沟通过程中能够帮助个人在沟通过程中获得更多信息和体会，影响社交媒体用户对通过社交媒体传播的口碑信息的价值和有用性的判断。因此，该研究使用社会资本和社会临场感理论来解释消费者接受移动口碑信息的机理和影响因素。

4.4.1　理论模型

随着 4G 通信与移动网络技术的发展，移动互联网更深刻地影响着人们生活的各个方面，基于移动互联网的信息共享与沟通交流成为日常沟通的主要方式。

社交媒体（如 QQ、微信、微博）成为消费者信息沟通的主要渠道，是口碑传播的一个理想工具（Chu 和 Kim，2011）。消费者在社交网络上有关产品的建议与推荐形成了大量的口碑信息，对消费者的购买决策具有巨大的影响。

在移动互联网下，社交媒体丰富了消费者传播口碑的可能媒介，也给企业提供了更多利用媒介为消费者提供个性化服务的机会。社交媒体的迅速发展促使商家借助新型网络营销工具来推广产品和服务。移动互联网的发展使得企业能够创造更多创新性口碑，不用依靠单个消费者对产品或服务的经历、感受和情绪。然而，对企业来说，在移动互联网条件下开展口碑传播活动并不是一件容易的事情。

微信定位于熟人关系网络的即时沟通，是一种基于现实生活中朋友关系的虚拟空间。微信关注隐私保护与用户体验，用户只能在自己的朋友圈传播信息，且用户生成内容是部分公开的。随着微信的快速发展，越来越多的消费者把自己的消费体验以及对产品或服务的看法与评论发布在微信上，从而形成了微信口碑。微信口碑传播与传统口碑局限于熟人关系的人际关系网络是不同的，消费者借助于微信不仅能从身边的朋友获得关于某种产品或服务的相关信息，还能突破时间和空间的限制，在朋友圈、群聊中由朋友转发的信息中获得其他微信用户有相关产品或服务经验的有用信息。由于微信庞大的用户群和口碑信息快速传播的巨大影响力，微信口碑的价值迅速被企业发现，成为企业开展口碑营销的有效平台。

微信口碑和传统的网络口碑传播环境的差别在于微信是基于熟人关系网络的，微信口碑信息发送者的身份是公开的，而网络口碑的发送者一般是匿名的。尽管有些研究者认为网络口碑的匿名性是一种优势，其他研究者认为匿名性可能会使得在线评论缺乏可信性，因为消费者不能识别信息的来源（Erkan 和 Evans，2016）。因此，消费者认为微信口碑更可信。微信口碑的传播范围只限于熟人之间，网络口碑则没有限制。相对于网络口碑，微信形成的熟人圈子使用户感受到更强的安全感和归属感，这使得微信用户敢于且乐于分享自己的消费体验。总之，微信口碑的影响力要高于网络口碑的影响力。现在人们大多关注网络口碑的研究，对微信口碑还缺少深入的研究。

微信独特的社交性和互动性决定了微信口碑传播必然会受到其所在的社会关系网络的影响。在微信社交网络中，微信用户在与朋友互动过程中建立起微信朋友间的友谊、规范、信任与尊敬等，从而形成自己的社会资本。这些社会资本成为微信用户在自己的社会网络中可以利用的现实和潜在关系资源。运用这些社会资本，消费者可以提高自己的购买决策的效率，降低自己的成本和风险。因此，社会资本对消费者非常重要，消费者需要不断积累并扩大自己的社会资本。随着社会资本的不断积累，微信用户与朋友间的信任、友谊不断加深。研究表明来源可信性是一个用户接受的重要决定因素（Kim，Lee 和 Preis，2016），因此，来自微信朋友的口碑信息更容易被接受。而且，微信社会网络中的规范和尊敬也对微信用户产生了遵循微信口碑信息的压力。由此可见，社会资本会增强微信口碑的影响力。但是，已有的研究不能对社会资本增强微信口碑影响力的作用机理以及社会资本的三个维度如何影响微信口碑做出合理的解释，所以还需要进行深入的研究。

消费者移动口碑接受会受到传播情境的影响。在现实社会环境中，消费者会与亲朋好友交谈购买体验，在销售现场询问售货员等。消费者在通过微信等社交媒体进行沟通的时候，会从微信上接收到的沟通线索（如图片、文本、视频或语音）判断对方真实存在的程度，产生不同程度的社会临场感。已有的社会临场感研究绝大多数都聚焦于社会临场感产生的前因，如各种媒介形式，相对而言，有关社会临场感对社交媒体环境中的口碑信息如何影响使用者决策行为的研究相对缺乏。因此，社会临场感如何应用于社交媒体口碑信息传播以及如何影响消费者对移动口碑信息价值和有用性的判断还需要不断的理论探索和实证检验。

根据已有文献和微信口碑传播的具体情境，本章应用对消费者在虚拟空间的行为有强大解释力的社会资本和社会临场感理论，研究社会临场感和社会资本的结构、关系和认知三个维度如何影响微信口碑影响力，以及社会临场感在这个过程中的调节效应，如图 4-1 所示。

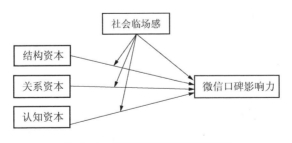

图 4-1 移动口碑接受理论模型

4.4.2 研究假设

该研究中，微信口碑影响力是指微信口碑在微信用户对其价值和有用性的判断的基础上所形成的对消费者购买意愿的影响。根据上述分析，社会资本对消费者微信口碑影响力具有重要影响，但是其各个维度的影响机理是不同的，而且社会临场感影响接收者对微信口碑的感知。据此，笔者在理论分析的基础上提出研究假设。

4.4.2.1 结构资本

社交媒体的快速发展催生了社会资本社交网络的蔓延。Nahapiet 和 Ghoshal 认为结构资本描述整体网络组织的关系结构。结构资本越高时，代表成员间越拥有高"互动程度"与"熟悉程度"的社会联系（Tsai 和 Ghoshal，1998）。社会联系提供个体成员接触与运输资源的通道，由社会联系组成的关系结构可以影响通道接触与运输资源的效率（Tsai 和 Ghoshal，1998），是影响人们使用社交网络的意愿的最主要的因素。社会网络中的社会联系是信息流通的主要渠道，社会联系越紧密的社群成员之间，交换信息的频率和深度也越强。当社交网络中的接收者与口碑传播者的交流时间越多，交往频率越高，彼此越相互了解、熟识时，接收者越会感知到信息价值，认为口碑传播者提供的信息是值得信赖的，可以作为购买决策的依据。因此，紧密的社会联系所产生的口碑信息对口碑接收者的决策能够产生更大影响（Brown 和 Reingen，1987）。

微信用户之间的互动主要源于彼此之间的线下社会交往。微信用户之间的社会联系越强，说明这些用户之间的线下社会交往越密切、感情越深厚，因而其在朋友圈中的互动沟通越密切、发言越频繁，越会对微信朋友展现更高的责任感与归属感。微信用户之间社会联系程度越紧密，结构资本也就越高。微信社交网络中成员之间的社会联系使得他们能够更有效率地获取更广泛的信息，此时，微信口碑的数量和质量会得到改善，进而使微信用户对微信口碑产生更高的信任感，同时，微信用户的结构资本也要求其对社会网络中其他成员的言行做出积极的回应，因此，微信口碑对微信用户的购买决策更具有影响力。

该研究假设 H1：结构资本会正向影响微信口碑影响力。

4.4.2.2 关系资本

关系维度是指社交网络内各成员间互动时所表现出来的品质，是一种藉由成员间关系价值累积与提升的资源（Chiu 等，2006；Nahapiet 和 Ghoshal，1998），主要用于描述人们长期互动而发展出来的人际关系，主要体现为消费者之间人际关系的强度，由信任、互惠规范和认同所组成。

在社会科学领域，信任被认为是一种依赖关系。信任对于任何一种社会团体都是非常重要的，尤其对于基于社交网络的团体而言，它扮演着更为重要的角色（Liljander 等，2015）。社交网络成员之间的信任基于虚拟的相互联系而建立，源于彼此多次的接触而产生对能力、善意、可靠性等的信任。当社交网络中营造了相互信任的氛围时，社交网络成员基于对社交网络以及口碑传播者的信任会主动搜寻信息，同时，也乐于接纳传播者分享的口碑信息资源，口碑信息感知价值较高。Ridings 等通过对 36 个虚拟社区的研究发现，在网络环境下，社区成员对其他成员能力、善良和正直的信任对于知识的发布和获取意愿有着重要的影响（Ridings，Gefen 和 Arinze，2002）。

认同是关系维度中另一个重要的规范，是指个体将自己视为团体中的一员，即个体与团体或其他成员的相关程度，反映了参与者对社交网络归属感的认知。认同是影响知识交换和分享动机的原始因素，当参与者将自己视为社交网络成员时，会主动分享信息和知识。因此，认同使得社交网络内的信息分享行为更为活跃，同时，认同也会促使社交网络成员更乐于接受社交网络中的口碑信息。

基于社会交互理论，互惠的内涵是指"行为以他人的报答反馈开始而进行，以他人的反馈停止而终止"。互惠是个人参与社会交互的利益之一，社交网络的参与者出于互惠意识，会主动分享对他人有用的信息以回馈他人提供的便利和恩惠。互惠规范提高了参与者对信息价值的感知。

社交网络中，消费者间人际关系的强弱对口碑传播发生的效率以及传播效果产生着一定的影响。消费者更愿意和他们的强关系而不是弱关系分享促销信息（Choi，Choi 和 Seo，2017）。由于微信朋友圈的用户大多是依赖于线下社交而产生线上联系，因而微信朋友圈是由线下的熟人组成的虚拟社群，分享自己的消费体验是维持与朋友社交关系的一种重要途径，因此，其中的认知资本会更高。而高关系资本的社交网络，其成员之间将更加信任与认同并具有互惠的行为，能促进社交网络内的资源或信息交换，促使社交网络成员高度投入与共同合作（Chiu 等，2006；Tsai 和 Ghoshal，1998），社交网络成员会积极行动以融入该社交网络，从而促进社交网络内口碑信息的传播并提高口碑信息的价值。在微信用户看到微信朋友分享的消费体验或是自己的消费体验得到微信朋友点赞或积极评论的时候，就能够体会到微信朋友所产生的期望和压力，并受到鼓励，进而对微信口碑产生积极的反应。

该研究假设 H2：关系资本会正向影响微信口碑影响力。

4.4.2.3　认知资本

认知资本指的是在全体中的个体与个体之间的相似性（Homophily）有多

高，即成员的特征或属性类似程度，如共同的愿景、语言、符号故事等（Chiu
等，2006）。认知资本在社交网络中扮演着润滑剂的作用，反映了社交网络成员
之间的交流工具以及共同的利益追求，有助于社交网络成员达成共识并降低知
觉障碍。社交网络中认知资本越高，代表成员间的特质一致性越高，且对于社
交网络所有的事物会有更相似的参与动机和目标（Nahapiet 和 Ghoshal，1998），
所以成员会拥有更多志同道合的伙伴，对于该社交网络会有更强烈的归属感。
在社交网络中，成员间相同的消费经历使得彼此间拥有共同的语言，消费者基
于互动、交流，在吸收、选择、采纳与产品相关的各种口碑信息的基础上形成
了用于选择产品、判断质量的各种标准，提高了口碑信息的感知价值。

微信朋友圈是基于现实的熟人关系的，因此，微信用户之间会有更多的共
同经历和语言，也促使微信用户彼此针对共同的话题分享各自的心得和意见，
分享感兴趣的话题、口碑、购物经验等，共同的群体目标体现了社区成员之间
的共同利益诉求与价值观念。拥有共同价值观的社区成员更容易理解他人分享
信息的含义，更愿意选择共同社区或社交网络中发布的口碑信息，这提升了口
碑信息分享的质量和数量，这使得微信用户的信息搜寻更具主动性，提升了微
信社交网络的认知资本。微信社交网络的认知资本将会促进微信用户间的沟通，
微信用户的想法与行事作风将会越来越类似，使得微信朋友间有更好的讨论、
沟通与协调（Chiu 等，2006；Nahapiet 和 Ghoshal，1998）。在社交网络环境中，
消费者会根据各自的兴趣爱好，自愿参加不同的网络社区或组织，并接收或发
送口碑信息资源。社会资本的认知维度有助于消费者对分散零碎信息的综合化
和系统化，并作为产品选择、质量判断的主要衡量标准（Chang 和 Chuang，
2011）。微信社交网络中的认知资本越高，微信用户对微信口碑信息的遵从意愿
会越强，因此，微信用户发布的口碑信息将会拥有更高的影响力。

该研究假设 H3：认知资本会正向影响微信口碑影响力。

4.4.2.4 社会临场感

在数字化时代，网络技术促进了沟通的效率，也对人们的沟通模式产生了
影响。网络的发展使人们更加便利地进行信息交换、联系情感、建立关系等。
沟通过程中，接收者会根据接收到的传播媒介上的沟通线索的多少（包含手势、
表情、语言、非语言符号等），产生不同程度的社会临场感。媒介能传输的线索
越多，越能令使用者产生丰富的人际印象，达到高度的互动和沟通效率。然而，
影响社会临场感不仅止于媒介本身，接收方亦会因媒介沟通情境而产生改变。

信息接收方也会以自身社会化程度和情感联系的强度来衡量自身整体的社会临场感程度。研究表明，面对面情境会具有最佳的社会临场感，也就是说沟通双方可以良好地掌握彼此的信息。由于社交网络所造成的人际交往的时间和空间的分离，面部表情与肢体语言等社会线索并没有办法完整地传达，这时就会有不确定性或沟通上的模糊性产生。社交网络使用者在社会互动过程中，对于与其互动的另一方是否是真诚和值得信赖的，存在许多不确定性与不可预测性，因此，网络沟通会影响个人所感受到的社会临场感，这使得社交网络使用者很难确定社交网络信息的价值和有用性并安心与他人建立社会关系。

消费者社会临场感水平的高低影响着消费者之间互动的水平和对口碑信息的接受程度。社会临场感使得微信用户能够在社交网络沟通中以社会化和情感联系等能力来良好展现其本身的特质，从而更好地与他人进行互动，使其他微信用户能够感受到其真实的存在，建立、维护、增进人际关系间的情感连系。微信能够使人们之间的沟通除了靠文字这样的语言线索外，还能依靠其他更多的一些非语言线索（如图片、视频和音频等）。当一个媒介所能传达的线索越多，沟通者就越容易注意到群体中其他人的存在，从而产生较高的社会临场感。社会临场感场域的大小决定着交流的亲疏度，高度的社会临场感能让人有较高的群体融入感，产生更高的群体凝聚力，这使得社交网络中的社会资本能够快速积累。社交媒体的社会临场感场域越大，交流主体之间的关系就越亲密，同时，社会临场感会增强消费者对社交媒体的使用意愿和投入程度，提升消费者之间的互动水平，从而影响消费者的社会资本。具有高社会临场感场域的微信能有效地推进人际交往，促使微信用户之间产生更高的互动性和联系的亲密性，以及微信用户之间的信任、互惠和认同，而且会促使微信用户之间的相互理解形成共同的目标。因此，较高的社会临场感会提升社会资本的影响力，在社会资本影响口碑影响力的过程中具有调节效应。

社会临场感已经被证实有助于提升网络消费者所知觉到的信任、有用性及正面的消费者态度，进而影响忠诚（赵宏霞、周宝刚和姜参，2016）。消费者在沟通过程中感受到的亲密性和互动性会有效刺激社会临场感的感受。高度的社会临场感则能让人有较高的群体融入感，达到高度互动和高沟通效率。适当运用媒体本身的特质，使得使用者可以感受到良好的、如同真实般的临场感受（Lombard 和 Ditton，1997）。Hassanein 和 Head（2007）发现丰富的图片与感性的文字所构成的高度社会临场感会正向影响购物网站的知觉有用性、可信性、娱乐性，进而导致正面的消费者态度。因此，在微信情境下，微信用户可以使用文字、视频、语音、图片和表情符号等多种方式进行信息交流，充分展现其个人的自我特色，完好地展现自己的社会情感。这使微信用户产生较高的社会临场感，将可以吸引微信用户更加注意、理解与相信微信口碑信息，进而提升微信口碑的影响力。

因此，该研究假设如下：

H4：社会临场感会正向影响微信口碑影响力。

H5：社会临场感越高，结构资本对微信口碑影响力的正向影响越强。

H6：社会临场感越高，关系资本对微信口碑影响力的正向影响越强。

H7：社会临场感越高，认知资本对微信口碑影响力的正向影响越强。

4.5 研究设计

该研究根据在社会资本和社会临场感等理论基础上构建的理论模型，首先制定关键变量的测量量表，其次确定调研对象，并根据调研对象的特点适当修改测项的表述方式，设计该研究的调查问卷，以期取得最佳的测量效果。

4.5.1 变量测量

该研究中的自变量为社会资本理论的各个维度以及社会临场感，因变量是消费者感知的微信口碑影响力，同时考虑社会临场感作为调节变量的影响。所有变量的量表均遵循 Churchill（1979）提出的研究量表的编制原则，参考已有文献的成熟量表并根据该研究的实际情况进行适当修改，并且笔者还根据我国的语言表达习惯对问题的表述进行了必要的修正，以使调研对象能够准确地理解并正确地填答。

该研究的变量测量全部采用了 7 点 Likert 评分量表的形式，将问卷中对问项的评价分为 7 个等级，对每一个问项的评分等级赋予相应的分值，如完全同意为 7 分、同意为 6 分、有点同意为 5 分、一般为 4 分、有点不同意为 3 分、不同意为 2 分、完全不同意为 1 分。通过统计分析方法的处理，笔者可以确定各变量在调查对象群体中的相应评价度。

4.5.1.1 微信口碑影响力

微信口碑影响力是指微信口碑对微信用户购买决策所产生的影响。对口碑影响力的研究，不同的学者从不同角度得到的结果不尽相同。笔者根据 Gilly 等

（1998）和 Bansal 和 Voyer（2000）的研究中测量口碑影响力的量表，结合微信传播的实际情况进行设计，从信息有用性、对态度的影响以及购买可能性等几个方面，采用三个测项进行测量。具体测项如表4－1所示。

表4－1　微信口碑影响力量表

变量	测　　项	参考量表
微信口碑 影响力	微信口碑信息为我的购买决策提供了很大帮助	Gilly 等（1998） Bansal 和 voyer（2000）
	微信口碑信息改变了我对产品原有的看法	
	微信口碑信息将会影响我购买此类产品	

4.5.1.2　社会资本

社会资本包括结构资本、关系资本和认知资本三个不同的维度，每一个维度都可通过不同的要素来进行测量。影响社会资本结构的主要因素有社会联系和网络配置，即彼此关系连结的"熟悉程度"和"互动程度"。关系资本对个体行为产生影响的因素主要有信任、认同和互惠。认知资本包含对事物有着相同的理解以及共享相同的目标和文化。综合社会资本的各种影响因素，在该研究中，社会资本各个维度的测量借鉴 Chiu 等（2006）与 Tsai 和 Ghoshal 等（1998）的测量量表，每个维度采用三个测项进行测量。具体测项如表4－2所示。

表4－2　社会资本量表

变量		测　　项	参考量表
社会资本	结构资本	我和微信朋友维系着较强的联系	Tsai 和 Ghoshal（1998） Chiu 等（2006）
		我与微信朋友有频繁的交流	
		我与微信朋友经常就品牌、产品交换意见和想法	
	关系资本	微信朋友的口碑信息是真实可信的	
		微信朋友愿意分享有关产品或服务的口碑信息	
		我和微信朋友拥有共同的价值观	
	认知资本	微信朋友的口碑信息是清晰和容易理解的	
		微信朋友互动时使用便于理解的交流方式	
		我和微信朋友拥有共同的目标和愿景	

4.5.1.3　社会临场感

微信借助于现代通信和网络技术，最大限度地实现了现实场景的虚拟转移，从而使微信用户可以在线感受到自己以及微信朋友的真实存在，并且感觉到与微信朋友是连通的。微信用户的社会临场感会因为对交谈情境、内容和对象等的感觉不同而有所差异。结合该研究的目的，社会临场感借鉴唐晓波和陈馥怡（2015）的研究，采用五个测项进行测量。具体测项如表4－3所示。

表4－3　社会临场感量表

变量	测　项	参考量表
社会临场感	微信让我有种私人空间的感觉	唐晓波和陈馥怡（2015）
	微信让我有种温馨的感觉	
	微信能让我很容易感受到朋友们的存在	
	微信让人感觉有人情味	
	微信给我一种与朋友们正在一起的感觉	

4.5.2　问卷设计与数据收集

该研究的整个问卷结构包括三部分。第一部分是对调查问卷的性质、用途作简要的说明，并针对消费者现有的微信使用情况作简要的了解。第二部分是关于各变量的测项，了解被调查对象在这些问题上的看法。第三部分是关于消费者基本情况的测项。

在填答问卷的过程中，采用让被调查者回想的方式。该研究请被调查者回想最近一次接收微信口碑信息的经验，回想自己在收到微信口碑信息后，微信朋友的口碑信息让其产生什么样的情感和认知反应，以及该微信口碑信息是否对其购买决策产生影响。

该研究选择微信用户作为问卷调查的目标群体，围绕他们的微信使用情况进行调查。由于在校大学生是网络信息平台的主要接触者，他们乐于接受新鲜事物、渴望交流，是非常活跃的微信使用者。他们会通过分享自己的个人经历给周围的亲人、朋友和同学们，进一步影响更多的人关注相关产品或服务的信息，甚至影响他人的购买决策。因此，笔者从河北经贸大学在校的学生中选择100名，征求其同意和配合后，在其朋友圈和微信群中发放问卷。本次问卷调查得到334份问卷，剔除其中答题随意和不认真以及答题不完整的无效问卷后，共有有效问卷 283 份，有效问卷率为 84.7%。在最终的 283 份问卷的答题人中，男性测试者占 42.7%，女性占 57.3%，平均年龄为 27.8 岁，平均每小时使用微信六次以上的占 87.5%。

4.6　数据分析

该研究首先借助统计软件 SPSS 21 以及 AMOS 21 来对收集到的数据进行信度和效度检验，然后进行描述性统计分析和相关分析，了解数据质量以及各变量之间关系，以帮助判断数据是否符合研究要求，为假设检验提供依据。

4.6.1　信度和效度分析

信度和效度分析是检验该问卷是否合格的标准，所以，笔者在对收集到的数据进行分析的时候首先进行信度和效度的分析，以确保调查问卷符合研究目的。

在信度分析中，最常使用的适合针对李克特量表进行信度分析的为 Cronbach's α 系数估计。Cronbach's α 系数越大，说明该测量变量各个题项的相关性越大，即内部一致性程度越高。该研究采用统计软件 SPSS 21 测量量表的信度。检验结果表明，所有变量的 Cronbach's α 值均大于 0.7，如表 4-4 所示。根据李怀祖（2002）的合适信度的标准阀值，检验结果表明笔者的量表具有较高的信度。

该研究的变量为社会资本、社会临场感和微信口碑影响力三个变量，所有变量测项均是在已有的文献基础上发展而来。笔者在梳理相关文献的基础上，首先结合大学生微信的使用情况与部分学生对量表测项的表述进行深入访谈，然后与相关专家学者进行深入讨论，再结合实际问题的背景对测项进行设置，因而该研究的量表的内容效度良好。

该研究首先使用 SPSS 21 对 283 个样本进行了探索性因子分析。样本的 KMO 为 0.837，Bartlett 检验近似卡方值为 2892.224，自由度为 136，$p < 0.001$，显示原始数据适合做因子分析。探索性因子分析结果显示，所有 17 个测项共汇集成为 5 个特征值大于 1 的有效因子，所有测项的因子载荷都在 0.6 以上。各个测项均没有出现多重负载的情况，也都归集在各研究变量所代表的因子之内，而且所得到的 5 个因子一共可以解释 74.8% 的方差。各研究变量的平均变异抽取量（AVE）均在 0.5 以上，如表 4-4 所示。量表的收敛效度良好。

表4－4　信度和效度分析

变量	测　项	因子载荷	Cronbach's α	AVE
结构资本	我和微信朋友维系着较强的联系	0.799	0.904	0.700
	我与微信朋友有频繁的交流	0.854		
	我与微信朋友经常就品牌、产品交换意见和想法	0.856		
关系资本	微信朋友的口碑信息是真实可信的	0.817	0.708	0.588
	微信朋友愿意分享有关产品或服务的口碑信息	0.723		
	我和微信朋友拥有共同的价值观	0.757		
认知资本	微信朋友的口碑信息是清晰和容易理解的	0.700	0.731	0.565
	微信朋友互动时使用便于理解的交流方式	0.711		
	我和微信朋友拥有共同的目标和愿景	0.837		
社会临场感	微信让我有种私人空间的感觉	0.837	0.913	0.703
	微信让我有种温馨的感觉	0.802		
	微信能让我很容易感受到朋友们的存在	0.866		
	微信让人感觉有人情味	0.870		
	微信给我一种与朋友们正在一起的感觉	0.814		
微信口碑影响力	微信口碑信息为我的购买决策提供了很大帮助	0.862	0.816	0.622
	微信口碑信息改变了我对产品原有的看法	0.727		
	微信口碑信息将会影响我购买此类产品	0.771		

注：$N = 283$。

该研究的社会资本的三个维度，即结构资本、关系资本和认知资本，相互之间比较接近，可能存在语意重叠问题。因此，该研究采用 AMOS 21 构建验证性因子分析模型检验其区别效度。分析结果为：χ^2（df = 24）= 74.572，$p < 0.00$，$\chi^2/df = 3.107$；$GFI = 0.947$；$CFI = 0.954$；$TLI = 0.931$；$RMSEA = 0.086$；$NFI = 0.935$。这表明此验证性因子分析模型拟合较好，具有良好的区别效度，可以接受。

综合信度和效度检验，该研究量表可靠且有效，能用于假设研究验证。

4.6.2 相关性与描述性统计分析

在通过回归分析对理论模型和假设进行检验之前，有必要对各变量是否具有相关性进行分析。一般说来，通过相关性分析，可以使变量之间的关系的假设得到初步检验。如果两个变量之间存在着因果关系，则这两个变量之间就应该存在一定的相关性，而且这种相关系数应该达到统计的显著性要求。然而，相关分析因变量和自变量之分不能反映变量之间的因果关系，而且，在进行回归分析时，相关分析结果具有显著相关性的两个变量之间的回归系数并不一定依然能够达到显著，因此，只将其作为初步检验的手段。变量之间最终的因果关系假设的验证，依然采用回归方程检验的结果。

通过描述性统计分析，我们可以对收集到的数据的总体特征进行准确的把握，从而为我们的假设检验提供依据。在描述性统计中，均值能够表现出某个变量所有取值的集中趋势或平均水平，而标准差可以描述样本均值与总体均值之间的平均差异程度。该研究运用 SPSS 21 对各研究变量进行了描述性统计和相关关系分析，如表4-5所示。

表4-5 描述性统计与相关分析

项目	结构资本	关系资本	认知资本	社会临场感	口碑影响力
结构资本	1				
关系资本	0.350**	1			
认知资本	0.461**	0.344**	1		
社会临场感	0.412**	0.090	0.361**	1	
口碑影响力	0.511**	0.373**	0.446**	0.320**	1
均值	4.859	5.254	4.460	4.491	4.900
标准差	1.074	0.651	0.803	1.172	0.682

注：$**p < 0.01$，$N = 283$。

由表4-5可知，该研究中所有变量的均值均在中等水平，标准差也都处于合理水平。相关分析结果也显示，除关系资本和社会临场感不相关外，其余变量间均有显著的正相关关系。因此，相关分析的结果与笔者所预期的结果基本一致，符合该研究预期目标，笔者所作的样本选择对该研究来说是有效的。

4.7 假设检验

回归分析是用来确定因变量和自变量之间因果关系的一种统计分析方法。

它用于分析事物之间的统计关系。与相关分析不同，它侧重于考察变量之间的数量变化规律，并通过回归方程的形式描述和反映这种关系，帮助人们准确把握变量受其他一个或多个变量影响的程度，进而为预测提供科学依据。该研究应用 SPSS 21 进行回归，得出因变量对于自变量的回归系数。回归系数表示假设在剔除其他所有自变量的情况下，某一个自变量变化引起因变量变化的比率。其目的旨在研究回归方程中的每个解释变量与被解释变量之间是否存在显著的线性关系，也就是研究解释变量能否有效地引起被解释变量的线性变化。

该研究在相关分析基础上，对因变量和自变量作回归分析，得出自变量对因变量变化的影响程度和显著性，其中影响程度用标准化回归系数进行判定，而显著性则是通过检验统计量的概率 p 值是否小于显著性水平 0.05——若小于则表明被解释变量与解释变量间的线性关系显著，若大于则线性关系不显著。

该研究利用多层线性回归分析（Hierarchical Regression Modeling）来探讨社会资本各维度和社会临场感对微信口碑影响力的影响以及社会临场感的调节作用。为回避多重共线性问题，该研究对变量进行了中心化处理。

该研究第一步将自变量结构资本、关系资本和认知资本以及因变量微信口碑影响力加入回归分析中（模型1），第二步把调节变量加入到方程中（模型2），第三步把调节变量的交互项，即社会临场感×结构资本、社会临场感×关系资本和社会临场感×认知资本加入回归分析中（模型3）。结果如表4-6所示。

表4-6 多层线性回归分析结果

自变量	因变量：微信口碑影响力		
	模型 1	模型 2	模型 3
结构资本	0.346 ***	0.311 ***	0.201 ***
关系资本	0.174 **	0.185 **	0.146 **
认知资本	0.226 ***	0.201 **	0.202 **
社会临场感		0.103	0.164 **
社会临场感×结构资本			- 0.123 *
社会临场感×关系资本			- 0.149 **
社会临场感×认知资本			- 0.202 ***
R^2	0.343	0.351	0.471
$\triangle R^2$	0.346	0.008	0.120
F	48.480 ***	37.581 ***	35.024 ***
$\triangle F$	48.480 ***	3.553	20.871 ***

注：$*p < 0.05$，$* *p < 0.01$，$* * *p < 0.001$；$N = 283$。

该研究首先将三个自变量放入回归方程，回归结果显示，结构资本、关系资本和认知资本三个变量均达到显著水平，自变量解释了购买意愿方差的 0.343%，因此笔者的假设 H1、H2 和 H3 得到证实。结构资本、关系资本和认知资本对微信口碑影响力具有显著正向影响。在回归方程中，结构资本的标准化回归系数为 0.346，对微信口碑影响力的影响最大，认知资本次之。在模型 2 中，笔者把社会临场感加入回归方程，结果显示，结构资本、关系资本和认知资本三个变量均达显著水平，而社会临场感未达到显著水平，$\triangle R^2$ 为 0.008 也未达到显著水平，因此，假设 H4 未通过验证，社会临场感对微信口碑影响力没有直接影响。这是因为微信社交本质是沟通，微信朋友之间的交流是建立在互相认同及熟悉的基础之上，而且微信技术具有可控性，用户有更多的控制力，因此，微信用户更看重的是彼此之间的结构、认知和关系等社会资本因素，在沟通过程中的文字、图片、视频和音频等外在线索并不是消费者判断微信口碑价值和有用性的依据。

在模型 3 中，笔者将交互项加入回归方程。回归结果显示，加入这些交互项后，对微信口碑影响力的解释力可增加 0.12，达到显著水平。社会临场感与结构资本、关系资本和认知资本的交互项均达到显著水平，这表明社会临场感在结构资本、关系资本和认知资本影响微信口碑影响力的过程中具有调节效应，但是和笔者的假设不同的是，这种调节作用是负向调节作用，因此笔者的假设 H5、H6 和 H7 得到反向的验证。这是因为微信用户在沟通过程中，如果传递口碑信息的文字、图片、视频和音频等外在线索过于绚丽和刺激，会对消费者的感官产生一种虚幻的刺激，引起消费者的情感冲动，这样会减弱消费者的理性思维，使其简单地依靠情境因素，如文字、视频、语音、图片和表情符号等来对微信口碑做出判断，从而减弱社会资本对消费者关于微信口碑价值和有用性判断的影响力。相反，如果微信口碑信息是以一种平实的方式来表达，则消费者受到的外在因素的干扰会降低，从而会更理性地思考，此时，消费者的社会资本因素的影响会上升。

4.8　小　　结

本章从社会资本和社会临场感的视角，探讨对微信口碑影响力产生影响的因素。研究发现，社会资本的三个维度对微信口碑影响力具有显著影响，社会临场感对微信口碑影响力没有直接影响，但是在社会资本影响微信口碑影响力的过程中具有反向的调节作用。该研究的结果可以弥补现有微信口碑研究的不足，推动口碑传播理论的创新与发展。

本章的研究结果对企业微信口碑营销实践具有一定的指导意义。企业在开展微信口碑营销的时候，可以充分发挥社会资本在微信口碑传播中的作用，强化微信用户之间的联系，对微信用户的点赞、评论等行为适当给予激励，提升微信用户对企业的微信口碑营销活动的信任和认同，从而增强微信用户之间的联系，进而增加消费者对微信口碑价值和有用性的判断。同时，对传递微信口碑的文字、图片、视频和音频等要进行如实设计，真实反映产品或服务信息，减少不必要的渲染和夸张，避免对消费者产生误导。

本章对影响微信口碑影响力的因素进行了研究，但是由于受时间和篇幅所限，没有对社会资本的各个维度以及社会临场感进行细分。为更深入、细致地理解微信口碑影响力，这些是笔者以后需要研究的内容。由于微信用户在性别、年龄和职业等方面存在差别，心理因素也各不相同，这些差别会影响对微信口碑影响力的感知，因此，在以后的研究中，可以选择这些因素作为控制变量引入研究模型，以期得到更完整的结论。

第5章　移动口碑传播

在移动口碑传播过程中，信息接收者不仅会对信息进行价值和有用性的判断以用于自己的购买决策，而且部分信息接收者还会转化为传播者的角色，把接收到的口碑信息转发给其他消费者，这就是移动口碑信息再传播。移动口碑信息能够借助于智能手机或微信等社交媒体，被消费者随时随地地不断转帖、转发，使得移动口碑信息被以几何数量地传播出去，产生涟漪效应（ripple effect），从而表现出强大的影响力。相对于传统企业沟通，消费者更相信其他消费者的推荐（Babić等，2016）。这对企业移动口碑传播是非常重要的，因为只有通过消费者的不断转发，企业的口碑信息才能被更多的潜在消费者接收和接受，从而取得更好的传播效果。

移动口碑是在复杂的社会网络中传播的，在这个社会网络中，被一个网络成员所接收的信息经常传播至网络的其他成员（Doyle，2001）。移动口碑发送者和接收者都是社会网络中的一个节点，移动口碑的每一次传播都会形成社会网络中的一条线并增加新的节点。在移动口碑传播的社会网络中，口碑接收者的再传播决定了移动口碑在社会网络中的传播速度和扩散规模，再传播意愿强的口碑接收者会将移动口碑信息传播给尽可能多的其他接收者，反之，再传播意愿弱的口碑接收者会中止传播或只传播给少量的其他接收者。每一次再传播意味着社会网络中至少增加一个节点和一条边（不少情况下，一次传播增加的不止一个节点或一条边，如邮件和短信群发或同时向多人散布消息）。因此，网络中再传播意愿强的接收者越多，口碑传播就越快，社会网络规模就越大。消费者移动口碑的再传播是企业移动口碑传播效果提升的动力源泉。

企业可以采取很多方法激发消费者之间的口碑传播和再传播（Williams 和 Buttle，2011）。如推荐奖励计划（Ryu 和 Feick，2007；Godes 和 Mayzlin，2009；于春玲，王霞和包呼和，2011）；员工与顾客的互动（Gremler，Gwinner 和 Brown，2001）；产品体验（Samson，2010）；广告活动（Keller 和 Fay，2012）等。其中，推荐奖励计划是企业经常用的一种促进口碑传播和再传播的高效的方法，微信等社交媒体为企业开展推荐奖励计划提供了巨大的便利。该研究重点研究在移动互联网环境下，企业如何设计推荐奖励计划的构成，发挥各个因素的积极作用，促进口碑的传播和再传播。

5.1 引　言

随着商业环境的不断发展变化，尤其是移动互联网平台的迅猛发展，口碑传播的影响力日益强大，传播的速度更快、范围更广、扩散效应更强，对消费者购买决策与企业品牌传播，对企业营销活动乃至企业业绩，均产生了前所未有的巨大影响，在相当大程度上改变着消费者的消费习惯与企业的营销模式。口碑传播已成为企业品牌推广的重要手段及策略，成为企业营销活动与学术研究共同关注的热点问题之一。

伴随着移动互联网的快速发展、智能手机的日益普及，人们逐渐由电脑转移到手机客户端，人们期望通过 QQ、微信、微博等移动客户端获取更多的信息交流与互动，更希望社会网络中的信息彼此分享、相互传播。口碑传播的速度更快、范围更广（Fedorko，2017）。智能手机和社交媒体的大量普及已经为消费者提供了积极传播服务和产品信息的广泛选择，消费者也能作为口碑传播活动内容材料的创造者去积极参与口碑传播活动，消费者也可以被看作是口碑信息的生产者（Hartley，2004）。现在，消费者是 eBay 上的零售商、YouTube 上的媒体制作者和指导者、Wikipedia 上的作者、Amazon 和 Tripadvisor 上的批评评论者，在 Facebook 和 MySpace 上他们做着同样甚至更多的事。他们不再需要电脑做这些事情，他们可以通过智能手机、微信和 Twitter 来做这些事情，实现了在任何地方、任何时间的即时信息传播。消费者移动口碑传播已经变成一种大众现象（Hajiheydari，Maskan 和 Ashkani，2017）。

因此，社交媒体被企业视为口碑的理想传播平台（Chu 和 Kim，2011），为企业与消费者互动提供了巨大的便利（Shankar 等，2003；Bruyn 和 Lilien，2008）。口碑不再是基于人际之间的面对面的亲密沟通。通过社会媒体，如 Facebook、Twitter、微信、微博，还有其他社会媒体应用，消费者可以在任何时间以及任何地点将移动口碑信息同时传播给许多人（Tercia，2015）。社交媒体之所以适用于传播移动口碑，既因为它拥有高水平的自我展露和临场感，更能吸引消费者交换彼此对产品或品牌的信息及观点，又因为它拥有依托于现实人际关系的网状用户结构，集聚了兴趣和偏好相似的消费群体，能更容易、更可靠、更大面积地传播口碑信息（Chu 和 Kim，2011）。通过社交媒体，移动口碑信息能够像"病毒"一样从一个消费者传到另一个消费者，传播速度更快，影响范围更大。

移动口碑将不再被传统口碑"一一对应"的传播规则所限制，可以通过再传播来实现"病毒式"扩散，在极短的时间内便可以达到非常惊人的效果。Sun 等人（2006）认为，网络口碑再传播行为既包括在线产品口碑信息的转寄以及转载，还包括口碑发送者以外更多消费者所进行的在线口碑讨论行为。相较传统口碑相对被动的接受方式，社交媒体口碑的受众会更加主动自发地转发、传递社交媒体移动口碑。在移动互联网环境下，口碑信息制造者会主动将自己关于产品、服务的购买使用经验与他人进行分享，同时口碑信息接收者也会主动去搜寻对他们有意义的信息，并对其认为有价值、值得信任的口碑信息进行转发或转帖，从而实现社交媒体移动口碑的扩散与再传播。

因此，社交媒体已成为企业重要的营销工具，越来越多的企业选择在诸如微信、微博、陌陌、移动 QQ 等移动社交应用平台上开展自己的营销活动。在这些社交媒体中，越来越多有经验的、有着共同兴趣的消费者选择在这里聚集，彼此分享关于商品、品牌以及服务的信息，与他人讨论和交流自己消费的心得与体会，从而产生了大量与产品或服务相关的口碑信息。当这些信息以文字或者图像形式出现在社交媒体中时，便形成了这些社交媒体内部口碑传播的生态圈。社交媒体移动口碑具有很强的可复制性和易再生性，也就是说社交媒体移动口碑能容易地被进行"二次传播"（Sun 等，2006）。

许多企业在社交媒体中发布帖子，使消费者能通过"赞""评论""转发"的形式与企业互动。这些互动形式恰恰构成了社交媒体中的主要口碑传播行为（Chu 和 Choi，2011）。再传播行为是社交媒体口碑传播行为中最重要的维度。经过这些"转载"和"转帖"的行为，社交媒体口碑的影响力被不断放大，从而极大地改变人们的消费习惯以及企业的营销模式。Chu 和 Kim（2011）指出，社交媒体中的口碑发生在消费者借助社交媒体的独特功能来提供或搜寻与产品相关的建议和信息之时，它包括信息搜寻、信息发布和信息再传播三种行为。其中，信息再传播行为是最重要的维度，一方面是因为社交媒体中的再传播行为比信息发布行为更普遍，另一方面是因为社交媒体之所以表现出强大的影响力，就在于它能够不断地被转发，使得信息传播范围呈几何级数增长（唐雪梅，赖胜强和朱敏，2012），产生涟漪效应，使得企业可以有机会把信息扩散至大量的顾客人群（Siau，Lim 和 Shen，2001）。

由此可见，移动口碑影响力得以实现的关键，在于持续的移动口碑再传播以及由此产生的扩散效应。对于口碑再传播，国内外相关研究尚未形成较为一致的概念界定，但普遍的理解均是指消费者接收口碑信息后，以相同或近似内涵将口碑信息再次传播出去的行为（李杨，2015）。因为社交媒体中的再传播行为比信息发布行为更普遍，再传播行为是推进口碑传播的核心动力，决定了口碑传播的速度与扩散规模，是整个口碑传播扩散过程中最为关键的环节。控制了口碑再传播，也就控制了口碑的传播进程。因而，有必要在传统研究的基础上进一步探讨社交媒体口碑传播行为的影响因素。

作为移动社交媒体的代表，微信基于好友关系的传播方式保证了信息传播的质量，更能获得用户的信任，从而能够有效传播口碑信息并成为移动互联网时代的重要信息资源之一。借助于微信，人们根据自己的兴趣和需要，在虚拟的社交网络空间里聚合，建立自己的微信朋友圈和聊天群，发展社会关系，形成虚拟型社会网络。事实上，诸如微信等社交媒体正在由通信工具发展为交往工具，越来越多的人在网络中展开社会交往并通过社会网络来获取信息（如前所述，50%以上的中国网民将虚拟社会网络作为重要信息来源）。这给企业利用社交媒体为消费者提供个性化的服务更多机会。目前已有许多企业从业者利用微信这一中国最流行的社交媒体传播企业产品或服务信息。

然而社交媒体口碑传播的现状是相对少的人贡献有关产品或服务的口碑信息，而大多数人消费这些信息（Tercia，2015）。有些口碑信息虽然很受欢迎，却很少被转发。针对这种情况，Nielsen（2006）提出了"90 - 9 - 1"规律，即90%的用户是沉默的潜伏者，9%是偶尔贡献者，只有1%的活跃用户提供在线信息的大部分内容。被动用户构成了使用互联网的人群的绝大多数（Schlosser，2005；Nielsen，2006；Nonnecke，Andrews 和 Preece，2006；Moe 和 Schweidel，2012）。可见，尽管企业已经意识到应该通过社交媒体这种媒介与顾客进行有说服力的沟通，但企业通过社交媒体进行有效的移动口碑传播并不是一件容易的事，尤其是消费者对传播的信息没有特别的需求的时候。因此，如何促进口碑信息在以微信为代表的社交媒体中的传播越来越受到研究者和实践者的关注。

5.2　理论基础

消费者移动口碑传播的第三个阶段是消费者在接收和接受了移动口碑信息以后所采取的行动，即是否向其他人传播此移动口碑信息的决策。口碑信息再传播活动是指用户对接收的口碑信息进行主观认知并主动向其他用户转发该条口碑的过程，其包括口碑信息认同与口碑信息转发两个环节。

在移动口碑传播中，接收者的参与是极端重要的。接收者接收口碑信息并传播口碑信息给其他人，这样才能产生一个巨大的被传染的人群的网络（Pansari 和 Kumar，2017）。若消费者不再传播移动口碑，则移动口碑传播过程结束。若消费者向其他消费者传播自己接收到的口碑信息，则移动口碑传播进入下一个循环，移动口碑信息被更多的消费者接收，影响力进一步扩大。口碑信息再传播活动的"价值性"体现为特定口碑信息传播势必通过多个用户连续的口碑信息再传播活动来完成，从而扩大其传播范围，提升其传播效应（邓卫华，闫明星和易明，2017）。消费者再传播口碑的这种不断扩张的过程被称为"涟漪效应"，即移动口碑在个体之间的"传播或蔓延"（黄敏学，王岩和姜书琴，2011）。

消费者行为的刺激－反应（S－R）原理指出消费者的行为可以用刺激与反应来进行解释。移动口碑再传播是口碑传播导致的延伸效果，是典型的消费者行为，是对接收信息的一种刺激反应。在接收到的外部口碑信息刺激下，消费者会产生内部心理反应与活动并形成一定的态度与动机，进而在态度与动机的影响下做出口碑再传播的决策行为。网络口碑信息再传播是指消费者对于从BBS、网页、E-mail 等途径获得的信息，经过阅读以及对内容进行进一步增修，最后再转发给他人的行为（巢乃鹏和黄娴，2004），包括在线产品/服务口碑信息的转发或转载以及与口碑传播者之外的消费者进行在线交流、讨论的行为（Sun 等，2006）。

移动口碑再传播可以理解为消费者在移动口碑信息及传播者的影响下，主动地向他人传播该移动口碑信息的行为。对于移动口碑的再传播而言，传播者也是口碑信息接收者，其接触的是移动口碑信息，并没有初次口碑传播者的消费体验过程。因此，网络口碑的再传播其实就是消费者根据所收到的口碑信息来源以及内容特征对口碑信息的价值和有用性进行判断，进而作出态度和情感上的反应，最后决定转发的一系列行为（Phelps 等，2004）。社会心理学界对于口碑再传播的研究主要集中于口碑接收者基于记忆、认知和情感反应而引发的继续传播过程。因此，消费者再传播移动口碑的意愿和行为的影响因素更多更复杂，涉及消费者心理动机、社会影响以及个体差异等。根据传播说服理论，我们从移动口碑来源、信息内容和接收者自身三个方面来说明移动口碑再传播的相关研究。

5.2.1　口碑来源

口碑信息来源可信度是口碑说服力及影响力的决定性因素，并且对口碑信息的再传播具有关键影响（Bansal 和 Voyer，2000；陈君和何梦婷，2016）。信息源可信度是口碑接收者对传播者及其传播的信息或传播媒介的信赖程度，通常被认为是受众主观上的认知，即在传播过程中，信息接收者对于传播主体信赖度的主观评价，是接收者对传播者个人特质上或是对信息源特征上的判断。口碑接收者对传播主体及口碑信息的信任度是口碑再传播的重要前因，人们只有在接受、相信和认可口碑传播者及传播信息时才会进一步地将其传播给他人（Bansal 和 Voyer，2000）。信息源的可信度越高，口碑就更容易被再次传播，传播的效果也更好（Bordia 和 Rosnow，1998）。

在网络环境下，传播者和接收者一般是相互匿名的，双方身份不明确，个人资料信息也很不全面，此时，网络口碑产生和传播的媒介或平台即网站，就成为互联网环境中个体识别个人信用的"代理人"，成为再传播者判断口碑是否可信的重要来源（马明，2015）。因此，网站可信度减少了再传播者的感知风险，有利于增强再传播者的传播意愿，是网络口碑再传播的关键因素。信息平台的可信度能够增加消费者的信任感，从而进一步提升对已发布信息的接受程度，使得转发和传递信息的可能性增大（马明，2015）。

传播者与接收者之间的联系强度也是影响消费者移动口碑传播的重要因素。联系强度是指在该社会网络中，口碑接收者所感知到的与口碑传播者之间的关系亲密程度，描述两个消费者之间联系时间的长度、情感强烈的程度、亲密的水平和互惠水平（Granovetter，1973）。强联系（strong ties）包括家庭成员、朋友或邻居。当接收者仅仅被认为是熟人、同事或邻居时，这种联系被认为是弱联系（weak ties）（Brown 和 Reingen，1987）。消费者经常通过弱联系来获取信息，然后通过强联系再次传播信息，因为弱联系在不同群体之间起到了桥梁的作用，从而可以接触到更广泛的信息（Granovetter，1983），强联系可以加快信息传播的效率（Sweeney，Soutar 和 Mazzarol，2008）。Bone（1992）的研究已经证明联系强度和产生口碑的可能性之间存在很强的关系。传播者与接收者之间的强关系更有利于口碑的传播，因为强关系者更了解口碑接收者的需求、偏好、评价标准，可降低信息接收者的感知风险并提高传播效率和效果（Wangenheim 和 Bayon，2004）。马明（2015）也证明，无论是在网络环境中还是在现实环境中，联系强度对人际和群体再传播意愿都有显著影响。研究证明消费者更愿意和他们的强关系而不是弱关系分享促销信息（Choi，Choi 和 Seo，2017）。带有个人性质或敏感性的口碑信息更可能在强联系人们之间分享，而不是在弱联系人们之间（Norman 和 Russell，2006）。因此，移动口碑信息更可能在强联系中传播和扩散。

5.2.2　信息内容

消费者再传播信息（包括附加评论、推荐等）只是对接收信息的一种刺激反应，加之口碑信息的表现形式随社交媒体的发展变得日益丰富，信息本身的特性可能才是导致口碑再传播意愿差异的主要因素。因此，对口碑再传播行为的研究应该更多地重视信息本身的特征（黄敏学等，2010；唐雪梅，赖胜强和朱敏，2012）。Kujur 和 Singh（2017）研究发现，社交网络广告的内容特征，如形象性、互动性、娱乐性和信息性，对消费者在线参与和投入行为具有直接的影响。一般来说，假如消费者感到移动口碑信息是非常可信的、有趣的或有用的，并且他们认为接收者会欣赏并从传播的口碑信息中获益，他们也会获得诸如情感之类的社会资本，那么他们更有可能传播移动口碑信息（Okazaki，2009；Yang 和 Zhou，2011；Yang，Liu 和 Zhou，2012；Miquel - Romero 和 Adame - Sánchez，2013；Zainal，Harun，Lily，2017）。

研究证明，口碑信息类型（情绪型、事实型）、特征（趣味性、丰富性、主张的强度）对消费者的再传播意愿有影响（Mazzarol，Sweeney 和 Soutar，2007）。口碑传播特点要求口碑信息必定要影响消费者的传播动机，因此，网络口碑传播应该以"内容为王"。信息性指所提供口碑信息内容的丰富性和有用性程度。对信息搜寻的渴望驱使消费者关注社交媒体中的各类口碑信息，内容丰富、有用的口碑信息能满足消费者的这种信息需求（金晓玲，冯慧慧和周中允，2017）。这样，相比于信息不充分的口碑信息，高信息性的口碑更能触发消费者以转发和评论的形式进行互动。

传播者提供的信息内容的呈现形式和语言特色会影响受众的情感反应和记

忆力，因此，在口碑内容特征中，趣味性也被认为是至关重要的因素。在社交媒体中，消费者注重口碑信息的情感或享乐价值，令人觉得有趣、兴奋、享受的口碑信息更受消费者欢迎。能够激起口碑信息接收者强烈感情（幽默、恐惧、悲伤或鼓舞等）、积极情绪或者蕴含情绪丰富的信息的口碑信息容易得到传播，最可能被转发（Phelps 等，2004；金晓玲，冯慧慧和周中允，2017）。在微信朋友圈中转发有趣、新颖的信息或者正确的信息，均能够提升自我形象，因此会促使用户传播此类健康信息（金晓玲，冯慧慧和周中允，2017）。口碑信息趣味性越强则越可能唤起消费者积极的情绪，吸引消费者参与转发和评论。趣味性能吸引人们在线查看、创造、贡献更多与品牌相关的内容。陈明亮和章晶晶的研究指出，口碑内容的趣味性对网络口碑再传播意愿有显著影响（陈明亮和章晶晶，2008；马明，2015）。Herr，Kardes 和 Kim（1991）的实验研究也证实，趣味性高的口碑比单调枯燥的口碑对接收者行为意愿的影响更为强烈，对口碑再传播有显著的正向影响。

5.2.3 接收者自身因素

假如消费者接收、接受移动口碑信息后，向其他消费者发送移动口碑信息，那么他就扮演发送者的角色。发送者的动机可以是内在的也可以是外在的。已有的研究证明，发送者的动机会影响其通过社交网络网站分享、使用和传播移动口碑的意愿和行为（Chu 和 Kim，2011；Yang，Liu 和 Zhou，2012）。Dichter（1966）指出，参与口碑活动的人有四种动机：一是产品涉入，此时发送者对产品具有强烈的感情，因此，分享信息或向他人推荐产品和服务可以减少产品和服务消费经历中的负面意义。二是自我涉入，在消费产品或服务的时候产生特定情感，发送者觉得他们应该和别人分享他们的感觉。三是其他涉入，发送者参与口碑活动的原因仅是想为接受者做点什么。四是信息涉入，此时发送者受到广告或商业的刺激。

Hennig - Thurau 等（2004）在传统口碑动机研究基础上，得到八个网络口碑传播动机：平台支持、表达消极情感、关心其他消费者、自我提升、渴求社会交往、经济激励、帮助公司和寻求建议，其中，渴求社会交往、经济激励、关心其他消费者和自我提升是用户网络口碑行为的主要动因（Hennig - Thurau 等，2004）。有研究证实，利他动机（帮助其他消费者）、自我提升动机、帮助企业动机对再传播意愿有正向影响（陈明亮和章晶晶，2008；蔡淑琴等，2016）。Grant 和 O'Donohoe（2007）发现五个因素促使消费者使用移动手机：便利娱乐、社会刺激、逃避现实、体验学习和信息与建议的购买。Munzel 和 Kunz（2014）基于社会资本理论和社会交换理论，采用内容分析方法对某旅馆评论网站用户撰写评论的动因进行了探讨，结果发现，用户的互惠、自我提升、注重社区形象、利他主义动因是促使其发表评论的关键动因。内在动机基于个体内在需要，以使自己感觉有能力和对自己所处环境有控制，从而增强或稳定自己的自尊。外在动机根植于各种有形和无形的奖励，是消费者决定是否参加某种口碑促销活动的基本动机，这方面的文献主要关注金钱激励（Okazaki，2008；Kujur 和 Singh，2017）。

对服务供应商提供的质量水平感到高兴的消费者愿意向其他消费者推荐这种服务（Anderson，1998）。已有研究证明，顾客满意在口碑行为的研究中扮演着关键角色，满意度会显著影响个体推荐产品或服务的动机，从而影响消费者移动口碑的传播（Sahi，Sehgal 和 Sharma，2017）。消费者情感承诺源于共享价值、信任、仁爱和关系主义（Morgan 和 Hunt，1994）。一般认为，当消费者喜欢其服务供应商时，他们可以被认为对服务供应商具有情感承诺。因此，具有承诺的消费者可能成为积极口碑传播的来源（Wallace，Wallace 和 Buil，2017）。相对于 PC 网络口碑使用者，移动口碑参与者倾向于获得目的性价值和在较高的尊重中获得社会增强价值。同样，相对于 PC 口碑，移动口碑是更具有自发性，更加个人化和更直接的沟通模式。因此，移动口碑参与者具有更强的社会认同感和参与口碑传播的社会意愿（Okazaki，2009）。

消费者可能基于他们的个人价值、需要、感知、兴趣和财务资源对产品或服务产生不同的感知价值（Ravald 和 Gronroos，1996），感知价值可以被区分为享乐价值和效用价值（Mathwick 等，2001）。在移动环境下，感知价值会影响消费者对移动口碑的再传播，移动沟通和娱乐服务特别受到效用价值的驱动（Nysveen 等，2005）。

Luarn 等人（2015）以中国台湾的一个 BBS 用户为调查对象，研究用户在移动终端上发表评论的动因，结果表明，用户发表评论主要受三个因素影响：社会因素，包括关系强度、主观规范、社会支持等；感知因素，包括感知社会利益、感知娱乐等；基于消费因素，包括客户满意、传播者卷入度。

Mafé 等（2010）在西班牙消费者参与电视节目时，发现对电视节目的感知价值使消费者愿意参与电视节目的短信传播活动。对于青少年来说，口碑传播的内容维度可能受到"同龄人最欣赏什么"的影响。年轻人倾向于分享共同乐趣和追随意见领袖，因此，年轻消费者倾向于传播他们喜欢的品牌的口碑。他们不仅通过日常面对面的交谈，也会通过社交媒体、短信和语音电话等形式传播（Okazaki，2009）。

Yang 和 Zhou（2011）的研究证明，美国年轻消费者对移动口碑持有积极的态度——他们更愿意传播有趣的、有用的电子信息。在中国，年轻消费者的移动口碑态度、意愿和行为的内在动态性受到主观规范、感知效用、成本、娱乐和市场专家主义的影响。如果年轻消费者的亲密朋友或亲属认为传播给他们和其他人的娱乐信息是可以接受的，那么中国年轻消费者会更可能接受并传播娱乐口碑信息（Yang，Liu 和 Zhou，2012）。

5.3　推荐奖励计划

口碑不仅是消费者之间的非正式沟通，而且也可以被用作一种营销工具，是一种强有力的、低成本的获取潜在新顾客的策略。因此企业在不断探索通过口碑活动获得竞争优势的最佳方法。在口碑营销的早期阶段，营销人员主要是关注于提高消费者满意度（从而他们会传播正面口碑而非负面口碑）和瞄准有影响力的消费者（如意见领袖）。随着口碑营销实践的发展，人们逐渐认识到口碑是一种企业可以管理和测量的活动（Tercia，2015）。由于自然口碑的自发性，企业很难对其进行有效的控制并运用成为常规的营销手段。已有的研究证明，提供诸如金钱奖励或折扣奖励能够增加人们按特定方式行动的意愿（Latham 和 Locke，1991）。Biyalogorsky 等（2001）的研究发现奖励推荐口碑计划比打折有更好的效果，而且 Goldenberg 等（2001）也指出奖励推荐计划与传统营销手段有相互加强的效果。因此，企业开始采取对消费者推荐行为进行奖励的方法影响消费者口碑传播行为，激励消费者传播企业口碑信息。通过奖励消费者促使他们参与口碑活动，从而影响消费者口碑传播行为的企业活动被称作推荐奖励计划（Referral reward Program）。推荐奖励计划的核心思想是利用现有顾客与非顾客的社会关系将后者转变为新顾客。

基于帮助企业更有效地管理消费者推荐性行为的目的，Wirtz 和 Chew（2002）通过实验法考察了刺激物在鼓励口碑上的效果以及它与其他变量的交互作用。研究表明，让消费者满意并不能保证他们会把自己的经历告诉其他人，对满意的顾客而言，刺激物能显著提高口碑行为（Wirtz 和 Chew，2002）。Biyalogorsky

等（2001）的研究也提出，为鼓励顾客的推荐行为，厂商可以用优秀的质量或具有吸引力的价格为现有的顾客提供额外的价值。此外，为推荐行为提供奖励也是鼓励推荐行为的好方法。Ryu 和 Feick（2007）的研究指出这种奖励措施能够显著提高现有产品使用者的推荐可能性，这便克服了自然状态下的口碑推荐难以驾驭的缺点。

当营销者介入并创造口碑运动或为了鼓励人们参与口碑活动而提供激励时，口碑活动被强化、放大了（Libai 等，2010）。消费者已不再被视为营销信息的单纯接收者，他们也日渐被企业"引诱"来参与构思和传播口碑信息。因此，给予奖励以鼓励消费者将接收到的口碑信息再传播给其他的消费者成为许多企业的选择（Ryu 和 Feick，2007；Okazaki，2008）。奖励越高，接受者参与口碑活动的意愿越大（Wirtz 和 Chew，2002）。Ryu 和 Feick（2007）对奖励推荐计划的描述是"在这些计划中，当现有顾客替企业吸引到了新的消费者时，企业为其提供各种各样的奖励（例如抵用券、礼品、免费使用时间以及免费里程等）"。

推荐奖励计划属于企业激励口碑，是指企业成为口碑活动的参与者，发起关于企业产品或服务的会话，并通过提供奖励来引导现有顾客利用个人关系网络对产品进行正面口碑传播的一种策略。奖励推荐口碑计划中的口碑的形成原因有可能来自两个方面。一方面原因是产品本身给消费者带来的——Goldenberg（2007）和 Richins（1983）提出正面口碑来自于消费者对产品的满意度。另一方面，Biyalogorsky 等（2001）进一步认为人们购买产品后，当满意度超过一定值时消费者达到满意，而继续提高满意度达到更高的一个点（喜悦点）时消费者则会选择口碑推荐。给予消费者一定的推荐奖励能够提高消费者的主观感受，继而增加推荐的可能性。因此，一方面，奖励口碑与自然口碑一样，也来自于消费者的满意度。另一方面，奖励条件下产生的口碑有可能不完全来自于消费者购买的产品本身带来的满意度，它有可能是由于物质奖励带来的喜悦感。

社会交易理论可以很好地解释消费者对推荐奖励计划的反应和参与决策。社会交易理论产生于 20 世纪 50 年代末期，其研究重点是人际关系中的交换现象。该理论认为"选择"是人类行为最基本的特征，人类所有的行为都建立在合理化选择的基础上，即人们总是希望以最小的代价获取最大的报酬，而且人们所追求的报酬大部分只能通过与其他社会成员之间的互动来获得。基于上述观点，社会交易理论进一步扩大"代价"与"报酬"的含义，使它们既包括物质层面的事物又包括精神层面的事物，并试图通过研究互动与交换来解释所有的社会行为。社会交易理论认为人与人之间的互动是一种交换过程，这种交换包括情感、报酬、资源、公正性等。人们在交换过程中期望的报酬或奖励分为"外在报酬"（如金钱、商品和服务）和"内在报酬"（如爱、尊敬、荣誉和职务等）。

根据社会交易理论，消费者是否参与口碑传播取决于对交换的感知成本和收益（Frenzen 和 Nakamoto，1993）。在传统的口碑传播过程中，发送者与接收者因为互动而产生沟通和推荐的行为。推荐奖励计划中，企业的介入会使消费者的沟通和决策行为变得更加复杂（Ryu 和 Feick，2007）。如果推荐成功，那么被推荐者与企业之间将发生另一个交易，推荐者会从被推荐者的购买行为中获得报酬。推荐奖励计划中的这种交易的复杂性会影响人们对成本与收益的感知。其中，收益源于推荐行为带来的直接经济利益以及潜在的社会收益（如他人的尊重与赞许）。当然，推荐行为也存在成本，其中最明显的是推荐者用于沟通的时间和付出的努力。推荐者还要承担潜在的社会风险，包括由于互惠心理而觉得有义务成为被推荐者的听众、被推荐者可能会因消费不满意而归咎于推荐者等。

企业推荐奖励计划的有效性会受到消费者传播口碑的动机的影响。动机来源于激励因素，是推动和引导人们朝着特定目标努力的内部动力，其影响并决定着人们的行为。参与口碑活动的每一个个体都有多种动机，其中有一个是占主导地位的。发送者和接收者作为口碑活动的参与方，都有参与这样的活动的自己的动机（Tercia，2015）。接收者参与口碑活动的动机和发送者以及产品或服务关联在一起，这被称为三角模式，即发送者、接收者与产品和服务应该彼此适合。Verlegh，Buijs 和 Zethof（2008）通过关键事件法归纳了口碑传播的四种动机，包括对产品的热烈拥护、自我展示、帮助消费者以及帮助企业。产品的热烈拥护指的是消费者对产品或服务感到满意或愉悦；自我展示指消费者希望展示他们的知识、专长或良好的品位；帮助顾客指消费者想要帮助其他消费者做出更好的决定；帮助企业是指消费者同情企业，想要帮助企业成功。Arnt 等人发现，消费者进行口碑传播的动机包括：他们可能把谈论产品或服务的消费体验作为缓解购买压力或者不协调的一种方法；他们也可能把口碑传播作为管理他人对自己的印象的一种途径；此外，口碑传播还可以表达其对他人的关心和帮助他人做出更好决策。

Hennig–Thurau 等人（2004）发现人们参与口碑传播活动的八个动机：第

一，平台援助，消费者希望在他们遇到问题的时候，能够得到来自平台的帮助。第二，表达负面情感，减少事件带来的挫折和焦虑。第三，关心他人，为帮助他人采取行动，但不期望获得回报。第四，外向性或积极自我强化，消费者具有和他人分享自己欢乐体验的很强的期望。第五，社会利益，参与网络口碑活动的消费者参加并成为在线社区的一部分。第六，财务奖励，消费者参与网络口碑活动是因为他们想获得企业提供的报酬。第七，帮助企业，由于美好的经历，作为交换，想为企业做点什么。第八，寻求建议，消费者参与口碑活动，是因为他们想获得更好的理解、使用、操作、修正或修复产品的必要技能。

Godes 等（2005）从发送者的角度，将口碑动机分为内部动机和外部动机。内部动机是由于某个行为本身或执行这个行为所带来的纯粹乐趣和满意而去做事情的动机，以及出于纯粹享乐型或者义务感而产生的行动相关。当受内部动机驱使时，人们会在没有任何奖励的情况下主动地执行一项任务或行为。内部动机存在的潜在原因是个体希望在处理自己与周围环境的关系时，满足自己对胜任和自主感受的需要。内部动机产生于消费者的内在心理需求，为消费者提供了积极的心理诱因，如道德感、自我增强、利他主义、涉入、帮助公司、情感释放等（Dichter，1966；Hennig-Thurau 等，2004；张圣亮和钱玉霞，2014）这些能激励人们的推荐行为，而奖励对内部动机具有强化效应。外部动机是由外部刺激而产生的，是为实现某些外在目标或满足某些外部施加的约束而做事情的动机，包括有形奖励（如折扣奖励等）以及无形奖励（如地位提高，关系增强等）（Hennig-Thurau 等，2004；Godes 等，2005；张圣亮和钱玉霞，2014），最普遍使用的外部动机就是为所付出的努力提供财务或货币补偿。外部动机通常被视为一种实现目标的手段从而影响各种行为的出现和完成情况。

根据 Hennig-Thurau 等（2004）和 Godes 等（2005）的观点，获得奖励是人们参与口碑活动的一个重要动机。消费者自然口碑的传播主要受发送者内部动机的影响，包括渴望帮助他人、与他人分享、提升自我概念和产品卷入，在传播过程中产生了大量的口碑。与此同时，这也为企业创造带有奖励的口碑内容，从而影响消费者的外部动机提供了机会。各种形式的奖励能够激励人们的推荐行为（李惠璠等，2015）。企业主动口碑管理采取的推荐奖励计划的最大特点就是由企业提供作为外部动机的各种奖励来刺激口碑传播。因此，作为促使消费者参与口碑活动外部动机的奖励受到许多研究者的关注，如 Wirtz 和 Chew（2002）、Hennig-Thurau 等（2004）、Tuk（2008）等。

已有研究证明，对口碑传播活动给予奖励能够增加人们参与这些口碑传播活动并向他人推荐的可能性（Ryu 和 Feick，2007）。但是，这也随之降低了作为口碑推荐行为最重要的特点之一的非商业性。奖励的出现会很容易将传播者和接收者之间的关系变成交易关系，在朋友和熟人之间原本"纯净"的关系中注入了物质动机，会伤害接收者对发送者真诚的感知（Tuk 等，2009），由此，口碑信息来源的可信性被削弱了，接收者可能感知推荐者是出于奖励而非"帮助其他消费者"等内在动机做出推荐的，因而会使接收者产生不可靠的印象，从而降低推荐奖励计划的口碑效果。而且，被推荐者还可能会觉得推荐者违背正常的社会规范，认为推荐者不够真诚，因而不接受这种行为（Tuk 等，2009），此时，这必然降低推荐奖励计划的影响。Wiener 和 Mowen（1986）指出，如果推荐者是受到了某种激励而做出了推荐而不是自然产生了这种推荐的话，接收者对品牌的接受度很有可能不同。

为减少推荐奖励对消费者的负面影响，提升推荐奖励计划的效果，学者们从企业和个体层面研究推荐奖励计划的各种构成对推荐者和接收者的影响。包括推荐奖励计划对于企业绩效的影响（Godes 和 Mayzlin，2009）以及推荐奖励计划对推荐接收者的影响（Tuk 等，2009；于春玲，王霞和包呼和，2011）。推荐奖励计划的各种构成对消费者的推荐意愿的研究包括奖励类型（Ryu 和 Feick，2007；Tuk，2008；王如意，2010；黄静，吴宏宇和姚琦，2013；朱翊敏，2014；朱翊敏和于洪彦，2016）、奖励分配（Ryu 和 Feick，2007；于春玲，王霞和包呼和，2011；朱翊敏，周素红和刘容，2011；朱翊敏和于洪彦，2015；Xiao，Tang 和 Wirtz，2011）、推荐数量限制（王晓玉，2010）、奖励额度（Ryu 和 Feick，2007；王晓玉，2010；于春玲，王霞和包呼和，2011；朱翊敏，周素红和刘容，2011；朱翊敏，2013；朱翊敏和于洪彦，2015）、奖励公开（Tercia，2015；Jensen 和 Yetgin，2017）、奖励条件（Libai 等，2010；Xiao，Tang，和 Wirtz，2011；Tercia，2015）等。

5.4　研究模型与假设

推荐奖励计划作为一种促进消费者口碑传播和再传播的有效方法，已经引起研究者和实践者的关注。目前，推荐奖励计划在市场上不论是实体商品领域还是服务领域都有较广泛的应用，很多企业认为其比促销工具具有更好的目标性和成本有效性。但是，与自然口碑相比，由于引入了奖励刺激，推荐奖励计划中的口碑传播过程变得比较复杂，尤其是在当今移动互联网的环境下，消费者之间的口碑互动沟通明显不同于传统口碑和 PC 互联网口碑传播，因此，我们需要研究移动互联网下的消费者奖励推荐行为。

5.4.1　研究模型

社交媒体的出现扭转了学者们在过去半个世纪里对于"口碑是发生在消费者之间的、并未受到营销者的直接促进或影响"的认识，相反，他们意识到企业已经能够直接地参与、影响和监管口碑活动了（Kozinets 等，2010；董大海和刘琰，2012）。社交媒体的发展在为企业带来了巨大机遇的同时也伴随着巨大风险，因此，企业迫切需要知道应该如何进行口碑管理。而现有口碑传播研究大多关注消费者之间的口碑传播，以心理学、传播学、营销学以及经济学的相关理论为基础进行研究（Brown 和 Reingen，1987；Herr，Kardes 和 Kim，1991；Sweeney，Soutar 和 Mazzarol，2008），对企业在口碑传播中的作用没有足够重视。企业在口碑传播过程中不应该只是一个旁观者。按照参与程度，企业在口碑传播过程中可以扮演观察者、调节者、中介者和参与者等四种角色（Godes 等，2005）。有研究证明，企业主动参与口碑传播活动并不会引起口碑信息接收者的反感。

受口碑的巨大商业价值所驱使，企业在不断探索通过口碑活动获得竞争优势的最佳方法。在口碑营销实践中，企业已经试图采用各种策略来鼓励口碑传播。一些企业引进了正式的计划，即推荐奖励计划，来鼓励消费者做出推荐（Ryu 和 Feick，2007）。因为推荐奖励计划相对于传统促销工具而言更具有针对性而且节约成本，可以主动招募新顾客，是创造口碑效应的有效方式。因此，推荐奖励计划受到研究者的关注，认为这类计划的使用将日益增长（Biyalogorsky 等，2001）。

企业发起奖励性口碑的主要目标是快速向尽可能多的人传播信息以及获得新顾客。为了实现这些目标，瞄准那些最可能成为新顾客的合适人群是关键。对企业来说，通过授权消费者，促使消费者思考并选择合适的接收者——即发送者根据接收者成为企业新顾客的可能性进行选择——对企业有很大的影响，是实现这些目标最有效的方式。因此，在奖励性口碑活动中，消费者的积极参与会对企业目标产生相当大的积极影响（Biyalogorsky 等，2001；Tercia，2015；Jensen 和 Yetgin，2017）。

企业如何对消费者口碑传播过程进行主动管理，管理时点如何选择，消费者对于企业在口碑传播中的管理行为会做出何种反应，以及企业管理口碑传播的效果如何衡量等问题还需要深入的理论与实证研究。在移动新媒体背景下，这些问题对企业移动口碑管理尤为重要。已有的奖励性口碑文献主要研究奖励性口碑如何影响顾客推荐意愿，例如，Ryu 和 Feick（2007），王晓玉（2010），黄静、吴宏宇和姚琦（2013），朱翊敏和于洪彦（2016）等。但是，仅考虑发送者的推荐意愿并不足以保证推荐奖励计划的成功。发送者和接收者都是推荐奖励计划成功的关键参与者，他们都是企业必须要予以关注的。当参与有奖励的口碑活动时，作为口碑发送者或者接收者的消费者会面临复杂的、令人困惑的情况。因此，我们还需要了解发送者向谁推荐，以确保推荐奖励计划能够取得理想的效果。然而，对于在奖励性口碑活动中，消费者向谁推荐，特别是在移动互联网的环境下，消费者在推荐奖励计划活动中借助于微信等社交媒体把口碑推荐给谁，还没有充分的研究。

5.4.1.1 口碑推荐目标

消费者在通过微博、微信等社交媒体进行口碑传播的时候，其口碑传播行为会受到网络关系的影响。以往基于社会网络的研究也已经指出，消费者实际上是嵌入在网络关系中的。社会网络关系代表了一种社会影响，消费者所处的社会网络关系会影响其行为和态度，因此消费者在推荐奖励计划中选择向谁推荐会受到网络关系的影响。在微信等社交媒体中，消费者的口碑再传播大多是通过转发来实现的，是对接收到的微信口碑信息的一种刺激反应。此时，消费者并没有对企业相关产品或服务的实际消费体验，因此，微信口碑的来源就成为消费者通过转发进行再传播的重要依据。

已有研究证明，关系强度作为口碑活动的社交情境基础具有重要影响。因此，发送者和接收者之间的关系就成为发送者选择推荐奖励计划口碑接收者的关键变量。虽然发送者会考虑在奖励性口碑活动中获得的好处，但是，发送者在传播推荐奖励口碑的时候也会担心给别人留下负面印象（Xiao，Tang 和 Wirtz，2011），因此，发送者会慎重考虑与接收者的关系，选择奖励性口碑活动的合适接收者，尽量做到推荐口碑信息符合接收者的需求，特别是，当对发送者的奖励取决于接收者行为的时候。

关系强度（Tie Strength）代表在社会网络的背景下个体之间的人际关系（Money，Gilly 和 Graham，1998）。关系强度是考察人际影响力的一个重要方面

（Ryu 和 Feick，2007），对口碑传播具有重要的影响。根据 Granovetter（1973）的研究，人际联系的力量包括时间、情感强度、亲密性和关系的互惠特性等的联合体。在奖励性口碑活动中，消费者会与来自不同关系强度的参与者发生互动。强关系和弱关系在口碑传播过程中的作用是不同的。Reingen 和 Kernan（1986）以及 Bone（1992）发现，口碑在强关系中更可能产生，因为强关系者更了解口碑接收者的需求、偏好、评价标准，从而使群体内部成员的推荐信息得以迅速扩散。而 Brown 和 Reingen（1987）认为，弱关系在宏观层面表现出重要的桥梁作用，使信息从一个子群向另一个子群传播。

Tuk（2008）的研究还指出，奖励口碑与自然条件下产生的口碑不同。口碑活动中的关系本质应该是朋友关系（弱关系），其包含自然口碑的属性，如关心、帮助做出正确选择以及建立良好的关系等。然而，当营销者给口碑参与者提供奖励的时候，发送者和接收者之间的朋友关系就转变成销售导向的关系（Tuk，2008）。因此，在奖励性口碑活动中，由于其包含了物质奖励这一因素，表现出来的关系类型也包含市场交易关系。因此，在企业发起的推荐奖励计划活动中，发送者如何选择推荐口碑的合适接收者受两种关系规范的影响，这会使发送者产生较高的社会和心理成本。发送者既想获得企业奖励又要考虑不能给接收者带来困扰，因此，发送者会考虑推荐奖励活动给接收者的印象以及他们随后对推荐口碑的反应（Ryu 和 Feick，2007；Xiao，Tang 和 Wirtz，2011）。企业推荐奖励计划的构成包括奖励条件、奖励类型、奖励力度以及奖励信息公开性等多方面，这些方面会影响发送者对推荐行为的成本和利益的感知。企业提供的奖励情况会指导发送者从特定关系中选择接收者。

5.4.1.2 推荐奖励的构成

为了深入了解在企业推荐奖励计划活动中，发送者如何选择推荐口碑的接收者，我们还需要了解企业推荐奖励计划的构成。企业需要仔细设计奖励的方式，从而影响作为推荐奖励活动中关键角色的发送者和接收者的行为，确保所有参与者产生积极的反应（Tercia，2015）。在已有的研究中，人们主要关注推荐奖励计划的各种构成对发送者推荐意愿的影响（Ryu 和 Feick，2007；于春玲、王霞和包呼和，2011；黄静、吴宏宇和姚琦，2013；朱翊敏和于洪彦，2016；Jensen 和 Yetgin，2017），而推荐奖励计划的各种构成对发送者如何选择接收者的影响还缺少深入的研究。

在推荐奖励计划的各种构成中，确定口碑的最佳奖励并不是一件容易的事。

我们选择对发送者和接收者均具有重要影响的三种构成推荐奖励计划的关键因素——奖励分配、奖励条件和奖励公开——作为研究的前因变量，研究它们如何影响发送者对接收者的选择。

奖励分配是解决"奖励谁"的问题。在推荐奖励计划活动中，发送者和接收者双方都会产生成本和利益的感知（Wirtz 和 Chew，2002）。Ryu 和 Feick（2007）认为，企业实体可以制定奖励计划，只奖励发送者，或者称为"奖励我"计划，而同时考虑发送者和接受者的计划则称为"奖励双方"计划。"奖励我"和"奖励双方"计划能够增加人们参与奖励性口碑活动的可能性。Ryu 和 Feick（2007）也发现，在奖励性口碑活动中，这些不同的奖励计划活动对发送者选择特定接收者的倾向具有不同的影响。综合相关文献可知，奖励分配方案一般分为三种，即奖励发送者、奖励接收者和奖励双方。已有的关于奖励分配方案的研究均是针对发送者推荐意愿的研究，如王晓玉（2010）、朱翊敏和于洪彦（2015）等。由于只奖励接收者的情况比较少见，因此该研究站在发送者的视角，研究在奖励发送者和奖励双方两种分配方案下，发送者和谁一起分享这个奖励？这个问题到现在为止很少有人研究。

在奖励性口碑活动中，因为仅从推荐活动中获得好处而不推荐企业潜在顾客的"搭便车"的消费者是普遍存在的，所以对企业而言，设定获得奖励的条件比仅提供价格折扣更有利（Biyalogorsky 等，2001）。为减少"搭便车"问题，为所有参与口碑活动的参与者设定特殊的条件是企业普遍的做法（Tercia，2015）。例如，消费者在推荐一个潜在的顾客给企业之后就可获得奖励，或者只有消费者推荐的潜在顾客成为企业的顾客以后，该顾客才能获得奖励（Ryu 和 Feick，2007）。在日常活动中，消费者面临各种各样的消费决策。什么时候给消费者奖励是营销者必须要重视的问题。在奖励作为结果的条件下，人们一般偏好获得即刻的奖励而不是延迟的奖励。因此，在消费者认为最好的时间给予其奖励，消费者对奖励的评价会更高。在本书中，奖励条件有两种情况。一种是发送者向微信朋友发送口碑信息就可以获得奖励，即无条件奖励。另一种是只有在发送者将口碑信息发送给微信朋友，而且其微信朋友成为企业顾客后，发送者才可以获得奖励，即条件奖励。推荐奖励条件会改变发送者对成本和收益的感知，其对发送者选择奖励口碑接收者的影响还有待深入研究。

在奖励性口碑活动中，是否公开发送者和接收者获得奖励的信息也是研究者关注的问题（Jensen 和 Yetgin，2017），特别是推荐活动中包括发送者和接收者两方的时候。公开或不公开奖励信息是由企业决定的，特别当奖励是提供给发送者和接收者两方的时候。当企业公开奖励信息的时候，接收者感知的变化（从正面到负面感知，或相反）可能会发生。Foreh 和 Grier（2003）认为，奖励的公开性会给人如下印象——传播口碑内容的发送者是一个诚实的人，他们没有隐藏任何事项。相对于没有奖励的情境而言，这种感知会使接收者产生积极的反应。而 Kirmani 和 Zhu（2007）认为，公开奖励信息会产生一种倾向，即接收者认为发送者传播移动口碑内容没有积极的动机，而是想得到财富。Tuk（2008）认为，奖励公开或者不公开的影响受到发送者和接收者之间关系的强烈影响。在朋友、同事或熟人等关系条件下，假如奖励公开的话，接收者会认为发送者是一个诚实的人。然而，在交易关系中，假如奖励公开，接收者会认为发送者是机会主义者。关于网络产品评论的研究中，Stephen 等（2012）发现，奖励公开对建议的产品具有消极影响，另外，他们的研究也表明，在在线产品评论中，给发送者提供奖励可以增加他们参与口碑活动的动机。然而，企业公开奖励信息会对发送者产生不利影响，因为接收者会降低他们对推荐产品的评价。由上述这些研究可以发现，公开奖励信息对发送者选择奖励性口碑活动中的接收者的影响依然是没有定论的。

在移动互联网情境中，微信等社交媒体已成为人们进行信息交流的重要工具。微信拥有庞大的使用人群及颇高的用户活跃度，其已经发展成为大众获取信息、分享信息、休闲娱乐、社会交往的社会化媒体。经过长时间的互动交流，微信用户之间的社会网络关系形成了类似于现实世界的亲密关系。微信凭借其信息传播定位精准、传播过程高速便捷且噪声干扰少、传播主体高度互动等天然优势，在企业品牌的塑造及维护产品的推广与营销中发挥着独特的作用。微信通过其"社交式分享"功能，能够让特定的话题在特定的"圈子"高精准推送、迅速聚合、瞬间扩大，呈指数级地传播扩散。微信独特的社交性和互动性及其庞大的用户群使其成为企业开展奖励性口碑活动的理想工具。因此，该研究中，笔者主要研究企业通过微信开展的移动奖励性口碑活动中，推荐奖励计划的三种关键因素——奖励条件、奖励分配和奖励公开——对消费者选择微信朋友作为推荐对象的影响，以及奖励公开在奖励分配和奖励条件对消费者推荐对象选择过程中的调节效应。

该研究的理论模型如图 5-1 所示。

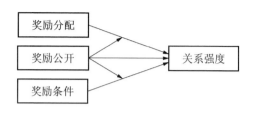

图 5 - 1　移动口碑传播理论模型

5.4.2　研究假设

在奖励性口碑活动中，发送者选择奖励口碑接收者的时候会受到奖励构成设计的影响。推荐奖励计划的各种构成会影响发送者的心理动机，进而影响发送者对推荐活动成本收益的感知。笔者认为推荐奖励计划的三种关键构成因素，即奖励条件、奖励分配和奖励公开，对发送者选择奖励口碑的接收者具有不同的影响，并据此提出假设。

5.4.2.1　奖励分配

在推荐奖励活动中，"奖励我"和"奖励双方"的分配方案都能够增加人们参与奖励性口碑活动的可能性（Ryu 和 Feick，2007）。但是，不同的奖励分配对发送者选择特定接收者具有不同的影响。

当只奖励发送者时，发送者和接收者之间的朋友关系就转变成一种交易关系（Tuk，2008），此时，发送者在获得奖励动机的驱动下会选择向弱关系接收者发送口碑信息，从而实现自己收益的最大化。Ryu 和 Feick（2007）及 Wirtz 和 Chew（2002）的研究证明了在"奖励我"的活动中，发送者倾向于向弱关系接收者发送奖励性口碑。

在"奖励双方"的活动中，Ryu 和 Feick（2007）与 Wirtz 和 Chew（2002）的研究发现发送者倾向于同时向弱关系和强关系接收者发送奖励性口碑。但是，奖励分配如何导致发送者选择特定关系的接收者还没有得到检验。在"奖励双方"活动中，理解发送者从特定关系（强关系或弱关系）中选择接收者而不是两种关系都选，这对企业决策是更有意义的。笔者认为，在"奖励双方"的时候，发送者更多是出于情感取向来选择接收者，其在与好朋友分享或帮助接收者的动机驱动下会选择强关系接收者。

根据以上分析我们认为，在奖励性口碑活动中，奖励分配会对发送者选择口碑信息接收对象产生影响。据此笔者提出如下假设：

H1：当奖励分配方案是奖励发送者时，发送者会选择弱关系的接收者；当奖励分配方案是奖励双方时，发送者会选择强关系的接收者。

5.4.2.2 奖励条件

奖励条件，作为口碑活动中对参与消费者的一种重要奖励因素，受到许多研究者的关注（Tercia，2015）。发送者瞄准奖励性口碑的合适接收者的决策，受到发送者对接收者会怎样看待自己的感知的强烈影响（Xiao，Tang 和 Wirtz，2011）。在决定合适的接收者的时候，发送者与接收者的关系强度会被考虑。

在条件奖励的情况下，消费者会衡量奖励给自己和朋友所带来的价值。此时，发送者一般从强关系中挑选接收者（Bruyn 和 Lilien，2008）。因为强关系的消费者之间具有较高水平的相互信任，发送者认为这样的紧密关系中的接收者不会对给他们发送奖励性口碑的人产生任何消极的想法，另外，强关系接收者一般会认为"帮助本身就是酬劳"。因此，发送者相信强关系的接收者会接受自己的推荐，从而成为企业顾客，最终双方都得益。

在无条件奖励的情况下，发送者不会承担特定的责任，也不期望接收者会成为企业顾客。发送者和接收者之间更像销售员和顾客的市场交易关系。此时，消费者不太看重心理成本与收益，而更加重视经济收益，因此消费者更愿意向弱关系的接收者进行奖励推荐。

根据以上分析笔者认为，在奖励性口碑活动中，奖励条件会对发送者选择口碑信息接收对象产生影响。我们据此提出如下假设：

H2：当存在奖励条件的时候，消费者会选择强关系的接收者；当不存在奖励条件的时候，消费者会选择弱关系的接收者。

5.4.2.3 奖励公开

按照 Tuk（2008）、Foreh 和 Grier（2003）及 Jensen 和 Yetgin（2017）的研究，在具有信息公开条件的奖励性口碑活动中，发送者瞄准接收者会有复杂的考虑。发送者把奖励性口碑发送给谁而不会被接收者认为是投机性的，这是一个对发送者很重要的事件。

奖励信息公开或者不公开，受到发送者和接收者之间关系的强烈影响（Tuk，2008）。假如对发送者奖励的信息传递给接收者，发送者会考虑预期接受者对他们的印象，因为接收者可能会认为发送者的推荐是不够真诚的，会假设他们只是受到金钱的激励（Tuk，2008）。在强关系中，公开奖励信息会使接收者认为发送者是一个诚实的人。然而，在弱关系中，公开奖励信息会使接收者认为发送者是机会主义者。

根据以上分析笔者认为，在奖励性口碑活动中，奖励公开会对发送者选择口碑信息接收对象产生影响。我们据此提出如下假设：

H3：当奖励公开的时候，消费者会选择强关系的接收者；当奖励不公开的时候，消费者会选择弱关系的接收者。

5.4.2.4 奖励公开的调节效应

在奖励性口碑活动中，发送者在选择口碑信息接收者的时候，会受到内外动机的影响。内部动机包括帮助并强化与接收者之间的关系等，而外部动机主要是获得奖励。因此，在选择接收者的时候，发送者既会考虑给接收者的印象也会考虑接收者随后对口碑的反应（Ryu 和 Feick，2007；Xiao，Tang 和 Wirtz，2011）。微信是一个熟人关系网络，微信朋友之间具有一定的类似现实朋友关系的性质，彼此已经建立起一定的相互信任，因此，奖励信息是否公开会影响发送者和接收者的心理和感知的变化（从正面到负面感知，或相反）。

在推荐奖励计划中，奖励的存在在一定程度上减弱了口碑的非商业性（Tuk等，2009），接收者可能认为发送者的推荐是为了获得奖励而非"帮助他人"，从而影响发送者的形象。因此，发送者选择奖励性口碑的合适接收者的决策，受到发送者与接收者的关系以及双方感知成本和利益的影响。发送者在内外动机的影响下，既想给接收者留下一个好印象，被看作是一个有益的朋友，也想获得一定的奖励。发送者也相信接收者会感受到心理压力并做出相应的反应，以帮助发送者。

在奖励分配和奖励条件影响发送者选择接收者的过程中，发送者和接收者的心理反应以及感知成本和收益会受到信息公开的影响而发生改变，进而影响发送者选择不同关系强度的微信朋友作为奖励性口碑的合适接收者的决策。

根据以上分析我们提出如下假设：

H4：奖励公开在奖励分配影响发送者选择不同关系强度的接收者作为推荐对象的过程中具有调节效应。

H5：奖励公开在奖励条件影响发送者选择不同关系强度的接收者作为推荐对象的过程中具有调节效应。

5.5 研究设计

实验法是指有目的地控制一定的条件或创设一定的情境，以引起被试的某些心理活动以进行研究的一种方法。实验设计方法就是通过可控因素（自变量）在不同水平的操作处理，以察看其对响应（因变量）的反应。良好的实验设计能够恰当地选择样本量，严格控制误差，使实验效应充分显示出来，用较少的人力、物力和时间取得较为满意的结果，回答研究假设的问题。因此，该研究主要通过一系列实验来研究发送者和接收者在奖励性口碑中的活动，关注在奖励分配、奖励条件和奖励公开等条件下，发送者如何选择具有不同关系强度的消费者作为移动口碑接收对象的决策。

5.5.1 实验设计

该研究采用两个 2×2 的组间因子实验来研究发送者在奖励性口碑中的活动里如何选择接收者，并检验上述各项假设。通过实验我们试图回答以下问题：消费者把移动口碑信息发送给谁？是一个弱关系的接收者还是一个强关系的接收者（该研究中的关系强度是指发送者与接收者之间的关系）？

实验一的自变量为奖励分配（奖励发送者和奖励双方）及奖励公开（公开和不公开）；实验二的自变量为奖励条件（有条件和无条件）及奖励公开（公开和不公开）。这两个实验均有 4 个不同的实验组，实验的因变量为发送者与接收者之间的关系强度。

关于实验产品（服务）的选择，笔者对河北经贸大学的 10 名学生进行了访谈，对学生提及最多的餐饮、电子产品、影视与服装等进行深入的交谈，最终确定餐饮行业微信推荐奖励活动作为实验的模拟情境并选择河北经贸大学的大学生作为实验的被试对象。

5.5.2 实验程序

笔者首先广泛收集有关餐饮服务的信息并与大学生进行了深入的访谈和分析，结果显示，饭菜质量、口味、服务态度、环境等是他们关注的主要问题。据此笔者设计了 8 组不同的场景描述。

笔者把准备好的 8 组不同的场景描述随机分发给河北经贸大学的 50 名大学生被试者进行检测，让他们对三个自变量——奖励分配（奖励发送者和奖励双方）、奖励条件（有条件和无条件）和奖励公开（公开和不公开）——进行判断。其中，奖励分配中的"奖励发送者"描述为"微信扫描饭店二维码加关注并推荐给微信朋友，您本次消费将享受九折优惠。""奖励双方"描述为"微信扫描饭店二维码加关注并推荐给微信朋友，您本次消费将享受九折优惠，您的朋友来店就餐时出示接收到的微信信息，也会享受九折优惠"；奖励条件中的

"无条件"描述为"微信扫描饭店二维码加关注并推荐给微信朋友后就可以享受九折优惠","有条件"描述为"您的朋友来店出示接收到的微信信息并且消费以后,您将享受九折优惠";奖励公开中的"公开"描述为"服务员会告知您的朋友您获得优惠的信息","不公开"描述为"服务员不会告知您的朋友您获得优惠的信息"。

检测结果显示,学生能够对所设计的 8 组不同场景描述做出准确的判断,该设计能够用于实验研究。

正式实验在河北经贸大学进行。笔者随机选出几个班级,取得教师和学生的同意后,在课堂上集体填答。具体步骤如下:首先向学生说明注意事项,把 8 种问卷随机发放给 8 个实验组的每一个被试者。问卷的开始是有关请求协助、注意事项的说明。问卷第一部分是关于微信使用情况的调查,包括是否是微信用户(筛选性问题)、微信使用频率和使用体验等问项。第二部分要求被试者先阅读所描述的餐饮服务场景,如其中一种情境描述为:您在某饭店吃饭,感觉饭菜质量、口味、服务态度、环境等方面都很满意,服务员告诉您,微信扫描饭店二维码加关注并推荐给微信朋友,您本次消费将享受九折优惠,您的朋友来店就餐时可以出示接收到的微信信息,但不享受优惠,也不会被告知您获得优惠的信息。被试者读完后回答自变量操控检验问题以及与接收口碑信息的微信朋友的关系强度问题。每个被试者只面对单独提供给他们的 8 种情境中的一种。问卷最后为被试者的性别和年龄等内容(见附录3)。

5.5.3 变量测量

该研究对自变量的操控检验的方式是:我们要求被试者对 8 种实验情境中的奖励分配(奖励发送者和奖励双方)、奖励条件(有条件和无条件)及奖励公开(公开和不公开)的描述做出是或否的判断,以此来判定被试者是否能对自变量做出准确识别。不能做出准确识别的样本将被剔除。

按照 Granovetter(1973)的观点,人际联系的力量在于时间、情绪强度、亲密性和互动环境特征等联系的结合。因此,关系强度的测量采用苏俊斌和孙嘉靖(2014)的研究,从亲密程度、时间长度和互惠交换三个方面测量在中国语境中的大学生群体在微信情境中的关系强度。测项围绕中国大学生群体最感兴趣的家庭、工作和娱乐资讯等三个方面的话题进行设计,共 7 个测项,使用 5 点李克特量表进行测量,如表 5-1 所示。

表 5 - 1　关系强度量表

变量	测项	参考量表
关系强度	我乐于和他/她谈论我的家庭	苏俊斌和孙嘉靖 (2014)
	我乐于和他/她谈论我的工作	
	我乐于和他/她谈论电影、电视、消费、旅游、娱乐活动的资讯	
	我们认识的时间很久	
	我们相处的时间很多	
	我们的交往是双向互助关系	
	在日常交流过程中,我们都避免提出有损对方利益的要求	

该研究由 8 个实验组构成,共发出问卷 300 份,收回 298 份,去除 3 个非微信用户以及填写不完整、不符合逻辑和未对自变量进行准确识别的无效问卷,共有 262 份有效问卷,其中实验一 134 份,实验二 128 份。在最终的 262 份问卷中,男性被试者占 45.4%,女性占 54.6%,平均年龄为 21.5 岁,平均每天使用微信 6 次以上的占 87.5%,认为微信有吸引力和非常有吸引力的占 84.7%。

5.6　假设检验

该研究中,笔者使用中位数对因变量(微信口碑信息发送者和接收者之间的关系强度)进行分组,大于中位数 3 的为强关系,小于中位数 3 的为弱关系。实验一的因变量关系强度的 Cronbach's α 为 0.898,实验二的因变量关系强度的 Cronbach's α 为 0.885。由此可见,因变量的信度均在可接受水平。由于该研究所用的关系强度量表是借鉴苏俊斌和孙嘉靖(2014)的成熟量表,经过了严谨的验证,因此具有很好的效度,符合该研究的要求。

借助统计软件 SPSS 21,使用描述性统计分析和交叉表对实验一和实验二中的关系强度的均值和标准差进行分析,实验一的结果如表 5 - 2 所示,实验二的结果如表 5 - 3 所示。

表 5 – 2　奖励分配和公开影响推荐奖励对象选择的均值和标准差

		奖励分配		合计
		奖励发送者	奖励双方	
奖励公开	公开	2.79 (0.94) $n = 31$	3.88 (0.68) $n = 32$	3.34 (0.98)
	不公开	3.21 (0.87) $n = 33$	2.53 (0.91) $n = 32$	2.88 (0.95)
合计		3.01 (0.92)	3.20 (1.05)	

注：平均值 5 点李克特量表进行测得，括号内数值为标准差。

表 5 – 3　奖励条件和公开影响推荐奖励对象选择的均值和标准差

		奖励条件		合计
		有条件	无条件	
奖励公开	公开	3.82 (0.69) $n = 34$	3.59 (0.89) $n = 33$	3.71 (0.80)
	不公开	2.45 (0.88) $n = 34$	2.79 (0.99) $n = 33$	2.61 (0.94)
合计		3.13 (1.04)	3.19 (1.02)	

注：平均值 5 点李克特量表进行测得，括号内数值为标准差。

实验一方差分析结果如表 5 – 4 所示，实验二方差分析结果如表 5 – 5 所示。

表 5 – 4　奖励分配和公开影响推荐奖励对象选择的方差分析

自变量	F 值
奖励分配	1.718
奖励公开	9.219**
奖励分配 × 奖励公开	34.035***

注：因变量为发送者与接收者之间的关系强度。$**p < 0.01$；$***p < 0.001$。

表 5 – 5　奖励条件和公开影响推荐奖励对象选择的方差分析

自变量	F 值
奖励条件	0.161
奖励公开	52.024***
奖励条件 × 奖励公开	3.535

注：因变量为发送者与接收者之间的关系强度。$***p < 0.001$。

在实验一中，笔者研究奖励分配对发送者接收对象选择的影响并研究奖励公开在这个过程中的调节效应。由以上分析结果可知，奖励分配对发送者选择推荐奖励对象的主效应未达到显著水平，因此，拒绝假设 H1，奖励分配不是发送者选择推荐奖励对象时的考虑因素。其中，奖励发送者和奖励双方的关系强度均值均大于 3，这也说明无论奖励如何分配，发送者均倾向于向强关系的接收者发送口碑信息。

在实验二中，笔者研究奖励条件对发送者接收对象选择的影响，并研究奖励公开在这个过程中的调节效应。分析结果表明，奖励条件对发送者选择推荐奖励对象的主效应未达到显著水平，因此，我们拒绝假设 H2，奖励条件不是发送者选择推荐奖励对象时的考虑因素。其中，有条件和无条件的关系强度均值均大于 3，这说明无论奖励有无条件，发送者均倾向于向强关系的接收者发送口碑信息。

产生以上结果的原因在于强关系的消费者之间具有较高水平的相互信任，发送者已经知道接收者的偏好和需要，发送者的心理负担较小，而且来自强关系的接收者会自然地参与口碑活动（Ryu 和 Feick，2007），因此，无论奖励分配和奖励条件是什么样的结构，发送者均倾向于向强关系而不是弱关系发送口碑信息。

在实验一和实验二中，奖励公开对发送者选择推荐奖励对象的主效应均达到显著水平。由表 5-2 和表 5-3 中的数据可知，在信息公开的时候，发送者倾向于向强关系的接收者发送推荐奖励口碑信息（关系强度的均值分别为 3.34 和 3.71），而在信息不公开的时候，发送者倾向于向关系较弱的接收者发送推荐奖励口碑信息（关系强度的均值分别为 2.88 和 2.61），我们的假设 H3 得到验证。

实验一中，奖励公开在奖励分配影响发送者选择接收对象的过程中的调节效应检验达到显著水平，因此，需要进行简单效应检验，检验结果如表 5-6 所示。

表 5-6　简单效应检验

		奖励分配		F 值
		奖励发送者	奖励双方	
奖励公开	公开	2.79（0.154）	3.88（0.151）	25.132 * * *
	不公开	3.22（0.149）	2.53（0.151）	10.392 * *

注：平均值 5 点李克特量表进行测得，括号内数值为标准差。

$* * p < 0.01$；$* * * p < 0.001$。

由简单效应检验结果可知，在奖励公开的条件下，奖励发送者时关系强度的均值为 2.79，小于奖励双方时关系强度的均值 3.88，而且此差异达到显著水平（$F = 25.132$，$p < 0.001$）。在奖励不公开的条件下，奖励发送者时关系强度的均值为 3.22，大于奖励双方时关系强度的均值 2.53，此差异也达到显著水平（$F = 10.392$，$p < 0.01$）。因此，假设 H4 得到验证。实验一的调节效应如图 5 - 2 所示。

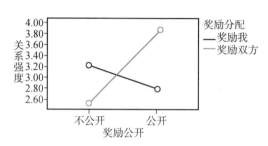

图 5 - 2　奖励分配和公开推荐奖励对象选择的影响

实验二中，奖励公开在奖励条件影响发送者选择接收对象的过程中的调节效应检验未达到显著水平，因此，拒绝假设 H5，奖励公开在奖励条件影响发送者选择接收对象的过程中没有调节效应。这是因为微信是一个熟人关系网络，微信朋友之间具有现实朋友关系的性质，彼此之间是相互信任的，而且无论奖励有无条件，发送者均倾向于向强关系的接收者发送口碑信息，奖励条件是否公开不会改变发送者和接收者的心理和感知。

5.7　小　　结

该研究从发送者的视角研究了在企业通过微信开展的移动奖励性口碑活动中，奖励条件、奖励分配和奖励公开对消费者选择微信朋友作为推荐对象的影响。研究发现，奖励公开会对发送者选择口碑信息的接收对象产生影响。在奖励信息公开的时候，发送者倾向于向强关系的接收者发送推荐奖励口碑信息，而在奖励信息不公开的时候，发送者倾向于向关系较弱的接收者发送推荐奖励口碑信息。奖励条件和奖励分配不是发送者选择推荐奖励对象时的考虑因素。无论奖励有无条件以及如何分配，发送者均倾向于向强关系的接收者发送口碑信息。奖励公开在奖励分配影响发送者选择接收对象的过程中具有调节效应。在奖励公开的条件下，发送者在奖励发送者时将向弱关系接收者发送口碑信息，在奖励双方时将向强关系接收者发送口碑信息。在奖励不公开的条件下，发送者在奖励发送者时将向强关系接收者发送口碑信息，奖励双方时向弱关系接收者发送口碑信息。

该研究的理论贡献主要有如下三个方面：第一，在已有的推荐奖励计划的研究中，大多是在研究推荐奖励计划的构成要素对消费者推荐意愿的影响，对推荐对象的选择很少有人研究。该研究从发送者视角，研究推荐奖励计划的构成要素，即奖励条件、奖励分配和奖励公开，对发送者推荐对象选择的影响。研究结论丰富了相关理论，加深了人们对奖励性口碑活动的理解。第二，该研究依据关系强度理论，将接收者分为强关系和弱关系两种类型，研究发送者在接到奖励性口碑信息后会发送给强关系接收者还是弱关系接收者。研究结论表明了口碑传播的流向并加深了对人们口碑活动中人际关系影响的理解。第三，该研究关注在移动互联网背景下企业通过微信开展的移动奖励性口碑活动，扩展了口碑传播的研究范围，体现了技术发展对口碑传播研究的新要求。

该研究可以为企业的营销实践提供帮助。在奖励性口碑活动中，营销者可以使用微信主动创造更多创新性移动口碑，了解消费者会向谁传播企业推荐奖励口碑信息，这对企业推荐奖励计划的成功具有至关重要的影响。企业在开展推荐奖励计划的时候，选择那些拥有对企业具有高价值的朋友圈的顾客作为首次奖励信息的接收者，进而通过他们向其朋友推荐，从而获得更多高价值的顾客。同时，企业在设计推荐奖励活动的时候，要慎重考虑是否公开对发送者和接收者的奖励信息。

该研究得到了一些有意义的结论，但是还有一些重要的问题需要探索。该研究的局限性及未来研究方向主要体现在以下几个方面。首先是对于推荐奖励计划的构成要素，笔者只研究了奖励条件、奖励分配和奖励公开三个因素，还有其他因素没有研究。其次是对于推荐对象的选择，笔者只从关系强度这个因素进行了研究，还有许多因素，如接收者的个性特征等，还需要更广更深入的研究。另外，笔者只研究了消费者在推荐奖励计划中的口碑传播行为，在没有企业奖励的环境中，消费者是如何传播和再传播移动口碑信息的，还有待于深入研究。

第6章 结论与应用

口碑文化在中华大地可谓源远流长。在媒体不发达的古代，传统的口碑是一个人、一个产品、一个茶馆或一座酒家最让人信服的品牌塑造者。中国传统老字号品牌就是靠最初的口碑流传至今，它们依靠着口碑文化的自发、主动、诚信三大特点的传播而形成强大的生命力，至今仍经久不衰，创造了一个又一个品牌神话。

现在，我们已正式进入移动互联时代，移动营销将是不可避免的营销趋势。企业只有正确把握移动营销，开展好移动营销，才能获得无限商机并产生相应的经济效益。随着移动互联网的发展，智能手机成为人们最贴身的媒介平台，微博、微信、Twitter、Facebook 等社交媒体迅速崛起，大大激活了人们的媒介参与热情。移动社交媒体促进了消费者之间的人际互动，加快了信息传播的速度，加强了信息传播的效果，降低了信息传播的成本，具有极强的现实实用性。此时，口碑营销这一经由普通大众主动传播商业信息、以"低成本高收益"为目标的营销模式，日渐成为企业追逐的对象。

6.1 主要结论

在当今社会，随着移动互联网时代的到来以及智能手机的普及和社交媒体的广泛发展，企业的营销环境发生了根本的变化，许多营销活动突破了时间和空间上的限制（Thangadurai，2016），市场竞争日益激烈，为此企业必须有效地向消费者传递与产品或品牌相关的信息。但是，在移动互联网中，由于信息发布门槛降低，数量庞大的移动互联网用户群产生了不断膨胀的海量信息，远远超过消费者所需。信息过载分散了消费者决策注意力，影响企业信息传播效率。由于这种日益严重的信息拥堵现象，企业的信息传递措施收效日益不足。因此，如何利用有效的传播方式和手段把产品和服务信息传播给消费者是在目前激烈竞争的市场环境下营销传播的关键所在。

现在的消费者在进行购买决策时，对口碑信息的依赖日益严重，而在消费者行为研究领域中，口碑沟通被认为对消费者的态度和行为具有重要的影响作用（Brown 和 Reingen，1987）。同时，现代营销学者与实践者已经视其为当今世界最廉价的信息传播工具和高可信度的宣传媒介，它可以让企业在短期内很快见利见效并获得长期的收益（杨学成和钱明辉，2006；郭国庆等，2010）。在当前的移动互联网时代，消费者面临的信息过载、感知风险和购买决策的复杂性变得非常严重，消费者对口碑的依赖不仅没有减少，反而增强。因此，深入研究移动互联网下消费者移动口碑传播的机理和影响因素，既符合企业营销的需求，也有助于消费者改进购买决策。

该研究根据传播学、心理学和营销学理论，结合已有的传统口碑和基于 PC 互联网的网络口碑的研究成果，研究消费者在移动互联网下进行的移动口碑传播的机理和影响因素。我们根据口碑传播过程的发展逻辑，构建了移动口碑传播系统模型，其包括移动口碑的接收、接受和传播三个阶段，并对每一个阶段的传播机理和影响因素进行了系统的理论分析和实证研究，以加深我们对消费者移动口碑传播的认识。

通过以上研究过程，该研究得到了如下几个重要的结论。

第一，在移动口碑传播的接收阶段，我们应用信任理论和媒介依赖理论，从移动口碑信息接收者的视角，以短信为载体，以年轻消费者为研究对象，采用两维度的态度作为中介变量，构建消费者移动口碑接收理论模型，深入研究消费者对移动口碑信息来源的信任和手机依赖对其移动口碑接收意愿的影响。

通过研究，我们发现消费者信任对态度的两个成分——认知和情感——均有显著正向影响，同时对移动口碑接收意愿也具有显著的直接影响。年轻消费者的情感态度对移动口碑接收意愿具有显著的正向影响，而认知态度的影响不显著。因此，在移动口碑传播中，消费者对移动口碑信息来源的信任既对消费者移动口碑接收意愿具有直接的正向影响，也具有通过情感态度产生的间接影响。手机依赖对认知态度和接收意愿没有显著的影响，而对情感态度具有显著的正向影响，这表明手机依赖虽然对消费者移动口碑接收意愿没有直接影响，但能够通过情感态度的中介效应对接收意愿产生间接影响。

第二，在移动口碑传播的接受阶段，我们根据已有文献和微信口碑传播的具体情境，应用社会资本理论和社会临场感理论，研究社会临场感和社会资本的结构、关系和认知三个维度如何影响微信口碑影响力，以及社会临场感在这个过程中的调节效应。

研究发现，微信用户在微信口碑传播过程中的社会资本的三个维度，即结构资本、关系资本和认知资本，对微信口碑影响力具有显著正向影响。其中，结构资本对微信口碑影响力的影响最大。微信用户的社会临场感对微信口碑影响力没有直接影响，但是在社会资本影响微信口碑影响力的过程中具有反向的调节作用。

第三，在移动口碑传播的传播阶段，我们从发送者的视角研究了在企业通过微信开展的移动奖励性口碑活动中，推荐奖励计划的三种关键因素，即奖励条件、奖励分配和奖励公开，对消费者选择不同关系强度的微信朋友作为推荐对象的影响，以及奖励公开在奖励分配和奖励条件对消费者推荐对象选择过程中的调节效应。

研究发现，奖励公开会对发送者选择不同关系强度的微信朋友作为微信口碑信息的接收对象产生影响。在奖励信息公开的时候，发送者倾向于向强关系的接收者发送推荐奖励口碑信息，而在奖励信息不公开的时候，倾向于向关系较弱的接收者发送推荐奖励口碑信息。奖励条件和奖励分配不是发送者选择推荐奖励对象时的考虑因素。无论奖励有无条件以及如何分配，发送者均倾向于向强关系的接收者发送口碑信息。奖励公开在奖励分配影响发送者选择不同关系强度的微信朋友作为接收对象的过程中具有调节效应。在奖励公开的条件下，发送者在奖励发送者时将向弱关系接收者发送口碑信息，在奖励双方时将向强关系接收者发送口碑信息。在奖励不公开的条件下，发送者在奖励发送者时将向强关系接收者发送口碑信息，在奖励双方时将向弱关系接收者发送口碑信息。

6.2 移动环境下的消费者行为

移动互联网开启了一个新时代，移动沟通的独特性在于其无处不在。消费者获取产品信息的方式逐渐从电脑转移到了智能手机等移动设备上（孙杰和罗京，2017）。作为移动终端典型代表的智能手机以及以 Facebook、Twitter、微博、微信、QQ 等即时通信为代表的移动社交媒体已经成为企业和消费者发布消息、接收消息、传播消息、消息交互的一体化平台，这使得人们获取信息和交换信息更便捷。智能手机和微信等社交媒体改变了人类几千年来的传播活动面貌，也改变了传统的商业模式，已经触发了消费者市场需求，影响到了人们的日常生活和文化观念，甚至也在改变着消费者行为。

互动性和个性化是智能手机和微信等社交媒体最显著的特点。传播者与接收者的关系走向平等，消费者不再是被动的信息接受者，而是可以主动参与发布信息并影响信息传播效果。因此，借助于移动互联网，消费者克服了时间、空间的局限性，在信息传播过程中获得了更多的灵活性，可以随时随地处理多种信息活动。消费者从被动接受信息到主动参与和传播，获取消息的渠道从传统的搜索引擎变成依靠朋友间的分享和交流。消费者的生活节奏加快，购买产品的决策方式从关注产品"功能"和"价格"变为注重品牌"评价"和"口碑"，购物行为亦呈现出明显的碎片化。

在移动互联网环境下，消费者行为同样受到传统环境以及 PC 互联网环境下影响消费者行为的内在因素，如动机、感受、态度等，以及相关群体、社会阶层、家庭状况等外在因素的影响。但由于移动互联网是"无处不在"的，消费者能随时随地访问互联网，以及智能手机和微信等社交媒体具有的隐私性等原因，移动互联网下的消费者行为表现出不同于传统环境以及 PC 互联网环境下的消费者行为的独特特点。

具体而言，移动互联网环境下的消费者行为主要呈现以下特点：

第一，随时随地购买。相较于传统网络购物，智能手机使消费者摆脱了固定终端的束缚。移动网络环境下，购物显得很随意轻松，几乎不受时间、空间的限制。只要移动终端在手上，消费者可以随时随地通过移动终端上网浏览、比价、下单完成购物。

第二，购买个性化。由于智能手机较固定电脑更具有私有性，每一部智能手机都彰显了拥有者的个性。伴随条形码、二维码扫描、图形和语音搜索等人机互动技术的成熟，移动电子商务可以让购物意向明确的消费者更快、更直接地找到目标商品。

第三，购买更具诚信。由于像移动电话号码一样具有唯一性，智能手机卡上存储的用户信息可以确定一个用户的身份，这就有了信用认证的基础，因此利用智能手机购物的消费者就会比在固定网络的用户更加注意自己的信誉，无形中就促使他们更诚信。

第四，购买时间碎片化。移动互联网的"无处不在、无时不在"正在填充我们日常生活的碎片化时间，如获取信息碎片化、使用体验碎片化和消费行为碎片化等。由于智能手机能随身携带，消费者常利用智能手机在上下班路上、会议间歇、躺在床上、入睡前等碎片时间完成与朋友互动、快速浏览商品信息，价格比较、快速做出购买决策以及社会化推荐和收藏等活动，因此，移动购物呈现"碎片化"的特征。

第五，互动性增强。由于通过智能手机的信息传递主要以"一对一"方式展开，因此移动购物中的消费者行为更多地展现出互动性特征。智能手机和微信等社交媒体在人际沟通过程中，可以采用文字、图像（静态的或动态的）、声音、视频等多种形式，因此其互动性优于传统人际交流工具，消费者在沟通过程中能够获得一种相对真实的"现场感"，从而提升了消费者在购买过程中与亲朋好友交流的热情。

第六，对价格更敏感。消费者在购物过程中使用智能手机并不只局限于购买。事实上，在其他方面，如检查价格、产品比较、搜集产品信息和阅读用户评论上，智能手机的使用水平更高。由于能够更便利地获得更多的信息，消费者购买更理性，因此，消费者能够快速做出购买质优价廉商品的决策。

6.3 移动终端价值分析

以智能手机为代表的移动终端具备"信息即时交互"的特点，可以有效地被用来为企业和消费者创造并传递价值（Nysveen 等，2005）。因此，理解移动媒介为企业和消费者带来的价值，对帮助企业有效地分配他们的资源来增强消费者的价值感知来说是很重要的。

价值是指在成本和收益之间，消费者感知的权衡，其一般被看作是一个相对性的（个体和情境）概念（Holbrook 和 Hirschman，1982）。这个概念强调整合特定情境中的成本和收益作为整体价值判断的预测指标的重要性。许多成本和收益已经与移动服务的使用联系在一起，诸如及时、易接入、位置和时间相互依赖、安全问题、成本等（Nysveen 等，2005）。

价值是营销的核心概念。随着移动互联网不断走向成熟，新技术、新模式不断涌现，为企业和消费者带来了不同于 PC 互联网的独特价值。移动媒介已经成为企业重要的价值传递渠道，展现出与顾客建立直接联系的前所未有的机会，这使其成为一对一营销和顾客关系管理的终极工具。但是，企业移动营销无法复制 PC 互联网营销的既定模式，因此，在移动营销的过程中，营销者需要理解消费者个体如何感知他们的智能手机的价值以及移动营销应该怎样创造价值，来增强消费者的移动生活形态。

6.3.1　消费者价值

同样一种产品或服务，从不同的消费者角度来看，其具有的价值是不同的。因此，早在 20 世纪 80 年代，Zeithaml（1988）等人针对消费者的这种差别提出了"消费者感知价值"（Customer Perceived Value）的概念，他们认为"消费者并非只是因为满意才决定购买，他们往往需要对候选产品（或品牌）的价值进行对比，最终选择他们认为可以使自己获得的价值最大化的产品（或品牌）"。由此可见，消费者是价值的感受主体，感知价值就是消费者心中的价值，是消费者在收益与成本比较的基础上做出的关于产品或服务的总体评价。由于价值对消费者的行为具有重要的影响，因此，我们在分析，对消费者而言，智能手机能够带来什么价值，以及对消费者行为可能产生的影响。

智能手机的使用量正在以指数速度增长，这为营销者提供了许多新的营销机会来在任何时间、任何地点接触和为消费者服务（Grant 和 O'Donohoe，2007）。对消费者而言，智能手机包含内在和外在价值，既是一个物体，也是一种体验，这使智能手机变成消费者日常生活中的一部分（Andrews 等，2012）。

消费者从移动装置中可以获得不同类型的价值，具体如下所述。

第一，信息价值。

人们普遍期望能够和销售人员一样具有丰富的知识，能够验证或反驳服务人员或销售人员提出的各种主张，这就需要消费者能够掌握丰富的关于产品或服务的信息。移动互联网的无处不在为消费者提供了搜寻和发现与消费决策相关的信息的机会。无论消费者在哪里以及正在干什么，他们都能够及时获得所需信息。例如，在零售商的营业场所，消费者通过智能手机可以随时查看竞争者的价格或查询替代产品或服务。顾客通过筛选在线评论能够获得任何决策的建议。

智能手机一直被消费者所携带，因此这种独特的能力使其可以成为各种媒体传递给消费者信息的结点。相对于互联网服务，移动服务提供了更大的自由，因为其不需要寻找能连接互联网的 PC。移动服务具有更强的力量来提供更具有顾客化的、关系基础的、即时的和有特定位置的服务。因此，具体的和精确的信息能基于消费者获得移动服务的时间、空间和个人情境转移到消费者那里。

第二，身份价值。

移动装置被定位为消费者生活中高度个人化的资产，它们具有为用户存储日益增长的大量的个人信息的能力。拥有智能手机的人倾向于在恒常的基础上使用它，而且智能手机也是一种可在公共场合通过定制手机外观、铃声、携带方式等来表达个性、地位和形象的用具。在这个意义上，手机变得和衣服、珠宝以及其他自我外部沟通方式相类似。尤其是对于年轻的消费者，智能手机已经不仅是效用基础的沟通工具，其现在已经被作为一种时尚物品、身份地位符号、自我表达的渠道，变成了他们的身份象征（Sultan 和 Rohm，2005）。

许多智能手机的品牌策略关注身份识别，例如，iPhone 反映出一种不同于安卓或黑莓的身份。个性化的移动装置是一种高度流行的实践，这已经被数百万美元的附件产业所证实，如外壳和皮肤。许多顾客和他们的移动装置如此紧密，以至于他们实际上给移动装置起了名字。营销者们已经引入了可爱的标签伴侣装置来描述这种用户和其移动装置之间的亲密关系（Larivière 等，2013）。

第三，社会价值。

社会价值体现了社会的认可，即消费者使用智能手机和微信等社交媒体可能是因为周围的人都在使用，因此需加入其中并作为一员。社会需要是个体社会互动的需要，表示和朋友、家人以及从属关系性质的如群体成员、俱乐部、教堂和工作单位等进行沟通的需要（Tikkanen，2009）。与个人电脑和宽带不同，智能手机已经变得具有多种用途，能满足消费者日益增加的沟通和维持个体和群体关系的需要（Lippincott，2010），因此，智能手机已经被广泛采用并深深地嵌入社会各阶层人们的生活之中。

消费者正变得与智能手机高度融合，具有高度社会化和联系需要的消费者正在增加他们的智能手机的使用率。通过智能手机，诸如 Facebook 和 Twitter 等 Apps 和服务能使消费者在任何时间、任何地点上传和与他人分享图片、思想和体验，表达对他人的认同，以及表达移情和获得归属感。复杂的沟通和社会实践已经围绕智能手机和微信等社交媒体的使用不断进化发展，包括人们如何进行彼此沟通、安排自己的生活、联系生意和消费者信息与媒体服务，智能手机可以被看作是一个人的社会关系的重要的协调者（Ting 等，2011）。因此，以智能手机为代表的移动装置和社会媒体使得社会互动更加便利，从而便于持有者获得社会认可和增强在其他个体中的自我形象。

第四，情感和娱乐价值。

情感和娱乐价值反映了消费者在使用移动服务过程中所获取的快乐、愉悦等体验。娱乐价值包含很多享乐因素。智能手机等移动终端可以通过流媒体音乐或视频，在线游戏，新闻标题等娱乐用户。人们经常在排队、等车的时候通过在移动装置上浏览网页来消磨时间。

另一个娱乐途径是情感释放。情感价值来自产品催生的情感或感觉状态。许多移动网络技术的用户能立即体验到除去技术的工具性或功能性价值之后的，来自技术的快乐。情感价值也可以和避免负面情感相关。如移动网络服务能够提供最近的警局或医院的位置和路线服务，以及来自在紧急的状况下能够呼叫亲友的安全感觉具有情感价值。

第五，便利价值。

便利价值是轻易地、快速地和有效地完成任务的价值。Yale 和 Venkatesh（1986）在移动技术引入以前识别出便利的六个维度：时间效用（节省时间或购买时间）、可达性（在任何期望的时候获得）、方便性（在任何期望的地方获得）、适宜性（符合特定需要）、操作简单（节省精力）和避免不愉快（允许消费者回避不愉快的活动）。Berry 等（2002）提出了一个关于服务便利的综合模型，包括六种类型，反映消费者在购买和使用服务相关的活动的不同阶段感知到的时间和精力的消费：决策便利、获取便利、交易便利、获益便利和售后便利。便利也可以看作是易用性，是否免费使用身体的、精神的或学习的努力的系统（Davis 等，1989）。

无处不在的无线网络和移动终端的发展已经创造出了"一直在线社会"，有时也称为"无处不在的社会"。以智能手机为代表的移动终端为消费者提供便利价值，因为它们可以在事实上被带到任何地方，在任何需要的时间使用。移动终端能使消费者在任何时间、任何地点连接到制造商、零售商和服务提供商的商业系统，从而有助于使消费者发现相关的、目标的、基于位置的和及时的信息，使他们能够在任何时间、任何地点比较产品或服务并进行实时购买，从而大大提高人们工作与生活的效率。以智能手机为代表的移动终端提供的服务具有巨大的潜力，可向消费者提供增强的、更便利和个性化的购物体验以及便利的无缝沟通，最终影响消费者的购买行为。

第六，货币价值。

货币价值体现了用户对使用移动服务时所获得的收益以及所需付出的费用的关注。移动装置提供在互相竞争的产品或服务中进行选择的机会，以及选择在价格或其他特征，如可靠性和耐用性等方面，表现优异的替代品的机会。一个移动装置的货币价值的很好的例子是基于位置的服务或促销，如地理折扣APP 等所提供的服务。由于移动装置有关的全球定位系统技术，在消费者接近相关企业或广告主的位置时，企业能够定位消费者在哪里，以便向消费者传递相关信息。

6.3.2　企业价值

在当前激烈的营销竞争过程中，移动终端已突破时间、空间的限制，实现与消费者随时随地的无缝沟通，在营销中扮演着越来越重要的角色。通过移动渠道，企业可以将信息发送至特定区域内所有的移动用户。我国拥有数量庞大的网络用户群，被一个社交网络成员所接收的信息经常会被传播至网络的其他成员（Doyle，2001）。因此，品牌可以有机会把信息扩散至大量的顾客人群（Siau，Lim 和 Shen，2001）。通过个性化的情境和具体位置的增值内容的使用，移动营销能够为企业提供创造、形成或转变消费者对某一品牌态度的新机会，使得企业和消费者之间的沟通更具个性化和情境化。移动媒介展现出与顾客建立直接联系的前所未有的机会，这使其成为一对一营销和顾客关系管理的终极工具。随着移动终端如 iPhone、iPad 以及以微信为代表的社交媒体的日益普及，移动终端已经展示出其在商业增长和效率方面的价值，越来越多的企业开始尝试通过移动互联网渠道开展营销活动。

借助于移动终端，企业可以获得如下价值。

第一，通过更深的关系来获取额外收益。实时的、基于位置的促销可以被用来驱动增量购买。移动地理位置服务能使企业创造相关的、定制化的促销（Shankar 和 Balasubramanian，2009）。企业能够使用来自微信、微博、Facebook等社交媒介中的顾客信息，或者通过处理预订信息来提供基于顾客需求和地理特征的个性化产品或服务（Varnali 和 Toker，2010）。借助于社交媒体，企业可以获得基于社交媒体账户的、丰富的人口统计和心理统计数据，这可以使得企业建立对顾客的更好理解以及最佳顾客提供物。因为顾客总是在线，企业增加了创造收益的机会。企业可以在任何时间向顾客发送促销信息，顾客可以在任何时间满足自己的需要和欲望。假如顾客意识到了某一个需要，他们会立即订购产品或服务来满足这个需要。移动 APP 为企业提供了更多与顾客的连接点和服务传递事件，这可以用来与顾客建立更强的关系并增强顾客忠诚度。

第二，降低成本。通过移动终端传播的、瞄准目标消费者的文本信息、电子邮件以及视频、图片等，相比其他传统媒体（如电视广告、报纸广告等），在实质上要便宜得多，可以减少向顾客营销的成本。当智能手机等移动终端成为企业发布产品信息的渠道后，还可以有效地为企业预防和降低危机事件。在处理危机的时候，可以通过企业和消费者之间的"私领域"进行沟通，大大降低了企业的负面评论，从而有效地化解危机，建立良好的企业形象。移动技术也会降低服务顾客的成本，例如，航空公司的移动登机牌，比飞行代理人员在办公桌前检查顾客信息的成本要低。

第三，与顾客共同创造。移动装置有助于内容分享。企业可以从已有顾客的评论、推荐、喜欢和其他类型的推荐影响中获得好处。受到通过在线论坛和移动技术而日益增长的顾客连通性的促进，顾客能够相互影响。在移动网络上发布产品或服务的评论的顾客会对该产品或服务的促销和品牌意义做出贡献。顾客通常随身携带他们的移动装置，移动 APP 为企业把顾客整合进服务传递过程的核心因素提供了可能（如移动自我查账）。利用智能手机等移动终端的特点，企业创建自己独有的移动品牌并迅速提升品牌的名气和影响力。由于移动终端传播信息的速度快、效果好，其不仅能激发消费者主动传递产品信息，还可进一步让消费者成为企业新产品推广的"义务宣传员"，为企业、为新产品打开了一条销售新渠道。

第四，增加营销见解和顾客知识。当移动装置和网络连接的时候，它们向移动服务和 APP 供应商提供位置和使用数据。数据的激增表明新的探索机会对企业的市场情报做出贡献（Kleijnen 等，2009）。特别是，装置收集即时消费者体验反馈消息的能力可以提供给企业有价值的信息——还有其竞争者的信息。在微信等社交媒体平台上，消费者对产品的反馈信息是可以被跟踪和统计的，因此，企业可以通过数据分析实时与消费者沟通，可以更好地维持与消费者的关系。换言之，通过简单的文字或语音交流和沟通，就能轻易地了解消费者的想法和观念以及对企业形象的认识，同时也能及时、有效地投入消费者考虑的行动中，这对改善企业形象，树立良好口碑均有益处。

第五，可以实现即时跟踪或控制。从移动装置转移的消息可以被即时使用。这不仅代表着企业接收关于顾客对移动 APP 活动的当前状态的信息的机会，也使它们能够对顾客活动做出即时反应。在微信等社交媒体平台中，企业可以针对忠诚度较高的客户进行信息服务，在某些消费者对企业有意见或对产品有抱怨的时候，还可以与其进行实时沟通。作为企业，若能够事先预见产品问题，则同样可以通过微信等社交媒体平台告知消费者，及时做好信息收集和反馈，消除消费者的不满情绪，更不让负面情绪在消费群体中传播。

6.3.3 移动环境下的价值融合

在移动互联网下，借助于移动终端，消费者和企业通过主动和被动的参与，可以同时获得价值。对顾客来说，移动终端可以产生信息价值、货币价值、社会价值、情感和娱乐价值、便利价值和货币价值等。同时，移动终端为企业提供了机会来实时追踪潜在顾客以及通过附加的沟通渠道产生附加销售，这比其他促销渠道更有效、更有成本效率（Larivière 等，2013）。

目前文献中流行的价值概念，诸如感知价值、顾客价值、顾客生命周期价值等，都是单方面的概念。换句话说，他们关注捕获在与企业互动中顾客所产生的价值或是在顾客互动中企业所产生的价值。因此，营销者关于价值的思想是传统、割裂的，其或者关注顾客价值，或者关注企业价值。

通过对移动互联网环境中价值的思考，笔者认为通过移动终端产生的价值与早期价值的概念是不同的。移动终端中的价值可以由个体消费者产生（如在旅游网站上写酒店评论），或由消费者集体产生（如基于联合顾客评级，在烹饪网站对餐馆进行分级）；由单一企业产生（如在自己的网站上公布关于产品的信息），或是由企业集体产生（在线商店的所有商人集体展示）。贡献可以是主动的（在线上传信息），被动的（阅读在线信息），互动的（对早期的贡献做出反应），或集合的（如最流行的搜寻，每天的顶级推讯或趋势主题）。因为实际上没有时间延迟，所有利益都可以同时（同时地）、及时（当有生产或消费需要的时候）和即时（没有时间延迟）体验（Larivière 等，2013）。因此，笔者认为在移动互联网下，借助于移动终端，企业和消费者的价值是融合在一起的，即价值融合。

价值融合是企业和消费者通过移动技术纠缠在一起所产生的协同的结果，是只存在于移动网络中的，能够被整个网络中的消费者和企业同时获得的价值。也就是说，移动终端为企业和消费者同时提供价值，受益者也可能包括其他利益相关者。

在移动网络中，有意义地区分生产和消费或者主动参与和被动参与变得越来越困难（Pagani 等，2011）。而且，主动和被动参与的区别变得越来越没有意义，因为用户仅仅是携带自己的移动装置就能提供位置数据给平台所有者、网络运营商和 APP 开发商，这可以用来追踪和瞄准用户。仅仅保持网络在线，各参与方都可能有意识地或无意识地参与创造价值融合的过程。因此，价值应该被更全面地考虑，对消费者和企业的价值管理应该将其最佳地结合在一起而不是分开来管理。

6.4 启示与应用

通过上述分析，我们可以知道，在移动互联网环境中，通过智能手机等移动终端，企业和消费者都可以获得自己的价值，而且这些价值是融合在一起的，因此，企业在开展移动营销的时候就要认真思考如何与消费者一起来创造和分享价值。现在，我们已正式进入移动互联时代，移动营销将是不可避免的营销趋势。企业营销者已经意识到和消费者在任何时间、任何地点通过智能手机等移动终端保持联系是一个巨大的营销机会（Parreño 等，2013），因此，深入理解移动互联网下消费者的移动口碑传播过程，对于传播企业信息、树立品牌形象、促进产品销售均有重要的现实意义。

该研究通过对传播学、心理学和营销学以及口碑传播的相关文献的梳理，分析了移动互联网下消费者行为的改变，构建了移动口碑传播系统模型，通过理论分析和实证研究的方法，分别对移动口碑传播的接收、接受和传播等阶段的机理和影响因素进行了研究，得出了一些有益的结论。移动互联网为消费者信息搜寻带来巨大便利的同时，也造成了消费者信息过载，隐私泄露、财产损失等不确定性风险也有增加。在这样的背景下，消费者对来自亲朋好友的口碑信息更加看重，同时，移动社交成为消费者人际传播的重要形式，消费者通过微信等社交媒体进行的口碑传播活动变得更加活跃。因此，企业在开展移动口碑营销的时候，应当放宽视野，在整个移动互联网和中国文化背景下进行思考，有针对性地采取措施，以提高企业移动口碑营销实践的效果。

该研究通过理论分析和实证研究得出的结论对企业的移动口碑营销活动具有一定的参考价值，具体包括如下几个方面。

6.4.1 充分利用移动媒介

在当前移动互联网背景下，营销者可以使用微信等移动社交媒体主动创造更多创新性移动口碑，而不用被动地依靠单个消费者对产品或服务的经历、感受和情绪。

微信不仅仅是一款即时通信工具，更是一种生活方式。微信为信息的发送者与接受者都提供了较好体验，并满足着用户全方位的生活需求。微信是一种非常有前景的营销工具，它使人们可以在任何时间、任何地点通过智能手机来参与口碑传播活动，丰富和简化了微信用户之间的沟通方式，因此，口碑信息在人与人之间的流动真正成为传播的核心。微信可以帮助用户实现跨电信运营商、跨操作平台的信息传播。基于微信等移动社交媒体的口碑传播模式使得口碑信息传播更快，效果更好，成本更低，具有很好的实用性。

微信口碑营销的一大优势就是微信用户的强关系属性。微信朋友大多是现实生活中的朋友、同学、亲人或亲戚、同事等。因此，微信朋友大部分是熟人，形成了一个前所未有的强关系社交网络，有着"熟人信任关系"的天然优势，使微信的社交属性更加充实。微信重新定义了用户和企业之间的交流方式，给用户一种专享的感受，可以进行到达率几乎为100%的对话，从而增强了微信用户的黏性。微信的富媒体属性，可以让它变身成为E-mail、短信、客服中心的任何一种形态。企业可以发一条纯文字信息给用户，也可以用语音加图片等。除了"发送"以外，企业还可以随时得到用户的反馈。微信继承了腾讯社交平台的互动基因，实现的是深社交、精传播、强关系。

微信中信息的流通比较私密，属于私密社交的范畴。受众的目标多为"朋友圈"里的好友。在这样一种强关系网络中，人与人的关系较为密切，有着共同的兴趣爱好，大家对彼此都相对了解、熟悉和信任。微信用户会格外关注朋友的最新动态，同时，与朋友的互动会更加频繁。因此，微信口碑传播中，传播主体和受众是对等关系，其精准性和针对性强、互动快、信息接受率和转化率高。每个微信用户都会同时属于不同的圈子，他们发表的朋友圈每一条信息，其所有的好友可以在朋友圈进行阅读，然后，通过朋友传朋友，不同的微信用户形成了不同的信息发布中心，很快这则信息就会遍布整个朋友圈。微信的核心定位就是沟通工具。微信从诞生开始便主打人与人之间一对一的沟通，而微信朋友圈传承于中国人际交往中的圈子文化，在大社会交往中创造了属于自己的小圈子。因此，微信适合传播口碑信息，为企业口碑营销提供了最好的渠道。

6.4.2　获得消费者许可

随着消费主义的兴起，消费者希望得到尊重而不希望被打扰，因此，企业在移动互联网下进行口碑营销活动时，首先应该获得消费者的许可。许可营销（Permission Marketing）是指企业进行的网上商业活动征得了潜在客户/客户的明确同意和允许，使客户自愿参与和营销人员间的相互交流。许可的含义没有歧义，即客户对沟通的内容、频率和沟通的情境非常明确，资讯的接收者对沟通关系的开始和发展有着完全的控制，从而确保消费者对此类营销信息投入更多关注。许可营销可以减少广告对用户的滋扰、增加潜在客户定位的准确度、增强与客户的关系、提高品牌忠诚度等。

因为微信等社交媒体的私人性质，未经许可的信息往往被消费者看作是对个人空间的入侵，从而拒绝接收，甚甚至会导致消费者的不满，被列入黑名单。获得消费者明确的许可意味着获得消费者的信任并降低感知风险，企业移动口碑传播可以产生积极的反应。消费者许可后会产生对移动口碑信息的高水平阅读、很强的品牌态度、直接行为以及保留和记忆短信等反应，而且其所产生的消费者反应在短期内不会轻易消散（Barwise 和 Strong，2002）。

为此，企业在开展移动口碑营销的时候，需要提高信息的质量以及设计人性化的移动口碑信息。为消费者提供准确快捷、内容丰富的信息是移动口碑营销的基本特征。但现实中普遍存在的情况是企业发送的信息内容庞杂，只是着重于自己的产品，很少考虑消费者的感受，营销信息带有明显的强制意图。因此，企业必须对消费者的阅读习惯等进行深入的了解，让移动口碑信息成为一对一的个性化信息，从而提高移动口碑信息接收和接受的程度。同时，为提高消费者移动口碑信息接收的程度，企业应该避免使用标新立异、浮夸不实的标题吸引消费者，因为此类标题会让消费者对企业的动机和诚信产生怀疑，从而产生怀疑和厌烦的心理。因此，企业在发送移动口碑营销信息的时候，应当如实地显示信息标题，给消费者提供真实的信息，从而使消费者能够对企业产生信任感，接收并接受移动口碑信息。

6.4.3 建立与消费者的信任关系

研究发现，信任是在移动口碑传播过程中的各个阶段里影响消费者行为的重要因素。企业口碑营销实践也证明信任是人与人之间的口碑传播的核心，口碑传播各参与方之间的信任加快了口碑信息传播的速度，加强了口碑信息传播的效果，降低了口碑信息传播的成本。因此，企业在移动口碑传播过程中应该重视与消费者之间的信任关系。

信任是企业与消费者之间所有交流和沟通的基础，没有信任，企业与消费者之间的交流和沟通就很难持续。营销者和消费者之间的交流和沟通应当建立在一种持续的、友好的相互关系之上，而建立这样一种关系的基础就是信任。消费者对企业的信任是建立与消费者持久、友好关系的基础和保障，因此，通过建立与消费者的信任关系，企业的移动口碑传播才能在与消费者交流沟通的过程中取得良好的效果。如果消费者认为企业不值得信任，那么企业传播的任何口碑都将没有效果。

在当前的移动互联网背景下，消费者能很容易地分辨出哪些信息是真实的，哪些信息是虚假的。虚假的口碑不仅对企业形象没有正面塑造作用，反而会使消费者认为企业缺乏诚信。因此，企业在开展移动口碑营销的时候，应该在为目标顾客制定移动口碑传播方案时充分考虑目标顾客现实和潜在的需求，并在充分信任顾客的忠诚的基础上为顾客创造更加宽松的移动口碑传播环境。相应地，消费者也会对企业为他们所提供的产品和服务产生充分的信任，并在移动口碑传播过程中给予理解和支持。

由于消费者往往把家人和朋友看作是可以信任的来源，企业可以采取免费试用和一定的物质奖励来吸引一些具有创新性的消费者使用其产品或服务。在给消费者提供产品或服务的过程中，为了赢得顾客信任，应该营造优雅的环境并提供齐备的服务设施。企业的服务人员应具备娴熟的技术、友善的服务态度，务必使消费者在产品或服务的试用过程中感到"舒心、称心、开心"，高兴而来、满意而归。然后，借助移动互联网，通过满意的消费者之间的口碑进行传播推广，从而提高移动口碑传播的效果。

6.4.4 强化与消费者的交流互动

传统的口碑营销模式是一种单一的、卖家主动进攻而消费者被动接受的营销方式。在这种口碑营销模式中的沟通交流都是分离的、静止的，而消费者难以得到心灵上的满足。在移动口碑传播过程中，企业需要与消费者建立良好的关系，从而满足消费者精神和物质的需要，其中，最简单、最实用的方法就是进行互动。互动的实质是参与，互动设计得越好，消费者的参与度就越高，企业与消费者的接触度也越高。这时，企业和消费者双方不再是买卖对立关系，从而能够更好地促进口碑传播。比如，企业可为消费者提供一个主题或创造内容的框架，消费者将在限定的主题或框架内创造有利于企业的内容。让消费者来创造内容，对其他浏览内容的消费者来说，会更具有说服力。

互动口碑营销的重点在于从根本上打破了传统口碑营销方式中"告知方式"传递信息的途径，转变为通过互动体验等方式使消费者亲自参与其中，在此过程中直接实现信息接收和反馈的互动，令每一个消费者不断深入其境地体验，从而改变消费者的行为。在移动口碑传播过程中，企业可以通过总结消费者产生的口碑信息来建立自己的口碑信息库，以便于企业更好地完善产品和服务或对传播信息进行及时改进，以利于传播效果的提升。通过交互式口碑营销，企业能够将品牌真正地渗入消费者心中，增加消费者对品牌的认同，加深消费者对品牌的印象，让其黏度更强，品牌传播价值更大。同时，互动能促进消费者间的联系并逐步形成基于共同消费体验或产品偏好的社会化群体，进而形成群体效应，影响其他潜在消费者，让口碑传播的范围更加广泛。

不同于以往的口碑营销，而今以微信为代表的移动社交媒体的崛起吹响了"互动交流"的号角。受众被赋予全新的交流方式，拥有了更多的发言权。口碑营销将受众与受众之间的现实社会关系网转化为一种非官方的营销信息传播渠道，受众与受众、受众与品牌之间的互动也逐渐增多。通过互动，消费者可以加深对品牌产品的了解，也方便对感兴趣的产品进行及时反馈。

以微信为代表的移动社交媒体用户除了拥有现实的社会关系，还有各种网络的虚拟圈子，这些圈子可以是有着相同爱好的一群人组成的交流团体，也可以是拥有相近生活经历的人分享见闻的组织，甚至是有着相同生活空间的人们聚集而成的群落。尽管这些关系圈中的成员在现实中没有强烈的关系连带，但是他们也在某种层面上分享着共同点和认同感。移动社交媒体的"自媒体性质"促使受众的自主性与能动性得到进一步释放，受众也更乐于参与品牌相关的各类活动，通过自我体验来评价品牌，受众的活跃度、互动率显著提高。因此，企业在开展微信口碑营销的时候，可以充分发挥社会资本在微信口碑传播中作用，强化微信用户之间的联系，对微信用户的点赞、评论等行为适当给予激励，提升微信用户对企业的微信口碑营销活动的信任和认同，从而增强微信用户之间的联系和互动。以微信为代表的移动社交媒体使消费者成为创造内容的主体，因此，企业应该引导消费者去创造内容，要善于利用网络流行词，增强与微信用户的交流，改善口碑传播的效果。企业在传播微信口碑的时候，还应注意其趣味性、生动性和易读性，以便微信用户能够在轻松的氛围中进行沟通，从而提高微信口碑影响力。

6.4.5 提供良好的消费者体验

由于移动社交媒体中的沟通是以对话、互动的形式进行的，它与基于 PC 端互联网的网络沟通相比有更大的可靠性、更大的相关性和更大的移情性。并且，移动社交媒体因其广泛的公开性、参与性，打破了口碑传播的时间、空间和关系界限。移动社交媒体随时随地且无处不在的服务，正好填补了人们的离散时空。企业在利用移动社交媒体开展口碑营销的时候，可以通过用户在非连续的、间歇的和零散的时间段和空间段的注意力来获得经济收入，创造出"离散眼球经济"。

在我国，几千年的历史沿革造就了我国传统的文化心理特征，人们的性格多倾向于含蓄、拘谨、理智、不张扬。在人际交往中，不习惯于直白的表达，说话注重措辞，爱面子。另外，人们的性格又有幽默、诙谐、乐观、开朗的一面。在通过移动社交媒体进行传播的时候，传播者有充足的时间编写恰当得体的信息，不用担心现场交流的意外导致仓促或不妥当的回答。由于双方没有面对面，在一些请求可能被拒绝的情况下，不论对于传播者还是接收者，都可以保全"面子"和避免尴尬，也可以让彼此有一个回旋的余地。移动社交媒体也为人们相互之间幽默诙谐的调侃提供了一种比面对面传播更适当的传播方式。因此，利用移动社交媒体进行人际传播、人际交往符合我国的民族性格。

移动社交媒体不是一个单纯的交流工具，新的体验会吸引大量的用户。微信平台中各种应用插件，如"二维码扫描""微信游戏""摇一摇""扫街景""微信购物"等，都给用户带来了良好的体验。这些新型社交方式为消费者的口碑传播增加了娱乐元素，在极大程度上满足了用户在信息沟通、休闲娱乐等方面的需求，而且成为消费者之间互动和消费者进行营销反馈的有力工具。

为此，企业在开展移动口碑营销的时候，应站在用户的角度，充分结合移动终端的特点，提高口碑信息的趣味性，以增强消费者对口碑信息的接受以及对产品的认知和记忆，并且进一步触发信息传播行为。内容趣味性越强，信息扩散的速度就越快。同时，企业应该根据微信的各种插件功能，设计组合出创新性的信息推送形式，不断提高和优化受众的使用体验，树立产品的品牌效应，从而影响产品的潜在用户。随着用户数量的增加，移动社交的社交网络属性使得用户的转移成本很高，可以不断增加用户的黏性和忠诚度。总之，在移动互联网时代，企业要努力成为一个充满活力的有机体，随时感受外界社会技术环境和消费者需求的变化，并迅速进行反应，及时调整口碑营销策略。

6.4.6 提高移动口碑内容价值

在当前移动互联网环境中，面对海量信息的传播环境，移动口碑营销的信息内容必须具备一定的传播价值。在移动口碑营销中，信息承载的功能更为复杂，除了需要表达企业的营销意图，还必须保证移动社交媒体用户有充足的、供交流的话题，能够激发移动社交媒体用户对同一事物或话题进行交流与互动的兴趣。如果移动口碑营销中的信息不能引起接受者想与其他接受者共享的欲望，那么后续的二次传播的传播者就不复存在。

移动口碑信息的接收者是否对所接收到的信息感兴趣，或者该条信息是否为信息接收者所需要的信息，在很大程度上决定了移动口碑信息接收者是否会打开接收到的信息并进行有效的阅读。也就是说，即使微信等社交媒体可以实现口碑信息传播的高到达率，但移动口碑传播过程并不一定会被很好地完成并达到较好的传播效果。通过微信等社交媒体，企业在推送移动口碑信息的时候，应该在对智能手机用户精准定位的基础上，根据用户的个性化信息和以往的消费行为记录等，投放有针对性的、准确的移动口碑信息。只有推送对于信息接收者来说具有较高价值的口碑信息才能较好完成移动口碑传播的过程，提高传播的效率，以达到预期的传播效果，大大提升移动口碑营销的成功率。

有价值的产品和服务信息是移动口碑营销的第一要素。离开有价值的产品和服务，移动口碑营销将成为无源之水、无本之木。任何产品或者服务都有着其独特的价值和适应性，企业要做的就是开发出并利用好它。因此，移动口碑营销的传播内容要选准移动社交媒体用户感兴趣的产品和服务信息作为口碑主题，有效激发大量接收者主动向传播者转化。在开展移动口碑营销之前，移动口碑营销者应首先对准备传播的产品和服务进行提炼和设计，与消费者充分沟通，进而创建有感染力的口碑信息内容和形式，包括情感、利益、娱乐、生活态度等内容，灵活地调动文字、图片、声音以及视频等各种形式，形成具有鲜明特色的口碑信息，以引起受众的兴趣。移动口碑信息一定是不需要消费者进行再加工的信息成品，如编辑好的短信、制作好的彩信、手机网页、微信信息和链接等。移动口碑信息最理想的效果就是人们一看就会喜欢，马上就能下载或者转发。

随着移动社交媒体的日益成熟和媒介环境的优化，依托于移动社交媒体的移动口碑营销往往可以兼容更多的创意和故事情节。在实际操作过程中，企业可以对移动口碑信息进行包装，把产品和品牌信息融入其中，让产品成为人际交流过程的一部分。一旦产品能够融入人际交流中去，就会产生强烈效果。移动口碑信息只要内容富有特色和吸引力，就很可能引爆整个移动口碑营销。为此，移动口碑信息的题目要简短精悍、信息含量高、能够激发移动口碑信息接收者的阅读兴趣并使其愿意花时间打开阅读。移动口碑信息的内容要适合智能手机或平板电脑的显示效果，太过冗长的信息并不适合微信平台的阅读。通常来说，可读性和趣味性强的移动口碑内容能够提高移动口碑信息接收者的阅读意愿。

6.4.7 提升移动口碑传播效果

传统的口碑营销以口碑传播为途径，通过购买者自身的评价和感受将商品或服务的信息传递给身边的亲朋好友，从而促进他们产生购买意愿和购买行为的模式。Brooks（1957）的研究证实口碑的影响力来源于三个因素：一是口碑传播的信息比其他由公司主导的广告、赞助等商业性渠道传播的信息更加值得信赖；二是口碑传播是一种双向沟通的传播方式；三是口碑传播向潜在的消费者提供了关于一些经验的描述，有助于降低购买风险，特别是在购买一些具有体验性的产品时。消费者通过口碑信息可了解到更多真实的产品信息，包括产品性能、使用感受、服务态度等。真实可靠的口碑信息能够对消费者的购买行为起到积极的引导作用。

随着移动装置和移动商务持续快速增长，越来越多的消费者会在移动终端上浏览零售商店，这为口碑营销的发展提供了新契机。借助于智能手机以及以微信为代表的社交媒体的移动沟通突破了时空限制，用户可以在任何时间、任何地点，通过语音电话、电子邮件、互动信息服务和多种多样的移动社交应用来发送、收集和转发产品或服务信息，这给口碑传播带来极大的方便，很大程度上扩展了口碑传播的范围和形式。良好的口碑传播会被瞬时放大，继而影响更多的消费者。同时，这种在时间和空间方面的不受限性使消费者能够灵活地、及时地、便利地和全方位地获得信息。消费者可以获得个性化的购物体验和便利的无缝沟通，从而进一步增强了口碑的力量。

微信口碑传播是建立在熟人、朋友的"强"关系基础上的，其传播方式从传统的"大众""单向渗透"转变为"聚众"和"双向互动"。在微信口碑传播过程中，消费者对传播者更信任，并且会促进消费者更主动地搜寻口碑信息，从而降低消费者潜在的感知风险。在微信朋友圈里，与亲朋好友之间的互动容易形成群体归属感。因此，微信用户之间具有较高的亲和度，对于亲友发布的信息内容会更加关注，同时也会对他们推荐的产品或者活动信息有较高的信任度和认同感，进而促进购买行为的产生。

智能手机以及以微信为代表的社交媒体给口碑营销带来传播的巨大便利，为口碑营销创造了良好的媒体应用平台，可以帮助企业了解市场需要、分析消费者偏好和特征，掌握口碑信息如何对消费者购买决策产生影响作用，从而根据自身产品特点做出有效的口碑营销策略。企业在开展移动口碑营销的时候，必须设计行之有效的参与方式，对微信功能进行进一步的开发和使用，考虑到微信用户在接受信息时的情境和脉络，将更多具有吸引力的文字信息、图片、语音和视频资源融到营销信息之中，以此来唤起用户的评论、互动与分享，最大限度促进营销信息的传播。

企业在开展微信口碑营销的时候，应当重视营造符合目标客户群体的独特审美取向的生活价值氛围，让认同该独特审美情趣和生活价值观的潜在客户群体汇聚在企业微信平台。在与目标客户群体互动的时候，企业的微信口碑营销应当增强微信信息发布的及时性和互动性水平，通过按预定周期向目标客户群体推送对方感知度较高的微信信息的方式，来赢得目标客户群体的高关注度。企业可以寻找能够让受众认为具有一定专业性的微信用户，鼓励他们使用商品并发表感受。企业可以以普通用户的身份参与相关的讨论和评论中去，并对客户群体的沟通要求给予及时且有效的回复。同时，应当注意避免微信营销信息过度频繁的推广所导致的目标客户群体心理反感度上升的问题。

6.4.8　扩大移动口碑信息传播范围

为了提升企业的营销绩效，企业必须让消费者充分了解企业产品或服务的信息，为此，企业的营销信息必须能够在消费者之间大范围地迅速扩散。但是，传统的营销传播是以大众媒体发布广告为主要手段，这一般属于"一点对多点"的辐射传播，其传播速度较慢，范围相对较小，很难快速提升企业的营销绩效。伴随着社交媒体的出现与发展，移动口碑营销再次引起人们的关注。社交媒体能够给予用户极大的参与空间和互动性。微博、微信、Facebook、Twitter等是常见的社交媒体形式，它们具有便捷性、实时性、全天候性和跨平台分享性等特性。社交媒体上的移动口碑传播属于自发性的、扩张性的、裂变式的信息传播。基于社交媒体的移动口碑传播并不是把信息同时传递给单一的每一个受众，而是将产品或者品牌的信息先传递给一部分目标消费者，再通过社会化媒体构建的网络人际传播和群体传播的渠道，由这些目标消费者将这些信息二次传递给他们周边的个体或者群体。以此类推，信息被逐层不断地传播。因此，移动口碑营销是一种"多对多的裂变式传播"，传播速度快，范围广，可以在短时间内扩散至广大的消费者群体。

"六度分割"理论可以对社交媒体的这种扩散特性进行充分的解释。该理论认为，人们和任何陌生人之间所间隔的人不会超过六个，也就是说，最多通过六个人你就能够认识世界上任何一个陌生人。根据"六度分割"理论，每一个人都拥有一个巨大的人际关系网络，因此，通过智能手机和微信等社交媒体传播的移动口碑可以使企业信息传达到世界上的所有人，社交媒体的这种传播特性为移动口碑传播打开了一片新领域。社交媒体以消费者作为传播介质，以人际关系网络为连接，以信息双向传播为途径，助推了口碑信息的几何级扩张，能够有效地向有需求的对象宣传或激发身边人群的潜在需求，极大地增强了传播的效果，使得源自人际传播和口碑传播的移动口碑营销获得了巨大的发展。

在移动互联网环境下，社交媒体用户会主动将自己关于产品、服务的购买使用经验与他人进行分享，同时口碑信息接收者也会主动去搜寻对他们有意义的信息，并对其认为有价值、值得信任的口碑信息进行转发或转帖，从而实现移动口碑的扩散与再传播。在这个过程中，每一位人际关系网络中的社交媒体用户都是移动口碑传播的接收者，但是企业不能让他们成为移动口碑营销的终结者。不但要让他们接收和接受企业的移动口碑信息，还要让他们帮助传播移动口碑信息，说服其他人接收和接受企业的移动口碑信息。要达到这样的效果，就必须激发社交媒体用户参与，给他们创造参与的机会。

因此，为扩大移动口碑的传播范围，企业应确保社交媒体用户在移动口碑营销设计过程中考虑移动口碑传播的可参与性。为此，首先企业要找到一个可以大范围扩散的目标群体，挖掘并突出他们共同的喜好，充分利用社交媒体用户本身的社会关系网络，鼓励其互动交流，从而达成移动口碑营销效果。信息传递的传输手段必须保证能够大范围扩散，拓展口碑信息传播的覆盖面。参与方法应当尽量简便，参与过程应当具有趣味性，促使移动口碑信息可在不同的人际网络间延续和拓展，使口碑信息由单方面的接收转变为受众之间的互相传播。具体而言，激发社交媒体用户参与的移动口碑传播策略包括借助一些有触动性的事件、创造能分享的话题，以及利用人际邀请、制造有争议性的话题等。

在移动口碑设计完成之后，移动口碑营销的关键是找到有影响力的人，也就是早期的接收者、口碑信息的意见领袖。他们是企业移动口碑传播的第一批参与者，直接关系到企业移动口碑营销是否能够成功启动。他们的参与热情和交际范围都将影响到移动口碑营销传播的规模和效果。意见领袖应该是那些最容易接收和接受移动口碑信息并传播给其他消费者的先知先觉者。人们的依赖、合群、协作心理，就成了意见领袖生存的起因和发挥作用的条件。移动口碑营销者可以充分借用企业内部的客户数据库或者移动运营商的客户数据库，根据这些数据库对消费者进行选择，挑选意见领袖进行有针对性的移动口碑传播，同时利用各种方法帮助口碑制造声势，以便为下一阶段的消费者传播口碑创造条件。

由于我国消费者发表口碑意愿较低，有时需要使用物质奖励鼓励消费者传播口碑，因此，为了激励意见领袖参与企业的移动口碑营销传播，企业可以采用推荐奖励计划，以提升企业移动口碑信息扩散的范围和速度。一旦消费者主动参与口碑的传播，那么企业的口碑营销就登上了加速的传播快车。由于和发送者具有强关系的消费者更容易成为推荐奖励口碑信息的接收对象，因此，企业应对自己顾客的社交范围有一定的了解，在开展推荐奖励计划的时候，选择那些对企业具有高价值的朋友圈的顾客作为首次奖励信息的接收者，使其发挥意见领袖的作用，进而通过他们向其朋友推荐，从而扩大移动口碑信息的传播范围并获得更多高价值的顾客。为了提升意见领袖传播企业移动口碑信息的积极性，企业在推荐奖励计划中可以调整自己的奖励条件、奖励分配以及是否公开等奖励策略。

6.4.9 促进移动口碑传播的更新和循环

移动口碑传播系统模型中的各个阶段之间是相互依赖、紧密联系在一起的，传播效果呈现出阶段性、多层性的特点。移动口碑传播系统模型不仅反映移动口碑信息传播的整体流程，同时构成了一个反馈系统。现在，智能手机、微信等移动社交媒体以前所未有的速度传播着各种信息。借助社交媒体，移动口碑可以实现二次、三次乃至多次循环传播，其中任何一次传受关系的发生都意味着传播效果的实现，在每一级传播过程中都有效果的出现和累积，这样口碑传播的范围将会不断扩大，不断螺旋式向外扩散，由此形成了多种方式、多种传播渠道、多级中介环节的信息传播链，最后达到病毒式传播的效果。

在移动口碑传播过程中，由于口碑信息有一定的生命周期，随着消费者对移动口碑了解的深入，逐渐会出现口碑免疫的情况——他们对移动口碑的热情会丧失，移动口碑营销的传播力也会衰减。同时，在移动口碑传播过程中难免出现噪声，包括环境噪声、设备噪声以及心理噪声等。这些传播过程中的噪声也会使口碑传播力减弱，从而影响移动口碑传播的效果。因此，为了让移动口碑不断发挥效力，必须进行移动口碑维护和更新，阻拦和延缓其走向衰落的整体趋势，以最大化地发挥移动口碑营销的效果。对移动口碑营销的维护和更新可以从移动口碑信息内容、传播渠道和传播策略等多方面进行。更新移动口碑比设计一个新的口碑营销方案要快得多，也要低成本和有效得多。移动口碑维护和更新阶段的工作就是改进原有移动口碑并将其导入移动口碑传播渠道中。

为了克服移动口碑传播过程中的不利因素，防止出现口碑休眠状态，实现移动口碑传播的更新和循环，营销人员要适时地提供产品增值服务，因为好产品是一个企业拥有好口碑的基础，同时也要为口碑传播提供服务，让消费者感受到产品之外的满足感，把服务和产品做到顾客心里去。首先，对移动口碑传播者而言，促成其愿意成为传播者的首要原因在于其传播内容对于传播者的价值。如果营销者想让大家主动给自己的产品好评并主动向他的社交圈推荐自己的产品，唯一的方法就是不断强化产品的性能，将产品质量和服务质量做到极致，树立良好的产品或服务形象。这样可以使消费者对产品和品牌产生好感，进而传播企业移动口碑，否则就无法令消费者成为传播者和再次传播者。其次，影响移动口碑传播和再传播的原因，也可能是处于某一环节的用户漏掉了信息抑或是误删了信息，也可能是某一环节的用户自己不愿意加入口碑传播链。因此，企业应当设定合适的发送频率以激活口碑，同时激发其不断进行口碑的再次传播，以保持移动口碑信息产生的效果并实现再次传播。为此，营销者应该通过各种渠道和方法，了解用户所期望的信息发送频率，最大化减小口碑休眠以及各种噪声带来的消极影响。最后，在移动口碑传播过程中促进消费者的参与。企业需要把产品、服务和品牌的信息向消费者进行开放，让消费者切实参与移动口碑传播过程中，实现与企业的即时互动，让消费者得到一种简单、有趣、真实的传播体验，从而促进消费者对企业移动口碑信息的传播和再传播。

附录1 移动口碑接收调查问卷

各位同学，你们好！

我们每天都会收到一些短信，有来自朋友的，有来自陌生人的，接到这些信息后，您有什么感觉，您是打开并阅读，还是直接删除？

以下是关于手机短信的一些问题，请认真回想一下，您收到来自某个朋友或陌生人的短信后是如何处理的，并根据要求认真回答。您所提供的宝贵信息将是该研究成功的关键，诚恳地希望您以一个消费者的角度仔细回答下列问题。本问卷采用匿名方式，您所填答的内容仅供研究参考，绝不转于其他用途，请您放心填答。再次感谢你的合作！

一、基本情况

1. 使用手机短信的时间：

① 1 年以内　　② 2 年　　③ 3 年　　④ 4 年及以上

2. 平均每天收到的短信数量：

① 3 条以下　　② 5 条　　③ 7 条　　④ 9 条及以上

二、当手机接收到短信后，请你对以下问题做出选择：

	完全同意	有点同意	有点不同意	一般	有点不同意	完全不同意	完全不同意
1. 我相信发送者会考虑我的兴趣	□	□	□	□	□	□	
2. 发送者在我需要帮助时会尽力帮我	□	□	□	□	□	□	
3. 发送者对我是真诚的	□	□	□	□	□	□	
4. 我可以把发送者描述为诚实的人	□	□	□	□	□	□	
5. 发送者会信守他（她）的承诺	□	□	□	□	□	□	
6. 发送者一般有能力提供有效的产品或服务信息	□	□	□	□	□	□	
7. 我在日常生活中使用手机的频率很高	□	□	□	□	□	□	
8. 不带手机我没有安全感	□	□	□	□	□	□	
9. 我一直使用手机处理各种事情	□	□	□	□	□	□	

10. 没有手机我的生活会受到很大影响 □□□□□□□

11. 打开并阅读短信，对我来说是： 1 2 3 4 5 6 7

明智的 □ □ □ □ □ □ □ 愚蠢的

有害的 □ □ □ □ □ □ □ 有益的

毫无价值的 □ □ □ □ □ □ □ 非常有价值的

轻松的 □ □ □ □ □ □ □ 紧张的

令人愉快的 □ □ □ □ □ □ □ 讨厌的

乏味的 □ □ □ □ □ □ □ 有趣的

　　　有　完
完　有　点　全
全　点　不　不　不
同　同　同一同　同　同
意　意　意般意　意　意

12. 我很有可能阅读该短信 □□□□□□□

13. 我肯定会阅读该短信 □□□□□□□

14. 我会直接删除该短信 □□□□□□□

附加信息

1. 性别： 男（　　） 女（　　）

2. 年龄：___岁

非常感谢您的回答，谢谢！

附录2 移动口碑接受调查问卷

各位同学，你们好：

这是一份学术研究问卷，目的在于探讨微信使用行为。请认真回想一下，您收到来自某个朋友或陌生人的微信信息后的感受是怎样的，并根据要求认真回答。

您所提供的宝贵信息将是该研究成功的关键，诚恳地希望您从一个消费者的角度仔细回答下列问题。本问卷采用匿名方式，您所填写的内容仅供研究参考，绝不转于其他用途，请您放心填答。再次感谢您的合作！

第一部分：基本情况

1. 您是否是微信用户？　　　　A. 是　　　B. 不是

（若选择不是，则问卷调查结束；若选择是，请阅读下面材料，继续作答）

2. 您使用微信的频率是

A. 几乎从不　　　B. 每小时 1~2 次　　　C. 每小时 3~5 次

D. 每小时 6 次　　E. 每小时 6 次以上

3. 您认为微信上的信息对您的吸引程度如何？

A. 非常有吸引力　B. 有吸引力　　　　C. 一般

D. 排斥　　　　　E. 非常排斥

4. 您是否喜欢对好友在微信上分享的信息给予好评或点赞？

A. 非常喜欢　　　B. 喜欢　　　　　　C. 一般

D. 不喜欢　　　　E. 非常不喜欢

第二部分：微信使用情况

	完全同意	有点同意	一般	有点不同意	完全不同意
1. 我和微信朋友维系着较强的联系	□	□	□	□	□
2. 我与微信朋友有频繁的交流	□	□	□	□	□
3. 我与微信朋友经常就品牌、产品交换意见和想法	□	□	□	□	□

4. 微信朋友的口碑信息是真实可信的　　　□□□□□□□

5. 微信朋友愿意分享有关产品或服务的口碑信息　□□□□□□□

6. 我和微信朋友拥有共同的价值观　　　　　　　□□□□□□□

7. 微信朋友的口碑信息是清晰和容易理解的　　　□□□□□□□

8. 微信朋友互动时使用便于理解的交流方式　　　□□□□□□□

9. 我和微信朋友拥有共同的目标和愿景　　　　　□□□□□□□

10. 微信让我有种私人空间的感觉　　　　　　　　□□□□□□□

11. 微信让我有种温馨的感觉　　　　　　　　　　□□□□□□□

12. 微信能让我很容易感受到朋友们的存在　　　　□□□□□□□

13. 微信让人感觉有人情味　　　　　　　　　　　□□□□□□□

14. 微信给我一种与朋友们正在一起的感觉　　　　□□□□□□□

15. 微信口碑信息为我的购买决策提供了很大帮助　□□□□□□□

16. 微信口碑信息改变了我对产品原有的看法　　　□□□□□□□

17. 微信口碑信息将会影响我购买此类产品　　　　□□□□□□□

附加信息

1. 性别：　　男（　　　）　　　　　　女（　　　）

2. 年龄：＿＿＿岁

非常感谢您的回答，谢谢！

附录3 移动口碑传播实验设计问卷

各位同学，你们好：

这是一份学术研究问卷，目的在于探讨微信使用行为。您所提供的宝贵信息将是该研究成功的关键，诚恳地希望您仔细回答下列问题。本问卷采用匿名方式，您所填答的内容仅供研究参考，绝不转于其他用途，请您放心填答。谢谢您的合作！

第一部分 微信使用情况

1. 您是否是微信用户？　　　　A. 是　　B. 不是

（若选择不是，则问卷调查结束；若选择是，请阅读下面材料，继续作答）

2. 您使用微信的频率是

A. 几乎从不　　　B. 每小时1～2次　　　C. 每小时3～5次

D. 每小时6次　　E. 每小时6次以上

3. 您认为微信上的信息对您的吸引程度如何？

A. 非常排斥　　　B. 排斥　　　　　　C. 一般

D. 有吸引力　　　E. 非常有吸引力

4. 您是否喜欢对好友在微信上分享的信息给予好评或点赞？

A. 非常不喜欢　　B. 不喜欢　　　　　C. 一般

D. 喜欢　　　　　E. 非常喜欢

第二部分 根据情境回答问题

请仔细阅读以下的情境描述并认真回答问题。

您在某饭店吃饭，感觉饭菜质量、口味、服务态度、环境等方面都很满意，服务员告诉您，微信扫描饭店二维码加关注并推荐给微信朋友，您本次消费将享受九折优惠，您的朋友来店就餐时可以出示接收到的微信信息，但不享受优惠，也不会被告知您获得优惠的信息。

1. 关于情境的判断

（1）在这种情境下，以下关于优惠信息的陈述哪个是正确的：（　　　　）

A. 您只需要推荐给朋友就可以获得优惠，与朋友是否来消费没关系。

B. 只有在朋友到饭店消费后，您才能获得优惠。

（2）在这种情境下，以下关于优惠信息的陈述哪个是正确的：（　　）

A. 您将获得优惠，您的朋友不享受优惠

B. 您和您的朋友都将获得优惠

（3）在这种情境下，以下关于优惠信息的陈述哪个是正确的：（　　）

A. 您获得优惠的信息是公开的

B. 您获得优惠的信息是不公开的

2. 这样的微信信息您会发送给什么样的朋友？

以下是您与接收该信息的微信朋友之间关系的描述，请回答相关问题。

（1）我乐于和他/她谈论我的家庭。

A. 非常不同意　　　B. 不同意　　　　　C. 一般

D. 同意　　　　　E. 非常同意

（2）我乐于和他/她谈论我的工作。

A. 非常不同意　　　B. 不同意　　　　　C. 一般

D. 同意　　　　　E. 非常同意

（3）我乐于和他/她谈论电影、电视、消费、旅游、娱乐活动的资讯。

A. 非常不同意　　　B. 不同意　　　　　C. 一般

D. 同意　　　　　E. 非常同意

（4）我们认识的时间很久。

A. 非常不同意　　　B. 不同意　　　　　C. 一般

D. 同意　　　　　E. 非常同意

（5）我们相处的时间很多。

A. 非常不同意　　　B. 不同意　　　　　C. 一般

D. 同意　　　　　E. 非常同意

（6）我们的交往是双向互助关系。

A. 非常不同意　　　B. 不同意　　　　　C. 一般

D. 同意　　　　　E. 非常同意

（7）在日常交流过程中，我们都避免提出有损对方利益的要求。

A. 非常不同意　　　B. 不同意　　　　　C. 一般

D. 同意　　　　　E. 非常同意

第三部分　附加信息

1. 您的年龄：_____岁

2. 您的性别：男性（　　）　　女性（　　）

问卷到此结束，再次感谢您的配合和支持！

参考文献

【中文文献】

[1] 安静，郑荣，杨明中．消费者个体特征对在线评论有效性的影响研究 [J]．现代情报，2017，37（1）：106-111．

[2] 保罗·莱文森．手机：挡不住的呼唤 [M]．河道宽，译．北京：中国人民大学出版社，2004．

[3] 毕继东．网络口碑对消费者购买意愿影响实证研究 [J]．情报杂志，2009，28（11）：46-51．

[4] 蔡淑琴，秦志勇，李翠萍，等．面向负面在线评论的情感强度对有用性的影响研究 [J]．管理评论，2017，29（2）：79-86．

[5] 巢乃鹏，黄娴．网络传播中的"谣言"现象研究 [J]．情报理论与实践，2004，27（6）：586-589．

[6] 陈君，何梦婷．基于社会关系视角的网络口碑传播影响因素实证研究 [J]．情报杂志，2016，35（11）：202-207．

[7] 陈明亮，章晶晶．网络口碑再传播意愿影响因素的实证研究 [J]．浙江大学学报（人文社会科学版），2008，38（5）：127-135．

[8] 邓卫华，闫明星，易明．LPP 视角下网络社区用户口碑信息传播行为研究 [J]．情报资料工作，2017，（1）：82-87．

[9] 丁汉青．口碑、口碑传播与口碑营销——概念界定与研究面向 [J]．青年记者，2011，（11）：62-64．

[10] 董大海，刘琰．口碑、网络口碑与鼠碑辨析 [J]．管理学报，2012，9（3）：428-436．

[11] 杜学美，丁璟好，谢志鸿．在线评论对消费者购买意愿的影响研究 [J]．管理评论，2016，28（3）：173-183．

[12] 菲利普·科特勒．营销管理 [M]．11 版．上海：上海人民出版社，2003．

[13] 付东普．深入了解电子口碑——前因与影响 [M]．北京：首都经济贸易大学出版社，2016．

[14] 郭国庆，杨学成．互联网时代的口碑营销及应用策略 [J]．财贸经济，2006，（9）：56-59．

[15] 郭国庆，杨学成，张杨．口碑传播对消费者态度的影响：一个理论模型 [J]．管理评论，2007，19（3）：20-26．

[16] 郭国庆，张中科，陈凯，等．口碑传播对消费者品牌转换意愿的影响：主观规范的中

介效应研究［J］．管理评论，2010，22（12）：62-69．

［17］郝媛媛．在线评论对消费者感知与购买行为影响的实证研究［D］．哈尔滨：哈尔滨工业大学，2010．

［18］黄静，吴宏宇，姚琦．奖励类型对顾客推荐意愿之影响研究［J］．武汉大学学报（哲学社会科学版），2013，66（3）：96-100．

［19］黄丽娟，夏筱萌．移动营销研究述评与展望［J］．外国经济与管理，2015，37（10）：58-68．

［20］黄敏学，冯小亮，王峰，等．不满意消费者的网络负面口碑机制研究［J］．武汉大学学报（哲学社会科学版），2010，（3）：440-445．

［21］黄敏学，王岩，姜书琴．基于互联网的病毒式人际信息传播机制［J］．珞珈管理评论，2011，5（1）：105-116．

［22］季丹，李武．网络社区临场感对阅读行为的影响机制研究［J］．图书情报工作，2015，59（1）：42-46．

［23］简予繁．以关系洞察效果：社会资本理论在西方数字营销研究的应用述评［J］．新闻界，2016，（3）：4-13．

［24］金晓玲，冯慧慧，周中允．微信朋友圈中健康信息传播行为研究［J］．管理科学，2017，30（1）：73-82．

［25］匡文波．论手机媒体［J］．国际新闻界．2003，（3）：56-59．

［26］匡文波．网络传播学概论［M］．2版，北京：高等教育出版社，2004．

［27］李爱国，邓召惠，毛冰洁．Web2.0环境下在线负面评论及商家回复研究述评［J］．企业经济，2017，（1）：115-121．

［28］李昌，刘纯怡．移动互联网新闻客户端舆论传播研究［J］．编辑学刊，2017，（2）：117-120．

［29］李怀祖．管理研究方法论［M］．西安：西安交通大学出版社，2002．

［30］李惠璠，范秀成，曹花蕊，等．市场规范与社会规范冲突视角下的奖励推荐计划作用机制［J］．心理科学进展，2015，23（1）：11-21．

［31］李苓．传播学理论与实务［M］．成都：四川人民出版社，2002．

［32］李杨，吴四宗，邵长斌．消费者正面口碑再传播评估决策机理研究［J］．东岳论丛，2015，（2）：135-139．

［33］蔺丰奇，刘益．网络化信息环境中信息过载问题研究综述［J］．情报资料工作，2007，36（3）：41-48．

［34］罗彪，李美京．手机APP下载意愿的口碑影响机制——基于类别和流行度的实证研究［J］．大连理工大学学报（社会科学版），2017，38（2）：21-26．

［35］刘彧彧，娄卓，刘军，等．企业声誉的影响因素及其对消费者口碑传播行为的作用

[J]. 管理学报, 2009, 6 (3): 348-389.

[36] 鲁耀斌, 于建红. 网上信任概念及影响因素综述 [J]. 科技管理研究, 2005, (12): 256-259.

[37] 马明. 旅游地网络口碑再传播影响因素 [J]. 地域研究与开发, 2015, 34 (1): 81-86.

[38] 梅蕾, 邱淑凤, 张景. 网络口碑对旅游消费者决策行为的影响研究 [J]. 西安财经学院学报, 2017, 30 (3): 76-81.

[39] 彭兰. 重构的时空——移动互联网新趋向及其影响 [J]. 汕头大学学报 (人文社会科学版), 2017, 33 (3): 93-102.

[40] 亓力. 线上感知社会资本与工具性支持的不对等现象——基于微信的实证研究 [J]. 中国网络传播研究, 2014, (8): 88-115.

[41] 沈晓萍, 蔡舜, 徐迪. 服务类网络团购消费者购买意愿的实证研究 [J]. 管理工程学报, 2016, 30 (4): 160-165.

[42] 史梁. 基于媒介系统依赖理论的本地互联网与城市社区归属感研究 [D]. 合肥: 中国科学技术大学, 2015.

[43] 宋晓兵, 丛竹, 董大海. 网络口碑对消费者产品态度的影响机理研究 [J]. 管理学报, 2011.8 (4): 559-566.

[44] 苏俊斌, 孙嘉靖. 基于关系强度和传播方式的网络口碑传播效果研究 [J]. 中国网络传播研究, 2014 (8): 73-88.

[45] 孙杰, 罗京. 移动互联网背景下消费者搜索在线信息行为的实证分析 [J]. 现代情报, 2017, 37 (1): 89-94.

[46] 谭春辉. 网络口碑传播要素对浏览者信任感知的影响研究 [J]. 兰州学刊, 2017, (1): 176-189.

[47] 唐晓波, 陈馥怡. 微信用户满意度影响因素模型及实证研究 [J]. 情报杂志, 2015, 34 (6): 114-120.

[48] 唐雪梅, 赖胜强, 朱敏. 网络口碑信息特征对受众再传播意愿影响研究 [J]. 情报杂志, 2012, 31 (4): 133-137.

[49] 涂红伟, 骆培聪. 消费者愤怒情绪对旅游意愿和负面口碑传播的影响——基于目的地非道德事件情境下的实证研究 [J]. 旅游科学, 2017, 31 (2): 42-54.

[50] 王军, 周淑玲. 一致性与矛盾性在线评论对消费者信息采纳的影响研究——基于感知有用性的中介作用和自我效能的调节作用 [J]. 图书情报工作, 2016, 60 (22): 94-101.

[51] 王如意. 奖励顾客推荐: 奖励类型对推荐可能性的影响 [D]. 上海: 复旦大学, 2010.

[52] 王伟, 王洪伟. 特征观点对购买意愿的影响: 在线评论的情感分析方法 [J]. 系统工程理论与实践, 2016, 36 (1): 63-76.

[53] 巫月娥. 网络正面口碑与品牌信任和重复购买意愿的关系研究 [J]. 南京邮电大学学报（社会科学版），2015，17（2）：90-98.

[54] 王晓玉. 推荐奖励计划对消费者推荐意愿的影响 [J]. 当代经济管理，2010，32（3）：32-37.

[55] 吴文虎. 传播学概论 [M]. 北京：中国新闻出版社，1988.

[56] 向斌，宋智一. 一体化网络口碑传播机理研究——以大疆为例 [J]. 管理案例研究与评论，2017，10（3）：310-326.

[57] 辛冲，李蕊，郭鑫. 网络口碑诉求方式和传播方向对消费者购买意愿的影响 [J]. 技术经济，2017，36（6）：120-126.

[58] 杨学成，钱明辉. 网上口碑对消费者决策的影响及启示 [J]. 当代经济管理，2006，28（3）：27-31.

[59] 于春玲，王霞，包呼和. 奖励推荐计划口碑对接收者的影响 [J]. 南开管理评论，2011，14（4）：59-68.

[60] 赵宏霞，周宝刚，姜参. 网购中临场感对消费者信任的动态影响机制 [J]. 企业经济，2016，（3）：62-68.

[61] 张春法. 基于网络背景的营销理论研究——理念、构造与模式 [M]. 成都：西南交通大学出版社，2006.

[62] 张圣亮，钱玉霞. 消费者电子口碑传播动机探析——基于网络型虚拟社区的实论研究 [J]. 管理现代化，2014，（3）：25-27.

[63] 张新，马良，王高山. 朋友推荐对消费者购买意愿的影响：基于信任的中介作用 [J]. 山东财经大学学报，2016，28（5）：83-91.

[64] 朱海松. 无线营销：第五媒体的互动适应性 [M]. 广州：广东经济出版社，2006.

[65] 朱翊敏. 奖励额度和努力程度对网络推荐意愿的影响——关系强度的调节作用 [J]. 软科学，2013，27（10）：10-15.

[66] 朱翊敏. 享乐还是实用：产品类型与奖励类型对消费者推荐意愿的影响 [J]. 营销科学学报，2014，10（2）：15-28.

[67] 朱翊敏，于洪彦. 奖励类型与调节聚焦对顾客推荐意愿的影响研究 [J]. 商业经济与管理，2016（1）：43-52.

[68] 朱翊敏，于洪彦. 网络口碑方向及类型对其可信度的影响研究——产品性质的调节作用 [J]. 商业经济与管理，2015（4）：43-52.

[69] 朱翊敏，周素红，刘容. 推荐奖励计划中消费者意愿研究 [J]. 商业研究，2011（8）：83-90.

【英文文献】

[1] Adipat B., Zhang D., Zhou L. The Effects of Tree-View Based Presentation Adaptation on Mobile

Web Browsing [J]. MIS Quarterly, 2011, 35 (1): 99-121.

[2] Ajzen I. The Theory of Planned Behavior [J]. Organizational Behavior and Human Decision Processes, 1991, 50: 179-211.

[3] Akhter S. H. Privacy concern and online transactions: theimpact of internet self-efficacy and internetinvolvement [J]. Journal of Consumer Marketing, 2014, 31 (2): 118-125.

[4] Alamsyah D. P., Angliawati R. Y. Buying behavior of organic vegetables product: the effects of perceptions of quality and risk [J]. International journal of scientific and technology research, 2015, 4 (12): 28-36.

[5] Alba J. W., Hutchinson J. W. Dimensions of Consumer Expertise [J]. Journal of Consumer Research, 1987, 13 (4): 411-454.

[6] Alenezi H., Tarhini A. Masadeh, R. Alalwan AA., Al-Qirim N. Factors affecting e-government adoption in Kuwait: A qualitative study [J]. The Electronic Journal of e-Government, 2017, 15 (2): 84-102.

[7] Al-Ghafri R. K., Al-Badi A. H. Users Activities on Social Media as indicators of Self-Esteem: a Case Study in Oman [J]. Journal of Internet Social Networking & Virtual Communities, 2016, 1: 1-12.

[8] Aljukhadar M., Sylvain S., Daoust C. E. Using recommendation agents to cope with information overload [J]. International Journal of Electronic Commerce, 2013, 17 (2): 41-70.

[9] Anderson E. W. Customer satisfaction and word of mouth [J]. Journal of Service Research, 1998, 1 (1): 5-17.

[10] Andrews L., Drennan, J., Russell-Bennett R. Linking perceived value of mobile marketing with the experiential consumption of mobile phones [J]. European Journal of Marketing, 2012, 46 (3): 357-386.

[11] Appel L., Dadlani P., Dwyer M. Testing the validity of social capital measures in the study of information and communication technologies [J]. Information, Communication & Society, 2014, 17 (4): 398-416.

[12] Arndt J. Role of Product-related Conversations in the Diffusion of a New Product [J]. Journal of Marketing Research, 1967, 4: 291-295.

[13] Assael H. Consumer Behavior and Marketing Actions [M]. 6th ed. South-Western College Publishing, 1998.

[14] Babbie E. R., Halley F. Adventures in Social Research: Data Analysis Using SPSS for Windows/Book and Disk [M]. Pine Forge Press, 1995.

[15] Baber A., Thurasamy R., Malik M. I., Sadiq B., Islam S., Sajjad M. Online word-of-mouth antecedents, attitude and intention-to purchase electronic products in Pakistan [J]. Telematics

and Informatics, 2016, 33（2）：388-400.

［16］ Babi R. A., Sotgiu F., De Valck K., Bijmolt T. H. The effect of electronic word of mouth on sales：A meta-analytic review of platform, product, and metric factors ［J］. Journal of Marketing Research, 2016, 53（3）：297-318.

［17］ Bagozzi R. P., Burnkrant R. E. Attitude organization and the attitude-behavior relationship ［J］. Journal of Personality and Social Psychology, 1979, 37（6）：913-929.

［18］ Bahli B., Benslimane Y. An Exploration of Wireless computing Risks ［J］. Information Management & Computer Security, 2004, 12（2）：245-254.

［19］ Baines P. R. Technological Impacts on Market Attitudes and Behaviors ［J］. Psychology & Marketing, 2017, 34（4）：351-355.

［20］ Balaji M. S., Khong K. W., Chong A. Y. L. Determinants of negative word-of-mouth communication using social networking sites ［J］. Information & Management, 2016, 53（4）：528-540.

［21］ Balasubramanian S., Peterson R. A. P., Jarvenpaa S. L. Exploring the Implications of m-Commerce for Markets and Marketing ［J］. Journal of the Academy of Marketing Science, 2002, 30（4）：348-361.

［22］ Ball-Rokeach S. J. The origins of individual media-system dependency：A sociological framework ［J］. Communication Research, 1985, 12（4）：485-510.

［23］ Ball-Rokeach S. J., DeFleur, M. L. A dependency model of mass-media effects ［J］. Communication research, 1976, 3（1）：3-21.

［24］ Bandura A. Self-efficacy mechanism in human agency ［J］. American Psychologist, 1982, 37（2）：122-147.

［25］ Bansal H. S., Taylor S. F. Investigating Interactive Effects in the Theory of Planned Behavior in a Service-Provider Switching Context ［J］. Psychology and Marketing, 2002, 19（5）：407-425.

［26］ Bansal H. S., Voyer P. A. World-of-mouth processes within a services purchase decision context ［J］. Journal of Service Research, 2000, 3（2）：166-177.

［27］ Barwise P., Strong C. Permission Based Mobile Advertising［J］. Journal of interactive marketing, 2002, 16(1)：14-24.

［28］ Bauer R. A. Consumer behavior as risk taking ［C］//Dynamic Marketing for a Changing World, Proceedings of the 43rd Conference of the American Marketing Association, 1960：389-398.

［29］ Bawden D., Robinson L. The dark side of information：overload, anxiety and other paradoxes and pathologies ［J］. Journal of information science, 2009, 35（2）：180-191.

[30] Bazijanec B., Pousttchi K., Turowski K. An approach for assessment of electronic offers [C]. International Conference on Formal Techniques for Networked and Distributed Systems, Springer, Berlin, Heidelberg, 2004: 44-57.

[31] Bearden W. O., Netemeyer R. G., Teel J. E. Measurement of consumer susceptibility to interpersonal influence [J]. Journal of consumer research, 1989, 15 (4): 473-481.

[32] Bennett S. Twitter, Facebook, Google, YouTube-What Happens on the Internet Every 60 Seconds? [J]. Accessed October, 2012, 1.

[33] Berry L. L., Seiders K., Grewal D. Understanding service convenience [J]. Journal of Marketing, 2002, 66 (3): 1-17.

[34] Berthon P., Pitt L. F., Watson R. T. Postmodernism and the Web: Meta Themes and Discourse [J]. Technological Forecasting and Social Change, 2000, 65 (3): 265 - 279.

[35] Bhayani A. Do consumers consider Word of Mouth for crucial life decisions? [J]. International Journal of Nonprofit and Voluntary Sector Marketing, 2017, 22 (2).

[36] Biyalogorsky E., Gerstner E., Libai B. Customer referral management: Optimal reward programs [J]. Marketing Science, 2001, 20 (1): 82-95.

[37] Bone P. F. Determinants of word-of-mouth communications during product consumption [J]. Advances in Consumer Research, 1992, 19: 579-583.

[38] Bomhold C. R. Educational use of smart phone technology [J]. Program: Electronic Library and Information Systems, 2013, 47 (4): 424-436.

[39] Bordia P., Rosnow R. L. Rumor Rest Stops on the Information Highway Transmission Patterns in a Computer - Mediated Rumor Chain [J]. Human Communication Research, 1998, 25 (2): 163-179.

[40] Bowman D., Narayandas D. Managing customer-initiated contacts with manufacturers: The impact on share of category requirements and word-of-mouth behavior [J]. Journal of Marketing Research, 2001, 38 (3): 281-297.

[41] Bristor J. M. Enhanced Explanations of Word of Mouth Communications: The Power of Relationships [J]. Research in Consumer Behavior, 1990, 4: 51-83.

[42] Brooks R. C. Jr. Word-of-Mouth Advertising in Selling New Products [J]. Journal of Marketing, 1957, 22 (2): 154-161.

[43] Brown J. J., Reingen P. H. Social Ties and Word-of-Mouth Referral Behavior [J]. Journal of Consumer Research [J]. 1987, 14 (3): 350-362.

[44] Brucks M. The effects of product class knowledge on information search behavior [J]. Journal of Consumer Research, 1985, 12 (1): 1-16.

[45] Bruyn A. D., Lilien G. L. A multi-stage model of word-of-mouth influence through viral mar-

keting [J]. International Journal of Research in Marketing, 2008, 25 (3): 151-163.

[46] Chang H. H., Chuang S. S. Social capital and individual motivations on knowledge sharing: Participant involvement as a moderator [J]. Information & management, 2011, 48 (1): 9-18.

[47] Chang H. H., Chen S. W. The impact of online store environment cues on purchase intention [J]. Online Information Review, 2008, 32 (6): 818-841.

[48] Chang S. E., Shen W., Liu A. Y. Why mobile users trust smartphone social networking services? A PLS-SEM approach [J]. Journal of Business Research, 2016, 69 (11): 4890-4895.

[49] Chen H. T., Li, X. The Contribution of Mobile Social Media to Social Capital and Psychological Well-Being: Examining the Role of Communicative Use, Friending and Self-Disclosure [J]. Computers in Human Behavior, 2017, (75): 958-965.

[50] Chen Y. C., Shang R. A., Li M. J. The effects of perceived relevance of travel blogs' content on the behavioral intention to visit a tourist destination [J]. Computers in Human Behavior, 2014, 30: 787-799.

[51] Chevalier J. A., Mayzlin D. The Effect of Word of Mouth on Sales: Online Book Reviews [J]. Journal of Marketing Research, 2006, 43 (3): 345-354.

[52] Chiang H. Continuous usage of social networking sites [J]. Online Information Review, 2013, 37 (6): 851-871.

[53] Childers T. L., Carr C. L., Peck J., Carson S. Hedonic and Utilitarian Motivations for Online Retail Shopping Behavior [J]. Journal of Retailing, 2001, 77: 511-535.

[54] Chiu C., Hsu M., Wang E. G. Understanding knowledge sharing in virtual communities: an integration of social capital and social cognitive theories [J]. Decision Support Systems, 2006, 42 (3): 1872-1888.

[55] Chiu H. C., Hsieh Y. C., Kao Y. H., Lee M. The determinants of email receivers' disseminating behaviors on the internet [J]. Journal of Advertising Research, 2007, 47 (4): 524-534.

[56] Chiu H. C., Pant A., Hsieh Y. C., Lee M., Hsioa Y. T., Roan J. Snowball to Avalanche: Understanding the Different Predictors of the Intention to Propagate Online Marketing Messages [J]. European Journal of Marketing, 2014, 48 (7/8): 1255-1273.

[57] Cho J., Lee J. An integrated model of risk and risk-reducing strategies [J]. Journal of Business Research, 2006, 59 (1): 112-120.

[58] Cho S., Huh J., Faber R. J. The influence of sender trust and advertiser trust on multistage effects of viral advertising [J]. Journal of advertising, 2014, 43 (1): 100-114.

[59] Choi Y. K., Choi Y. K., Seo Y. E-WOM messaging on social media: Social ties, temporal distance, and message concreteness [J]. Internet Research, 2017, 27 (3): 495-505.

[60] Chu S. C., Choi S. M. Electronic word-of-mouth in social networking sites: A cross-cultural

study of the United States and China [J]. Journal of Global Marketing, 2011, 24 (3): 263-281.

[61] Chu S. C., Kim Y. Determinants of consumer engagement in electronic word-of-mouth (eWOM) in social networking sites [J]. International Journal of Advertising, 2011, 30 (1): 47-75.

[62] Churchill G. A. A paradigm for developing better measures of marketing constructs [J]. Journal of Marketing Research, 1979, 16 (1): 64-73.

[63] Coleman J., Katz E., Menzel H. The diffusion of an innovation among physicians [J]. Sociometry, 1957, 20 (4): 253-270.

[64] Compeau D. R., Higgins C. A. Computer Self-Efficacy: Development of a measure and initial test [J]. MIS Quarterly, 1995, 19 (2): 189-211.

[65] Corritore C. L., Kracher B., Wiedenbeck S. On-line trust: concepts, evolving themes, a model [J]. International Journal of Human-Computer Studies, 2003, 58 (6): 737-758.

[66] Daugherty T., Hoffman E. eWOM and the importance of capturing consumer attention within social media [J]. Journal of Marketing Communications, 2014, 20 (1-2): 82-102.

[67] Davis F. D., Bagozzi R. P., Warshaw P. R. User acceptance of computer technology: a comparison of two theoretical models [J]. Management Science, 1989, 35: 982-1003.

[68] Day G. S. Attitude Change, Media and Word of Mouth [J]. Journal of Advertising Research, 1971, 1 (6): 31-40.

[69] Dellarocas C. The Digitization of Word of Mouth: Promise and Challenges of Online Feedback Mechanisms [J]. Management Science, 2003, 49 (10): 1407-1424.

[70] Dichter E. How word of mouth advertising works [J]. Harvard Business Review, 1966: 147-166.

[71] Dick A. S., Basu K. Customer loyalty: toward an integrated conceptual framework [J]. Journal of the academy of marketing science, 1994, 22 (2): 99-113.

[72] Dickinger A., Haghirian P., Murphy J. An investigation and conceptual model of SMS marketing [C]. System sciences, proceedings of the 37th annual hawaii international conference on. IEEE, 2004: 10.

[73] Dodson I. The Art of Digital Marketing: The Definitive Guide to Creating Strategic, Targeted, and Measurable Online Campaigns [M]. John Wiley & Sons, 2016.

[74] Doyle S. Software Review: Using Short Message Services as a Marketing Tool [J]. Journal of Database Marketing, 2001, 8 (3): 273-277.

[75] Duhan D. F., Scott D. J., Wilcox J. B., Harrell G. D. Influences on consumer use of word-of-mouth recommendation sources [J]. Journal of the Academy of Marketing Science, 1997, 25

（4）：283-295.

［76］ Engel J. F. , Kegerreis R. J. , Blackwell R. D. Word-of-Mouth Communication by the Innovator ［J］. Journal of Marketing, 1969, 33 （3）：15-19.

［77］ Erkan I. , Evans C. The Influence of Ewom In Social Media On Consumers' Purchase Intentions: An Extended Approach To Information Adoption ［J］. Computers in Human Behavior, 2016, 61：47-55.

［78］ Fang W. , Yu C. S. Understand the influence of online word-ofmouth on consumer purchase intention: The moderating effect of conformity ［J］. Journal of Innovation and Management, 2017, 13 （1）：1-25.

［79］ Fedorko M. R. User preferences in mobile marketing ［J］. exclusive e-JOURNAL, 2017：1-5.

［80］ Fishbein M. , Ajzen I. Attitude-Behavior Relations: A Theoretical Analysis and Review of Empirical Research ［J］. Psychological Bulletin, 1977, 84：888-918.

［81］ Foreh M. R. , Grier S. When is honesty the best policy? The effect of stated company intent on consumer skepticism ［J］. Journal of Consumer Psychology, 2003, 13 （3）：349-356.

［82］ Frenzen J. , Nakamoto K. Structure, Cooperation, and the Flow of Market Information ［J］. Journal of Consumer Research, 1993, 20 （3）：360-375.

［83］ Gefen D. E-commerce: The role of familiarity and trust ［J］. Omega: The International Journal of Management Science, 2000, 28 （6）：725-737.

［84］ Gefen D. , Karahanna E. , Straub D. W. Trust and TAM in online shopping: An integrated model ［J］. MIS quarterly, 2003, 27 （1）：51-90.

［85］ Gilly M. C. , Graham J. L. , Wolfinbarger, M. F. and Yale, L. J. A dyadic study of interpersonal information search ［J］. Journal of the Academy of Marketing Science, 1998, Spring, 26 （2）：83-100.

［86］ Goldenberg J. , Libai B. , Muller E. Talk of the network: A complex systems look at the underlying process of word-of-mouth ［J］. Marketing letters, 2001, 12 （3）：211-223.

［87］ Goldenberg J. , Libai B. , Moldovan S. , et al. The NPV of bad news ［J］. International Journal of Research in Marketing, 2007, 24 （3）：186-200.

［88］ Godes D. , Mayzlin D. Firm-Created Word-of-Mouth Communication: Evidence from a Field Test ［J］. Marketing Science, 2009, 28 （4）：721-739.

［89］ Godes D. , Mayzlin, D. Using Online Conversations to Study Word-of-Mouth Communication ［J］. Marketing Science, 2004, 23 （4）：545-560.

［90］ Godes D. , Mayzlin D. , Chen, Y. et al. The firm's management of social interactions ［J］. Marketing Letters, 2005, 16 （3-4）：415-428.

［91］ Gómez-Suárez M. , Martínez-Ruiz M. P. , Martínez-Caraballo N. Consumer-brand relationships under the marketing 3. 0 paradigm: a literature review [J]. Front. Psychol. , 2017, 8: 252.

[92] Granovetter M. The Strength of Weak Ties [J]. American Journal of Sociology, 1973, 79 (5): 1360-1380.

[93] Granovetter M. The strength of weak ties: A network theory revisited [J]. Sociological theory, 1983: 201-233.

[94] Grant I. , O' Donohoe, S. Why young consumers are not open to mobile marketing communication [J]. International Journal of Advertising, 2007, 26 (2): 223-246.

[95] Gremler D. D. , Gwinner K. P. , Brown S. W. Generating positive word of mouth communication through customer-employee relationships [J]. International Journal of Service Industry Management, 2001, 12 (1): 44-59.

[96] Grinter R. E. , Palen L. , Eldridge, M. Chatting with teenagers: considering the place of chat technologies in teen life [J]. ACM Transactions on Computer-Human Interaction (TOCHI) , 2006, 13 (4): 423-447.

[97] Haenlein M. , Libai B. Seeding, Referral, and Recommendation: Creating Profitable Word-of-Mouth Programs [J]. California Management Review, 2017, 59 (2): 68-91.

[98] Haghirian P. , Inoue A. An advanced model of consumer attitudes toward advertising on the mobile internet [J]. International Journal of Mobile Communications, 2006, 5 (1): 48-67.

[99] Hajiheydari N. , Maskan B. H. H. , Ashkani M. Factors Affecting Loyalty of Mobile Social Networks′Users [J]. International Journal of E-Business Research (IJEBR), 2017, 13 (1): 66-81.

[100] Hartley J. The Value Chain of Meaning and the New Economy [J]. International Journal of Cultural Studies, 2004, 7: 129-141.

[101] Hassanein K. , Head M. Manipulating perceived social presence through the web interface and its impact on attitude towards online shopping [J]. International Journal of Human-Computer Studies, 2007, 65 (8): 689-708.

[102] Heberlein T. A. , Black J. S. Attitudinal Specificity and The Prediction of Behavior in a Field Setting [J]. Journal of Personality and Social Psychology, 1976: 474-479.

[103] Heejae S. , Dahana W. D. The Moderating Roles of Prior Attitude and Message Acceptance in Electronic Word of Mouth [J]. International Journal of Business and Information, 2017, 12 (2): 183-207.

[104] Hennig-Thurau T. , Gwinner K. P. , Walsh G. , Gremler D. D. Electronic Word-of-Mouth Via Consumer-Opinion Platforms: What Motivates Consumers to Articulate Themselves on the Internet? [J]. Journal of Interactive Marketing, 2004, 18 (1): 38-52.

[105] Herr P. M. , Kardes F. R. , Kim J. Effects of Word-of-Mouth and Product-Attribute Information on Persuasion: An Accessibility-Diagnosticity Perspective [J]. Journal of Consumer Re-

search, 1991, 17 （4）: 454-462.

[106] Holbrook M. B., Hirschman E. C. The experiential aspects of consumption: Consumer fanta-
sies, feelings, and fun [J]. Journal of consumer research, 1982, 9 （2）: 132-140.

[107] Holmes A., Angela B., Jennifer R. Mobile shopping behaviour: insights into atti-
tudes, shopping process involvement and location [J]. International Journal of Retail & Distri-
bution Management, 2014, 42 （1）: 25-39.

[108] Huang R. Y. The Identification, Ranking and Categorization of Mobile Marketing Success Fac-
tors [J]. International Journal of Mobile Marketing, 2012, 7 （2）.

[109] Hussain S., Ahmed W., Jafar R. M. S., Rabnawaz A., Jianzhou Y. eWOM source credibili-
ty, perceived risk and food product customer's information adoption [J]. Comput. Hum. Be-
hav., 2017, 66: 96-102.

[110] Ishii K. Internet use via mobile phone in Japan [J]. Telecommunications Policy, 2004, 28:
43-58.

[111] Ismail A. R. The influence of perceived social media marketing activities on brand loyalty:
The mediation effect of brand and value consciousness [J]. Asia Pacific Journal of Marketing
and Logistics, 2017, 29 （1）: 129-144.

[112] Jabeur N., Zeadally S., Sayed B. Mobile social networking applications [J]. Communica-
tions of the ACM, 2013, 56 （3）: 71-79.

[113] Jeong H. J., Koo D. M. Combined effects of valence and attributes of e-WOM on consumer
judgment for message and product: the moderating effect of brand community type [J]. Inter-
net Research, 2015, 25 （1）: 2-29.

[114] Jensen M. L., Yetgin E. Prominence and Interpretation of Online Conflict of Interest Disclo-
sures [J]. MIS Quarterly, 2017, 41 （2）: 629-644.

[115] Johnson D., Grayson K. Cognitive and affective trust in service relationships [J]. Journal of
Business Research, 2005, 58 （4）: 500-507.

[116] José-Cabezudo R. S., Camarero-Izquierdo C. Determinants of opening-forwarding e-mail mes-
sages [J]. Journal of Advertising, 2012, 41 （2）: 97-112.

[117] Karjaluoto H., Alatalo T. Consumers Attitudes Towards and Intention to Participate in Mobile
Marketing [J]. International Journal of Services Technology and Management, 2007, 8 （2/
3）: 155-173.

[118] Karahanna E., Straub D. W., Chervany N. L. Information technology adoption across time: a
cross-sectional comparison of pre-adoption and post-adoption beliefs [J]. MIS quarter-
ly, 1999: 183-213.

[119] Katz E., Lazarsfeld P. F. Personal Influence: The Part Played by People in the Flow of Mass

Communications [M]. Glencoe, IL: Free Press, 1955.

[120] Kavassalis P., Spyropoulou N., Drossos D., Mitrokostas E., Gikas G., Hatzistamatiou A. Mobile Permission Marketing: Framing the Market Inquiry [J]. International Journal of Electronic Commerce, 2003, 8 (1): 55-79.

[121] Keaveney S. M. Customer Switching Behavior in Service Industries: An Exploratory Study [J]. Journal of Marketing, 1995, 59 (2): 91.

[122] Keller E., Fay B. Word-of-mouth advocacy [J]. Journal of Advertising Research, 2012, 52 (4): 459-464.

[123] Kim Y. Usage trend of SNS and the users' behaviour [C]. KisdiStat Report (Korea Information Society Development Institute), 2016, 16 (7): 1-9.

[124] Kim K. Y., Lee B. G. Marketing insights for mobile advertising and consumer segmentation in the cloud era: AQ-R hybrid methodology and practices [J]. Technological Forecasting and Social Change, 2015, 91: 78-92.

[125] Kim M. J., Lee C. K., Preis M. W. Seniors' loyalty to social network sites: Effects of social capital and attachment [J]. International Journal of Information Management, 2016, 36 (6): 1020-1032.

[126] Kim M., Ja Y., Bonn M., Lee C. K. Seniors' dual route of persuasive communications in mobile social media and the moderating role of discretionary time [J]. Asia Pacific Journal of Tourism Research, 2017, 22 (8): 799-818.

[127] Kirmani A., Zhu R. Vigilant against manipulation: The effect of regulatory focus on the use of persuasion knowledge [J]. Journal of Marketing Research, 2007, 44 (4): 688-701.

[128] King C. W., Summers J. O. Overlap of Opinion Leadership across Consumer Product Categories [J]. Journal of Marketing Research, 1970, 7 (1): 43-50.

[129] Kleijnen M., Lievens A., de Ruyter K., Wetzels M. Knowledge creation through mobile social networks and its impact on intentions to use innovative mobile services [J]. Journal of Service Research, 2009, 12 (1): 15-35.

[130] Koenig-Lewis N., Palmer A., Moll A. Predicting young consumers' take up of mobile banking services [J]. International journal of bank marketing, 2010, 28 (5): 410-432.

[131] Kolsaker A., Drakatos N. Mobile advertising: The influence of emotional attachment to mobile devices on consumer receptiveness [J]. Journal of Marketing Communications, 2009, 15 (4): 267-280.

[132] Kozinets R. V., de Valck K., Wojnicki A. C., Wilner S. J. S. Networked narratives: understanding word-of-mouth marketing in online communities [J]. Journal of Marketing, 2010, 74: 71-89.

［133］Kujur F. , Singh S. Engaging customers through online participation in social networking sites ［J］. Asia Pacific Management Review, 2017, 22 （1）: 16-24.

［134］Kuo Y. F. , Yen S. N. Towards an understanding of the behavioral intention to use 3G mobile value-added services ［J］. Computers in Human Behavior, 2009, 25: 103-110.

［135］Kurt D. J. , Inman J. , Argo J J. The influence of friends on consumer spending: the role of agency-communion orientation and self-monitoring ［J］. Journal of Marketing Research, 2011, 48 （4）: 741-754.

［136］Latham G. P. , Locke E. A. Self-regulation through goal setting. Organizational behavior and human decision processes ［J］. 1991, 50 （2）: 212-247.

［137］Larivière B. , Joosten H. , Malthouse E. C. , Birgelen M. , Aksoy P. , Werner H. Kunz, Huang M. H. Value fusion The blending of consumer and firm value in the distinct context of mobile technologies and social media ［J］. Journal of Service Management, 2013, （24） 3: 268-293.

［138］Lee H. , Kwak N. , Campbell S. W. Hearing the other side revisited: The joint workings of cross-cutting discussion and strong tie homogeneity in facilitating deliberative and participatory democracy ［J］. Communication Research, 2015, 42 （4）: 569-596.

［139］Letsholo R. G. , Pretorius M. P. Investigating managerial practices for data and information overload in decision making ［J］. Journal of Contemporary Management, 2016, 13 （1）: 767-792.

［140］Libai B. , Bolton R. , Bügel M. S. et al. Customer-to-customer interactions: broadening the scope of word of mouth research ［J］. Journal of Service Research, 2010, 13 （3）: 267-282.

［141］Liljander V. , Gummerus J. , Söderlund M. Young consumers' responses to suspected covert and overt blog marketing ［J］. Internet Research, 2015, 25 （4）: 610-632.

［142］Lim N. Consumers' perceived risk: sources versus consequences ［J］. Electronic Commerce Research and Applications, 2003, 2: 216-228.

［143］Lindlof T. R. , Shatzer M. J. Media ethnography in virtual space: Strategies, limits, and possibilities ［J］. Journal of broadcasting & electronic media, 1998, 42 （2）: 170-189.

［144］Lippincott J. K. A mobile future for academic libraries ［J］. Reference Services Review, 2010, 38 （2）: 1-20.

［145］Litvin S. W. , Goldsmith R. E. , Pan B. Electronic word-of-mouth in hospitality and tourism management ［J］. Tourism management, 2008, 29 （3）: 458-468.

［146］Lombard M. , Ditton T. At the heart of it all: The concept of presence ［J］. Journal of Computer-Mediated Communication, 1997, 3 （2）.

［147］López M. , Sicilia M. Determinants of E-WOM influence: the role of consumers' internet experience ［J］. Journal of theoretical and applied electronic commerce research, 2014, 9 （1）:

28-43.

[148] Lynch Jr. J. G., Ariely D. Wine online: Search costs affect competition on price, quality, and distribution [J]. Marketing science, 2000, 19 (1): 83-103.

[149] Luarn P., Lin Y. F., Chiu Y. P. Influence of Facebook brand-page posts on online engagement [J]. Online Information Review, 2015, 39 (4): 505-519.

[150] Mafé C. R., Blas S. S., Tavera-Mesías J. F. A comparative study of mobile messaging services acceptance to participate in television programmes [J]. Journal of service Management, 2010, 21 (1): 69-102.

[151] Mafé R. C., Blas S. S.. Explaining Internet dependency: An exploratory study of future purchase intention of Spanish Internet users [J]. Internet research, 2006, 16 (4): 380-397.

[152] Mahatanankoon P., O' Sullivan P. Attitude toward Mobile Text Messaging: An Expectancy-Based Perspective [J]. Journal of Computer-Mediated Communication, 2008, 13: 973-992.

[153] Mahajan V., Muller E., Kerin R. A. Introduction Strategy for New Products with Positive and Negative Word of Mouth [J]. Management Science, 1984, 30 (12): 1389-1404.

[154] Maisam S., Mahsa R. D. Positive Word-of-Mouth Marketing: Explaining the role of value congruity and brand love [J]. Journal of Competitiveness, 2016, 8 (1): 19-27.

[155] Mancuso J. R. Why Not Create Opinion Leaders for New Product Introductions? [J]. Journal of Marketing, 1969, 33 (3): 20-25.

[156] Mandel N. Shifting selves and decision making: The effects of self-construal priming on consumer risk-taking [J]. Journal of Consumer Research, 2003, 30 (1): 30-40.

[157] Miquel-Romero M. J., Adame-Sánchez C. Viral marketing through e-mail the link company-consumer [J]. Management Decision, 2013, 51 (10): 1970-1982.

[158] Mathwick C., Malhotra N., Rigdon E. Experiential value: conceptualization, measurement and application in the catalogue and internet shopping environment [J]. Journal of Retailing, 2001, 77 (1): 39-56.

[159] Mathwick C., Rigdon E. Play, flow, and the online search experience [J]. Journal of consumer research, 2004, 31 (2): 324-332.

[160] Maxham III J. G., Netemeyer R. G. A longitudinal study of complaining customers' evaluations of multiple service failures and recovery efforts [J]. Journal of marketing, 2002, 66 (4): 57-71.

[161] Mazzarol T., Sweeney J. C., Soutar G. N. Conceptualizing word-of-mouth activity, triggers and conditions: an exploratory study [J]. European Journal of Marketing, 2007, 41 (11/12): 1475-1494.

[162] McKnight D. H., Choudhury V., Kacmar C. Developing and validating trust measures for e-

commerce: an integrative typology [J]. Information Systems Research, 2002, 13 (3): 334-359.

[163] Miller G. R. On defining communication: another stab [J]. Journal of Communication, 1996, 16: 92.

[164] Mikalef P., Pappas I. O., Giannakos M. N. Value co-creation and purchase intention in social commerce: The enabling role of word-of-mouth and trust [C]. Boston: Twenty-third Americas Conference on Information Systems, 2017.

[165] Mitchell A. A., Dacin P. A. The assessment of alternative measures of consumer expertise [J]. Journal of Consumer Research, 1996, 23: 219-239.

[166] Mitchell V. W. Consumer perceived risk: conceptualisations and models [J]. European Journal of Marketing, 1999, 33 (1/2): 163-195.

[167] Moe W. W., Schweidel D. A. Online product opinions: Incidence, evaluation, and evolution [J]. Marketing Science, 2012, 31 (3): 372-386.

[168] Money R. B., Gilly M. C., Graham J. L. Explorations of National Culture and Word-of-Mouth Referral Behavior in the Purchase of Industrial Services in the United States and Japan [J]. Journal of Marketing, 1998, 62: 76-87.

[169] Moran G., Muzellec L. eWOM credibility on social networking sites: A framework [J]. Journal of Marketing Communications, 2017, 23 (2): 149-161.

[170] Morgan R. M., Hunt S. D. The commitment-trust theory of relationship marketing [J]. Journal of Marketing, 1994, 58 (7): 20-38.

[171] Mort G. S., Drennan J. Mobile communications: a study of factors influencing consumer use of m-services [J]. Journal of Advertising Research, 2007, 47 (3): 302-312.

[172] Mort G., Drennan J. Mobile digital technology: emerging issues for marketing [J]. Journal of Database Marketing, 2002, 10 (1): 9-23.

[173] Mort S., Drennan J. Marketing m-services: establishing a usage benefit typology related to mobile user characteristics [J]. Journal of Database Marketing & Customer Strategy Management, 2005, 12 (4): 327-341.

[174] Munzel A. H., Kunz W. Creators, multipliers, and lurkers: who contributes and who benefits at online review sites [J]. Journal of Service Management, 2014, 25 (1): 49-74.

[175] Nahapiet J., Ghoshal S. Social Capital Intellectual Capital, and the Organizational Advantage [J]. Academy of Management Review, 1998, 2: 242-266.

[176] Nysveen H., Pedersen P. E., Thorbjørnsen H. Intentions to Use Mobile Services: Antecedents and Cross-Service Comparisons [J]. Journal of the Academy of Marketing Science, 2005, 33 (3): 330-346.

[177] Newman J. W. , Staelin R. Prepurchase information seeking for new cars and major household appliances [J]. Journal of Marketing Research, 1972: 249-257.

[178] Nielsen J. The 90-9-1 rule for participation inequality in social media and online communities [R]. working paper, 2006.

[179] Nonnecke B. , Andrews D. , Preece J. Non-public and public online community participation: Needs, attitudes and behavior [J]. Electronic Commerce Research, 2006, 6 (1): 7-20.

[180] Norman A. T. , Russell C. A. The pass - along effect: Investigating word - of - mouth effects on online survey procedures [J]. Journal of Computer - Mediated Communication, 2006, 11 (4): 1085-1103.

[181] Obeidat B. Y. , Al-Suradi M. , Masadeh R. , Tarhini A. The impact of knowledge management on innovation: An empirical study on Jordanian consultancy firms [J]. Management Research Review, 2016, 39 (10): 1214-1238.

[182] Okazaki S. Determinant Factors of Mobile-Based Word-of-Mouth Campaign Referral among Japanese Adolescents [J]. Psychology & Marketing, 2008, 25 (8): 714-731.

[183] Okazaki S. Social influence model and electronic word of mouth PC versus mobile internet [J]. International Journal of Advertising, 2009, 28 (3): 439-472.

[184] Okazaki S. New perspectives on m-commerce research [J]. Journal of Electronic Commerce Research, 2005, 6 (3): 160-164.

[185] Pagani M. , Hofacker C. F. , Goldsmith R. E. The influence of personality on active and passive use of social networking sites [J]. Psychology and Marketing, 2011, 28 (5): 441-456.

[186] Pagani M. Determinants of Adoption of Third Generation Mobile Multimedia Services [J]. Journal of Interactive Marketing, 2004, 18 (3): 46-59.

[187] Palka W. , Key P. , Dietmar G. W. Mobile word-of-mouth-A grounded theory of mobile viral marketing [J]. Journal of Information Technology, 2009, 24: 172-185.

[188] Pansari A. , Kumar V. Customer engagement: The construct, antecedents, and consequences [J]. Journal of the Academy of Marketing Science, 2017, 25 (3): 294-311.

[189] Park N. , Kim Y. C. , Shon H. Y. , Shim H. Factors influencing smartphone use and dependency in South Korea [J]. Computers in Human Behavior, 2013, 29: 1763-1770.

[190] Parreño J. M. , Silvia S. B. , Carla R. M. , et al. Key factors of teenagers' mobile advertising acceptance [J]. Industrial Management & Data Systems, 2013, 113 (5): 732-749.

[191] Pavlou P. A. Consumer acceptance of electronic commerce: Integrating trust and risk with the technology acceptance model [J]. International Journal of Electronic Commerce, 2003, 7 (3): 69-103.

[192] Persaud A. , Azhar I. Innovative mobile marketing via smartphones: Are consumers ready?

[J]. Marketing Intelligence & Planning, 2012, 30 (4): 418-443.

[193] Phelps J. E., Regina L., Mobilio L., Perry D., Raman N. Viral Marketing or Electronic Word-of-Mouth Advertising: Examining Consumer Responses and Motivations to Pass Along Email [J]. Journal of Advertising Research, 2004, 44 (4): 333-348.

[194] Pinho J. C., Soares A. M. Response to advertising on online social networks: the role of social capital [J]. International Journal of Consumer Studies, 2015, 39 (3): 239-248.

[195] Prasad S., Prasad S., Gupta I. C., et al. Social media usage, electronic word of mouth and purchase-decision involvement [J]. Asia-Pacific Journal of Business Administration, 2017, 9 (2): 134-145.

[196] Price L., Feick L. The role of interpersonal sources in external search: an informational perspective [J]. Advances in Consumer Research, 1984, 10: 250-255.

[197] Putnam R. D. Bowling alone: American's declining social capital [J]. Journal of democracy, 1995, 6 (1): 66-78.

[198] Rader C. S. Toward a Theory of Consumer Interaction with Mobile Technology Devices [D]. Knoxville: University of Tennessee, 2009.

[199] Ravald A., Grönroos C. The value concept and relationship marketing [J]. European journal of marketing, 1996, 30 (2): 19-30.

[200] Reichelt J., Sievert J., Jacob F. How credibility affects eWOM reading: the influences of expertise, trustworthiness, and similarity on utilitarian and social functions [J]. Journal of Marketing Communications, 2014, 20 (1-2): 65-81.

[201] Richins M. L. Word of Mouth Communication as Negative Information [J]. Advances in Consumer Research, 1984, 11 (1): 697-702.

[202] Richins M. L. Negative word-of-mouth by dissatisfied consumer: a pilot study [J]. Journal of Marketing, 1983, 47: 68-78.

[203] Ridings C. M., Gefen D., Arinze B. Some antecedents and effects of trust in virtual communities [J]. The Journal of Strategic Information Systems, 2002, 11 (3): 271-295.

[204] Rogers E. M., Dilip K. Bhowmik, Homophily-Heterophily: Relational Concepts for Communication Research [J]. Public Opinion Quarterly, 1970, 34 (4): 523-538.

[205] Rousseau D. M., Sitkin S. B., Burt R. S., Camerer C. Not So Different After All: A Cross-Discipline View of Trust [J]. Academy of Management Review, 1998, 23 (3): 393-404.

[206] Rukuni T. F., Shaw G., Chetty Y., Kgama P., Kekana P., Rogers K. Viral Marketing Strategies and Customer Buying Behavioural Intentions at Retail Store in Johannesburg [J]. Business Management and Strategy, 2017, 8 (1): 58-83.

[207] Ruyter K., Wetzels M., Kleijnen M. Customer adoption of e-service: an experimental study

[J]. International Journal of Service Industry Management, 2001, 12 (2): 184-207.

[208] Ryu G., Feick L. A penny for your thoughts: Referral reward programs and referral likelihood [J]. Journal of Marketing, 2007, 71 (1): 84-94.

[209] Sahi K. G., Sehgal S., Sharma R. Predicting Customers Recommendation from Co-creation of Value, Customization and Relational Value [J]. Vikalpa, 2017, 42 (1): 19-35.

[210] Samson A. Product usage and firm-generated word of mouth [J]. International journal of market research, 2010, 52 (4): 459-482.

[211] Scharl A., Dickinger A., Murphy J. Diffusion and success factors of mobile marketing [J]. Electronic commerce research and applications, 2005, 4 (2): 159-173.

[212] Schlosser A. E. Posting versus lurking: Communicating in a multiple audience context [J]. Journal of Consumer Research, 2005, 32 (2): 260-265.

[213] Schurr P. H., Ozanne J. L. Influences on exchange processes: Buyers' preconceptions of a seller's trustworthiness and bargaining toughness [J]. Journal of consumer research, 1985, 11 (4): 939-953.

[214] Shankar V., O' Driscoll T., Reibstein D. Rational Exuberance: The Wireless Industry's Killer [J]. Strategy & Business, 2003, 31 : 68-77.

[215] Shen X. L., Wang N., Sun Y. Q., Li X. Unleash the power of mobile word-of-mouth [J]. Online Information Review, 2013, 37 (1): 42-60.

[216] Shen Y. C., Huang C. Y., Chu C. H., Liao H. C. Virtual Community Loyalty: An Interpersonal-Interaction Perspective [J]. International Journal of Electronic Commerce, 2010, 75 (1): 49-73.

[217] Shih H., Lai K., Cheng T. C. E. Informational and Relational Influences on Electronic Word of Mouth: An Empirical Study of an Online Consumer Discussion Forum [J]. International Journal of Electronic Commerce, 2013, 17 (4): 137-165.

[218] Siau K., Lim E. P., Shen Z. Mobile Commerce: Promises, Challenges, and Research Agenda [J]. Journal of Database Management, 2001, 14 (3): 4-13.

[219] Silk A. J. Overlap among self-designated opinion leaders: A study of selected dental products and services [J]. Journal of Marketing Research, 1966: 255-259.

[220] Silva V. D., Yan J. What Drives Consumers to Accept M-ads on Their Hand-Held Devices? A Literature Review, Insights and Propositions for Emerging Markets [J]. International Journal of Marketing Studies: 2017, 9 (2): 160.

[221] Sirdeshmukh D., Singh J., Sabol B. Consumer trust, value and loyalty in relational exchanges [J]. Journal of Marketing, 2002, 66: 15-37.

[222] Spaid B. I., Flint D. J. The meaning of shopping experiences augmented by mobile internet

devices [J]. Journal of Marketing Theory and Practice, 2014, 22（1）: 73-89.

[223] Stephen A., Bart Y., Plessis C. D., Goncalves D. Does Paying For Online Product Reviews Pay Off? The Effects of Monetary Incentives on Content Creators and Consumers [J]. Advances in Consumer Research, 2012, 40: 228-231.

[224] Stewart K. Transference as a means of building trust in world wide web sites [C]. Proceedings of the 20th International Conference on Information Systems, Charlotte, NC, 1999: 459-464.

[225] Ström R., Vendel M., Bredican J. Mobile marketing: A literature review on its value for consumers and retailers [J]. Journal of Retailing and Consumer Services, 2014（21）: 1001-1012.

[226] Subramani M. R., Rajagopalan B. Knowledge-sharing and influence in online social networks via viral marketing [J]. Communications of the ACM, 2003, 46（12）: 300-307.

[227] Suki M. N., Suki M. N. Mobile phone usage for m-learning: comparing heavy and light mobile phone users [J]. Campus-Wide Information Systems, 2007, 24（5）: 355-365.

[228] Suki M. N. Students' dependence on smart phones: The influence of social needs, social influences and convenience [J]. Campus-Wide Information Systems, 2013, 30（2）: 124-134.

[229] Sultan F., Rohm A. The Coming Era of Br and in the H and Marketing [J]. MIT Sloan management review, Fall 2005, 47（1）: 83-90.

[230] Sun T., Youn S., Wu G., Kuntaraporn M. Online Word - of - Mouth（or Mouse）: An Exploration of Its Antecedents and Consequences [J]. Journal of Computer-Mediated Communication, 2006, 11（4）: 1104-1127.

[231] Sundaratn D. S., Mitra K., Webster C. Word-of-Mouth Communications: A Motivational Analysis [J]. Advances in Consumer Research, 1998, 25: 527-531.

[232] Swan J. E., Trawick Jr. I. F, Rink D. R., et al. Measuring dimensions of purchaser trust of industrial salespeople [J]. Journal of Personal Selling & Sales Management, 1988, 8（1）: 1-10.

[233] Sweeney J. C., Soutar G. N., Mazzarol T. Factors influencing word of mouth effectiveness: receiver perspectives [J]. European Journal of Marketing, 2008, 42（3/4）: 344-364.

[234] Tercia R. C. Consumer Intention to Participate in Mobile Based Word-of-Mouth Activities: the Role of Incentive and Tie-Strength from Senders and Receivers Perspectives [C]. Doctor dissertation of Universität Hamburg, 2015.

[235] Thangadurai S. J. Factors Influencing Customers Buying Behavior in Mobile Marketing [J]. International Journal on Global Business Management & Research, 2016, 5（1）: 75.

[236] Tikkanen I. Maslow's hierarchy and pupils' suggestions for developing school meals [I]. Nutrition and Food Science, 2009, 39（5）: 534-543.

［237］Ting D. H., Lim S. F., Patanmacia T. S., Low C. G., Ker G. C. Dependency on smart-phone and the impact on purchase behaviour ［J］. Young Consumers, 2011, 12 （3）: 193-203.

［238］Trafimow D., Sheeran P., Lombardo B., et al. Affective and cognitive control of persons and behaviors ［J］. British Journal of Social Psychology, 2004, 43: 207-224.

［239］Tsai W., Ghoshal S. Social capital and value creation: the role of intrafirm networks ［J］. The Academy of Management Journal, 1998, 41 （4）: 464-476.

［240］Tuk M. A. Is Friendship Silent When Money Talks? How People Respond to Word-of-Mouth Marketing ［J］. Erasmus Research Institute of Management （ERIM）, 2008.

［241］Tuk M. A., Verlegh P. W. J., Smidts A., et al. Sales and sincerity: The role of relational framing in word-of-mouth marketing ［J］. Journal of Consumer Psychology, 2009, 19 （1）: 38-47.

［242］Varnali K., Toker A. Mobile marketing research: the-state-of-the-art ［J］. International Journal of Information Management, 2010, 30 （2）: 144-151.

［243］Venkatesan M. Experimental study of consumer behavior conformity and independence ［J］. Journal of Marketing Research, 1966: 384-387.

［244］Shankar V., Balasubramanian S. Mobile Marketing: A Synthesis and Prognosis ［J］. Journal of Interactive Marketing, 2009, 23: 118-129.

［245］Venkatraman M. P., Mariino D., Kardes F. R., Sklar K. B. Effects of Individual Difference Variables On Responses To Factual and Evaluative Ads ［J］. Advances in Consumer Research, 1990, 17: 761-765.

［246］Verlegh P., Buijs C., Zethof A. Talk, talk, talk: Consumer motives for word-of-mouth referral ［J］. ACR North American Advances, 2008.

［247］Vieira V. A. Stimuli-organism-response framework: A meta-analytic review in the store environment ［J］. Journal of Business Research, 2013, 66 （9）: 1420-1426.

［248］Wallace E., Wallace E., Buil I., et al. Consumers' self-congruence with a "Liked" brand: Cognitive network influence and brand outcomes ［J］. European Journal of Marketing, 2017, 51 （2）: 367-390.

［249］Wang N., Shen X. L., Sun Y. Transition of electronic word-of-mouth services from web to mobile context: A trusttransfer perspective ［J］. Decision Support Systems, 2013, 54: 1394-1403.

［250］Wang N., Shen X. L., Sun Y. Q. Transition of electronic word-of-mouth services from web to mobile context: A trust transfer perspective ［J］. Decision Support Systems, 2013, 54: 1394-1403.

［251］ Wangenheim F. V., Bayón T. The effect of word of mouth on services switching: measurement and moderating variables ［J］. European Journal of Marketing, 2004, 38, 9/10: 1173-1185.

［252］ Watson R. T., Pitt L. F., Berthon P., Zinkhan G. M. U-Commerce: Expanding the Universe of Marketing ［J］. Journal of the Academy of Marketing Science, 2002, 30 （4）: 329-343.

［253］ Westbrook R. A. Product/Consumption-based affective responses and postpurchase processes ［J］. Journal of Marketing Research, 1987, 24: 258-270.

［254］ Whyte Jr. W. H. The web of word of mouth ［J］. Fortune, 1954, 50 （5）: 140-143.

［255］ Wiedemann D. G. Exploring the concept of mobile viral marketing through case study research ［C］. The 2nd Conference on Mobility and Mobile Information Systems, 2007: 49-60.

［256］ Williams M., Buttle F. The eight pillars of WOM management: Lessons from a multiple case study ［J］. Australasian Marketing Journal （AMJ）, 2011, 19 （2）: 85-92.

［257］ Wirtz J., Chew P. The effects of incentives, deal proneness, satisfaction and tie strength on word of mouth behaviour ［J］. International Journal of Service Industry Management, 2002, 13 （2）: 141-162.

［258］ Yang S., Allenby G. M. Modeling interdependent consumer preferences ［J］. Journal of Marketing Research, 2003, 40 （3）: 282-294.

［259］ Yang H. W., Liu H., Zhou L. N. Predicting young Chinese consumers' mobile viral attitudes, intents and behavior ［J］. Asia Pacific Journal of Marketing and Logistics, 2012, 24 （1）: 59-77.

［260］ Yang H., Zhou L. Extending TPB and TAM to mobile viral marketing: An exploratory study on American young consumers mobile viral marketing attitude, intent and behavior ［J］. Journal of Targeting, Measurement and Analysis for Marketing, 2011, 19: 85-98.

［261］ Yale L., Venkatesh A. Toward the construct convenience in consumer research ［J］. Advances in Consumer Research, 1986, 13 （1）: 403-408.

［262］ Xiao P., Tang C. S., Wirtz J. Optimizing referral reward programs under impression management considerations ［J］. European Journal of Operational Research, 2011, 215 （3）: 730-739.

［263］ Yu C. W., Kamarulzama Y. Viral Marketing via the New Media: The Case of Communication Behaviour in WhatsApp ［C］. Proceedings of 3rd International Conference on Marketing, Marketing to the Bottom of the Pyramid in Emerging Markets, 2016: 82-102.

［264］ Yu J., Zo H., Choi M., Ciganek A. P. User acceptance of location-based social networking services ［J］. Online Information Review, 2013, 37 （5）: 711-730.

［265］ Yunos H. M., Gao J. Z., Shim S. Wireless advertisin's challenges and opportunities ［J］.

Computer, 2003, 36 (5): 30-37.

[266] Zainal N. T. A., Harun A., Lily J. Examining the mediating effect of attitude towards elec-tronic words-of mouth (eWOM) on the relation between the trust in eWOM source and inten-tion to follow eWOM among Malaysian travellers [J]. Asia Pacific Management Re-view, 2017, 22 (1): 35-44.

[267] Zeithaml A. V. Consumer perception of price, quality, and value: A means-end model and synthesis of evidence [J]. Journal of Marketing, 1988, 52 (1): 2-22.